21世纪高等职业教育信息化数字教材

U0955816

经济数学

JINGJI SHUXUE

2021年修订

主　编◎叶鸣飞　谢素鑫

西南财经大学出版社
Southwestern University of Finance & Economics Press
中国·成都

图书在版编目(CIP)数据

经济数学/叶鸣飞,谢素鑫主编.—成都:西南财经大学出版社,2018.8
(2021.8重印)
ISBN 978-7-5504-3521-6

Ⅰ.①经… Ⅱ.①叶…②谢… Ⅲ.①经济数学—高等职业教育—教材
Ⅳ.①F224.0

中国版本图书馆CIP数据核字(2018)第118380号

经济数学

JINGJI SHUXUE

主　编:叶鸣飞　谢素鑫

责任编辑:李晓嵩

助理编辑:袁婷　王琳

封面设计:杨红鹰　张姗姗

责任印制:朱曼丽

出版发行	西南财经大学出版社(四川省成都市光华村街55号)
网　　址	http://cbs.swufe.edu.cn
电子邮件	bookcj@swufe.edu.cn
邮政编码	610074
电　　话	028-87353785
照　　排	四川胜翔数码印务设计有限公司
印　　刷	郫县犀浦印刷厂
成品尺寸	185mm×260mm
印　　张	11.25
字　　数	265千字
版　　次	2018年8月第1版
印　　次	2021年8月第2次印刷
印　　数	3501—5500册
书　　号	ISBN 978-7-5504-3521-6
定　　价	35.00元

1. 版权所有,翻印必究。

2. 如有印刷、装订等差错,可向本社营销部调换。

3. 本书封底无本社数码防伪标识,不得销售。

前言

数学是人类社会进步的产物,也是推动社会发展的动力之一.可以说,自经济学成为一门学科后,数学就在研究和说明经济思想中扮演着重要的角色.不仅许多经济学概念需要用数学来度量(如成本、利润、价格、商品数量以及货币量等),而且数学可以帮助我们研究这些数量之间的关系(也就是我们常说的经济模型).经济模型是经济变量之间的数学关系的集合.了解如何将经济问题的重要特征提炼出来,使之抽象化、简单化,是每一个学经济的人所接受训练的一个重要部分.我们将在经济模型中用数学的方法对这些关系加以研究,而这就是本书的主题之一.数学具有精确、严密的特点,并能解决许多复杂的经济问题,这使得数学方法在分析经济问题时具有很高的价值.

本书是根据数学理论而不是经济的发展脉络编写的,例题和练习既适合于练习单纯的数学方法,又可应用于经济类问题的讨论.本书的编写原则是:不追求数学理论的完整性和系统性,只突出重要结论、典型数学方法的应用,尽可能用生活语言来描述抽象的数学概念,在传统教材原有的计算公式基础上,建立计算模型,直观给出计算方法,嵌入微课教学视频的二维码链接,从而增加线上网络教学资源,以适应高职高专学生数学基础薄弱、计算力差、逻辑思维能力不强的学习状况,在提高内容可读性的同时,加强了信息化技术与课程教学内容的深度融合,给学生线上线下自主学习创造条件.

为激发高职高专的学生对经济数学课程的学习兴趣,我们在开篇绪论中,以“闲话微积分”的方式,简单介绍了微积分学的发展历程,并在每一章的后面添加了“人文数学”和“数学史话”等小栏目,在第五章增加了对数学建模以及全国大学生数学建模竞赛的介绍,强调数学应用,突出了数学教学中的人文性.

本书的编写方式独特,讲述的数学方法难度适中,适合经济类高职高专学生的学习,可作为短学时经济数学课程教师教学用书,也可作为学生能力拓展和自学用书.本书由江西工业职业技术学院的叶鸣飞教授、谢素鑫副教授主编,由河南财政金融学院赵自强讲师参编,全书由叶鸣飞统稿设计,第一章、第二章由叶鸣飞编写,第三、四、五章由谢素鑫编写,每一章的人文数学阅读材料由赵自强编写,微课教学由叶鸣飞主讲.

本书在编写过程中得到了江西工业职业技术学院各位领导和同事的帮助和支持,西南财经大学出版社也为本书做了大量富有成效的工作,在此一并表示由衷的感谢!

由于作者水平有限,书中难免存在不妥之处,恳请专家和广大读者批评指正,以便我们在今后的再版修订中改进和完善.

编　者

2021年6月于南昌

内容提要

本书是根据高职高专学生的学习特点与认知水平编写的,全书通俗易懂、可读性强.书中通过建立各种计算模型的方式,直观地给出了经济数学的各种计算方法,以弥补高职高专学生数学基础薄弱、计算能力差、逻辑思维能力不强等不足,并注重培养高职高专学生掌握微积分的各种数学计算技能与应用能力,为学好后续的专业课程奠定基础.

全书的主要内容有:函数、极限与连续、微分学及其应用、积分学及其应用、常微分方程初步、数学建模介绍等.本书除第五章外,其余各章均配有习题与复习题,并配有习题答案二维码;第一、二、三章均配有微课教学视频.学生可根据专业特点有选择性地学习本书内容.

本书可作为高职高专财经类专业短学时通用教材,也可作为职业大学、成人大学的教材或参考书.

闲话微积分

微积分是经济数学的重要组成部分，为此我们先和大家聊聊微积分的发展历程，以及其在发展过程中的一些相关趣闻.

从古至今，整个数学学科的发展过程大体上可以分为五个时期：

数学萌芽时期（公元前600年以前）；

初等数学时期（公元前600年至17世纪中叶）；

变量数学时期（17世纪中叶至19世纪20年代）；

近代数学时期（19世纪20年代至第二次世界大战）；

现代数学时期（20世纪40年代以来）.

微积分学创始于变量数学时期，也就是17世纪中叶.可以说牛顿和莱布尼茨这两位伟大的科学家是微积分学的奠基人，但并非发明者.在漫长的封建社会里，科学的发展也是缓慢的，尤其是这门伴随着资本主义先进生产力的发展而发展起来的微积分学，更是发展迟缓.从阿基米德关于微积分的萌芽，到牛顿、莱布尼茨的最终完成，历时约1 900年.可以说，这是一段到达微积分光辉顶峰的漫长攀登过程，在这一段时间里，人们对阿基米德提供的方法，不断地应用着、争论着、发展着.

提起阿基米德，大家自然会想到中学物理中液体浮力的阿基米德原理.这位古希腊杰出的数学家、发明家、工程师、静力学的奠基人，被人们誉为微积分的鼻祖，所以我们聊微积分，应从他的贡献开始.

人类在早期的生产与生活实践中，急切需要度量线段的长度、平面图形的面积、物体的体积，现在我们就以度量平面图形的面积为例，看看当时的人们在这个问题上遇到了什么困难.

开始时，人们把边长为一个单位的正方形的面积作为一个面积单位，就如同用尺子去度量一条线段那样，去度量其他正方形、矩形的面积.例如，一个矩形能容纳6个单位正方形，就说此矩形的面积则为6个单位，当然，如果矩形的一边长为 a 个单位，另一边长为 b 个单位，那么此矩形就能容纳 ab 个单位的正方形，这个数值就是此矩形的面积.在此基础上人们又用割补的方法，将平行四边形换成矩形，得出其面积为底与高之积，三角形的面积则为底与高之积的一半.而对于多边形，则可将其分解为三角形之和，仍可求出其面积.一般来说，只要图形的边是直线段，总可以用上述方法得出它的面积.

可是随着生产、科学技术的发展，人们常常需要去度量像圆、椭圆、弓形等图形的面积，由于这类图形的边（至少一条边）往往是曲线，所以尽管人们将单位正方形分成若干小方块，并用这些小方块去度量，但总是不能使直边与曲边重合，因而总是不能准确得出能容纳多少单位的正方形，也就算不出它的真实面积，这就是人们当时所遇到的困难.然而阿基米德却在总结了前人经验的基础上，对这一问题提出了他自己的想法.

阿基米德把平面图形视为由线段组成的图形，这多少有些使人迷惑不解.在这里,他应用了“不可分量”的概念.所谓“不可分量”,当时的意思是这样的:一条直线可以分成若干个小线段,小线段又可以再分,直至成为点,则不可分,故称点为直线的不可分量;平面图形可分割成相互平行的窄条(面积),窄条又可以再分,直至分成线段,则不可分,故称线段为平面图形的不可分量;同样,平面是立体图形的不可分量.该概念来源于原子论,即物质是由不可分的原子(单子)组成的,这个概念也不是阿基米德发明的,而是古希腊另一位伟大的哲学家德谟克利特(Democritus,约公元前460—前370)创立的.但应用这种概念使之成为一种方法,并推出一系列新的结果,则是阿基米德的首创.他视平面由线段组成,即用长短不一的线段覆盖平面,克服了矩形不能与曲边图形相吻合的弱点,然而随之又出现了许多需要解决的问题,如有人提出:需要多少线段组成平面?显然不是有限条,但在当时,无穷这个概念由于超出了人们的直观感受,尚未被人们所接受.此外,还有些问题如它们是怎么组成的?是离散的还是连续的?等等.这些问题在当时也都无法得到回答,直至19世纪末,这些问题才得到满意的解释,所以阿基米德只是把它作为预测新结果的手段.不过需要指出的是,阿基米德的许多想法,只有在极限概念引入后才能得到解决,但他这种处理问题的想法,给后人的研究指引了方向,在那个时代不失为一项杰出的创举,也被历代科学家们采用着、改进着.事实上,现代积分学就是在此基础上发展起来的.

不过,我们在聊到微积分学的发展时,不能不提到牛顿和莱布尼茨这两位伟大的科学家.他们被称为微积分学的奠基人.

牛顿(Newton,1642—1727)是英国人,他的名字几乎人人皆知,他是历史上最杰出的数学家、物理家学,尤其是在经典力学与微积分学上,都取得了奠基性的成就,微积分学就是他在24岁时创立的.

莱布尼茨(Leibniz,1646—1716)是德国人.一开始他是学法律的,也是个哲学家,曾任法学教授、外交官,并不研究数学,直到26岁时他还是基本不研究数学,后来在朋友的建议下才对数学产生兴趣.当他认准方向后,就大胆创新,在30岁之前创立了他的微积分学.

牛顿和莱布尼茨所处的时代正是资本主义生产力飞速发展的时代,相应地各门科学也得到了很大的发展,提出了大量需要解决的数学问题.这时,他们两人各自总结了前人运用无穷小进行计算的大量成果,但没有像前人那样拘泥于具体问题的解决,而是力求总结规律,使方法代数化、概念化和逻辑合理化.那么他们是抓住什么问题使之获得成功的呢?他们两人几乎同时看到,切线与求积、路程与速度是完全互逆的两类问题,用的也是两种互逆的运算,以及可在计算时反向应用.他们抓住了这个核心问题,从而得到简单而又普遍适用的微积分法,建立了他们的微积分学.不过要说明的是,他们两人是在不同的时间内,在两个不同的国家独立完成研究的,并且研究的方法也有所不同.牛顿是把两个变量的无穷小增量作为求流数(即导数)的手段,当增量越小的时候,流数实际上就是两增量比值的极限.而莱布尼茨却直接用了 X 和 Y 的无穷小增量或微分,求出它们之间的关系.这个差别反映了牛顿的物理学方向和莱布尼茨的哲学方向.牛顿完全是从考虑变化率的角度出发来解决他求变速运动的距离问题,对他来说微分是基础;而莱布尼茨首先考虑的是求和,当然这些和仍然是用反微分计算的.从他们的工作方式来看,牛顿是经验的、具体的,而莱布尼茨则是富于想象的.从微积分应用的价值来说,牛顿的工作远远超过了莱布尼茨,几乎决定了整个18世纪数学分析的发展方向;而莱布尼茨更关心的是以运算公式创造出广泛意义下的微积分,并且是微积分学现代通行符号的首创者,莱布尼茨记法的优越性对于微积分在欧洲大陆的普及做出了很大的贡献,也使人们看到了这个新工具的巨大威力.

那么牛顿与莱布尼茨究竟谁先完成微积分的呢？这个问题也曾引起英国与欧洲大陆的隔海论战,那场争论使得英国的数学家与欧洲大陆的数学家们停止了思想交流,在其后的100年内英国人继续以几何为主要工具,拒绝使用莱布尼茨的符号,致使英国的数学家远远落后于欧洲大陆的数学家.其实在科学史上两个或几个天才同时各自独立地提出同一个发现或是发明,早已屡见不鲜,这是因为科学内部逻辑发展的必然性决定了人们认识上的共同性.例如,笛卡尔与费尔马就曾为谁先完成解析几何学,发生过很大的争论,而且是亲朋门徒一起上阵,吵的难解难分.下面就将牛顿和莱布尼茨的这场争论简略地给大家介绍一下.

从研究微积分的时间上看,牛顿是在1665—1666年,而莱布尼茨则是在1673—1676年,然而我们从发表的时间上来看,莱布尼茨是在1684—1686年发表的,而牛顿则是在1704—1736年.这很难界定发明权应属于谁,不过双方的门徒是互不相让的.莱布尼茨的拥戴者说,莱布尼茨先发表,理应拥有发明权.可是在牛顿研究出他的微积分方法而未发表的时候,莱布尼茨曾游历英国,结交过一些牛顿的友人,这其中就有牛顿的老师巴罗.莱布尼茨得到了巴罗的一本书《几何学讲义》,回去后才研究并发表了他的微积分学,这样,牛顿的门徒自然也不客气,攻击莱布尼茨是科学工作的“间谍”,把莱布尼茨符号也说成是“牵强附会的符号”.而这两位大师彼此之间好像也互不相让.1676年牛顿发现莱布尼茨正在研究微积分,曾通过他的友人给莱布尼茨写信,信中用谜语的形式谈了微积分的基本问题——流数.人们猜测,牛顿是为了说明是他首先发现微积分的.1705年,《教师期刊》上发表了一篇评述牛顿的文章《求积术》,其中说到,那本书里只不过是把莱布尼茨的微积分换成了流数,人们估计这篇文章是出自莱布尼茨之手.为此,英国皇家学会还专门成立了评判牛顿、莱布尼茨优先发明权的委员会，一时争议不止.这场争论对英国的影响比较深，伤害也比较大.当时英国在科学上较为先进，英国人对牛顿特别崇拜，认为其他人不能与之相比.这种情绪，阻碍了他们认真学习欧洲大陆的成就，以致慢慢落后下来.到后来，微积分的逻辑基础的完成果然不是在英国，而是在欧洲大陆由以法国数学家柯西(Cauchy，1789—1857)为代表的一大批数学家完成的，其各分支的发展也大部分在欧洲大陆.

那么对发明权的争论有没有结论呢？大多数人的评论是：他们两人是各自独立地建立了自己的微积分学.除了时间上几乎相同以外，他们的微积分也是各具特点，一个是以流数为基础，一个是以微分为基础；一个是不定积分，一个是定积分.这两种体系直到现在仍然并存，各有各的用处，往往互为补充，缺一不可.牛顿在理论上较严格一些，而莱布尼茨善于听取别人的意见，采用的符号也很科学，既表示了概念，又非常适合于具体的运用，直到现在人们仍在使用.

用历史唯物主义的观点去看微积分的出现，它与任何科学成就一样，都是历史发展的必然产物，并非一两个人的功绩.正如牛顿所说，他之所以看得远，是因为他站在了巨人的肩膀上，一门科学发展到了一定阶段，达到成熟，必然会出现这个人写不出来，另一个人也会写出来的情况，这从牛顿、莱布尼茨几乎同时发明微积分这点可以看出.从某种意义上说，一定要分清是谁先发明的，没有多大价值，不过像牛顿、莱布尼茨这样的科学家，他们不拘泥于前人的成就，而是总结前人的成果，大胆创新，这种精神是可贵的，也正是我们这个时代大家要学习的.

微积分虽然诞生了，但牛顿和莱布尼茨两个人都说不清它的基本原理，而这引来了一大批批评者.大主教贝克莱攻击牛顿的流数：既不是有限量，也不是无穷小量，可也不是虚无，难道可以把它们称为死去的幽灵吗？不过也应当承认，贝克莱的这种批评对微积分的发展和完善还是起到了一定的作用，为了回答这位神学家的批评，当然更主要的还是由于生产力的发展、社会的需要，学界于十八九世纪进入了一个以微积分为基础的“分析时代”.

目　录

目 录

第一章
函数与极限

数学是研究现实世界中物质及物质之间的数量关系与空间形式的一门科学，在我们的生活中可谓是“无处不在，无所不用”．微积分学是经济数学的重要组成部分，以变量为主要研究对象，而变量的主要表现形式就是函数，所以本章将在中学数学已有函数知识的基础上，进一步介绍函数的概念、常见的经济函数以及函数的极限与连续性，并着重说明极限的计算方法．

§1.1　函数

1.1.1　函数概述

在同一个自然现象或科学过程中，往往同时会有好几个变量发生变化，并且这些变量并不是孤立地发生变化，而是相互联系并遵循着某一种确定的规律发生变化，下面就两个变量的情形举例说明．

引例 1.1　我们知道球的大小(即体积 V)总是由球的半径 y 来确定，如果我们任取一个 $r\in(0,+\infty)$，都会对应着一个球的体积 V，并且它们之间的对应关系是：

$$V=\frac{4}{3}\pi r^3\quad(\text{其中 }\pi\text{ 是常数})$$

引例 1.2　某工厂每日最多生产某种产品 2 000 件，每日的固定成本为 160 元，单位产品的变动成本为 5 元，则每日的日产量 x 与每日的总成本 y 建立的函数关系可构成如下函数：

$$y=160+5x(\text{其中 }x\in[0,2\ 000])$$

上述两个例子虽然表示的实际意义不同，但在数学上却具有共性，那就是都给出了变量与变量之间的对应关系．这种关系式可以充分揭示各因素之间的数量关系，也是人类揭示事物发展规律，对事物进行分析和研究的重要基础．

1.1.1.1　函数的定义

函数的定义(基本概念)　　　　函数的定义(求解定义域)

函数在 17 世纪之前总是与公式紧密关联,直到 1837 年,德国数学家狄利克雷(Dirichlet,1805—1859)才提出了至今仍易被人们接收且较为合理的函数概念.

定义 1.1　设 x 与 y 是两个变量,如果变量 x 在其变化范围 D_f 内任意取定一个数值 x,而另一个变量 y 根据某种确定的对应法则 f,有唯一确定的数值 y 与取定的 x 相对应,那么称 y 是 x 的函数,记为:

$$y = f(x), x \in D_f$$

其中:x 是自变量,y 是因变量,f 是对应法则,D_f 是函数的定义域.

因变量 y 的取值范围称为函数的值域.当自变量 x 在定义域 D_f 中取某个值 x_0,得到相应的 y 的值称为函数 $y = f(x)$ 在点 x_0 处的函数值,记为 $y = f(x_0)$ 或 $y(x_0)$.

由函数定义 1.1 可以知道,函数的两大要素为定义域 D_f 和对应法则 f,而函数的概念只与两大要素有关,与变量的记号无关.例如,$y = 2x$,$s = 2t$,$u = 2v$ 都表示同一个函数.因此,判断两个函数是否相同,只需要判断其定义域与对应法则是否相同即可.

例 1.1　下列各对函数是否相同,为什么?

(1)$f(x) = x$,　$g(x) = \dfrac{x^2}{x}$;

(2)$f(x) = x$,　$g(x) = \sqrt{x^2}$;

(3)$f(x) = \sqrt[3]{x^4 - x^3}$,　$g(x) = x\sqrt[3]{x - 1}$.

解　据题意:

(1) 不相同.理由:两个函数定义域不相同.

(2) 不相同.理由:两个函数的对应法则不同,这一点可以通过比较值域得出结论.

(3) 相同.定义域均为$(-\infty, +\infty)$,对应法则也相同(即值域相同).

例 1.2　求 $y = \dfrac{\ln(x + 3)}{x + 1} - \sqrt{4 - x^2}$ 的定义域.

解　因为

$$D_f:\begin{cases} x + 3 > 0 \\ x + 1 \neq 0 \\ 4 - x^2 \geqslant 0 \end{cases} \quad 得 \quad \begin{cases} x > -3 \\ x \neq -1 \\ -2 \leqslant x \leqslant 2 \end{cases}$$

所以

$$D_f = [-2, -1) \cup (-1, 2]$$

注意:函数的定义域一般分为自然定义域与实际定义域两种,我们上面求解的就是自然定义域,也就是能让数学表达式有意义的所有取值,而实际定义域往往需要根据实际问题本身的约束条件来确定.

1.1.1.2　函数的表示方法

常用的函数表示方法有三种:公式法、表格法和图像法.

公式法:用一个(或几个)数学解析表达式来表示函数的方法称为函数的公式表示方法,简称公式法(也称解析法).这种方法的优点是形式简明,便于做理论研究与数值计算,也是我们在学习中常用的一种方法.其缺点是不够直观.

在用公式法表示函数时经常遇到下面几种情况:

(1) 初等函数.

如例 1.2 中表达的函数,这类函数的表达形式为:

$$y=f(x),x\in D(\text{见定义 1.8})$$

(2) 分段函数.

例 1.3　某运输公司规定货物的吨公里运价为:在 a 公里以内,每公里 k 元,超过 a 公里后,超过的部分每公里为 $\frac{4}{5}k$ 元,求运价 p 和里程 s 之间的函数模型.

解　由题意知,里程不同,运价不同,因此它们之间的关系要分段表示:

当 $0<s\leqslant a$ 时,$p=ks$;

当 $s>a$ 时,$p=ka+\frac{4}{5}k(s-a)$.

综上讨论,得函数关系式为:

$$p=\begin{cases}ks, & 0<s\leqslant a\\ ka+\frac{4}{5}k(s-a), & s>a\end{cases}\quad \text{定义域为}(0,+\infty)$$

形如 $p=\begin{cases}ks, & 0<s\leqslant a\\ ka+\frac{4}{5}k(s-a), & s>a\end{cases}$ 这种表述函数的形式称为分段函数.分段函数与一般初等函数的表达方式不同:它是在自变量不同的取值范围内,用不同的数学表达式(或常数)来同时表示一个函数.这种函数在经济学中经常遇到,如我国现行的个人所得税的计算公式就是一个分段函数.

例 1.4　设银行活期存款月利率为 r_0,一年期定期存款年利率为 r_1,某人存入本金 P 元,定期一年,第二年自动转存.若提前支取,则利息只能按活期利息 r_0 计算,若存满一年取出,则得利息为 r_1P;若超过一年又不到两年时取出,则超过一年的那段时间的利息按活期利息计算,以 S 表示存款的本利和(单位:元),以 t 表示存款时间(单位:月,以30天计算),于是 S 关于 t 的函数关系为:

$$S(t)=\begin{cases}P(1+r_0t), & 0<t<12\\ P(1+r_1), & t=12\\ P(1+r_1)[1+r_0(t-12)], & 12<t<24\end{cases}$$

例 1.5　设函数 $f(x)=\begin{cases}x+2, & 0\leqslant x\leqslant 2,\\ x^2, & 2<x\leqslant 4,\end{cases}$ 求 $f(1)$、$f(4)$、$f(x-1)$ 的值.

解　当 $0\leqslant x\leqslant 2$ 时,$f(x)=x+2$,所以 $f(1)=3$;

当 $2<x\leqslant 4$ 时,$f(x)=x^2$,所以 $f(4)=16$.

$$f(x-1)=\begin{cases}(x-1)+2, & 0\leqslant x-1\leqslant 2\\ (x-1)^2, & 2<x-1\leqslant 4\end{cases}$$

即:

$$f(x-1)=\begin{cases}x+1, & 1\leqslant x\leqslant 3\\ (x-1)^2, & 3<x\leqslant 5\end{cases}$$

(3) 用参数方程确定的函数.

用参数方程 $\begin{cases}x=\varphi(t)\\ y=\psi(t)\end{cases}$ $(x\in 0)$ 表示的变量 x 与 y 之间的函数关系,称为用参数方程确定的函数. 例如上半圆函数 $y=\sqrt{1-x^2}$ $(x\in[-1,1])$ 就可以用参数方程 $\begin{cases}x=\cos t\\ y=\sin t\end{cases}$ $(0\leqslant t\leqslant\pi)$ 来表示.

(4) 隐函数.

如果在二元方程 $F(x,y)=0$ 中,当 x 在某区间 I 内任意取定一个值时,相应地总有满足该方程的唯一的 y 值存在,则称二元方程 $F(x,y)=0$ 在区间 I 内确定了一个一元隐函数.例如,二元方程 $2x-3y-1=0$ 就确定了变量 y 与变量 x 之间的函数关系.

注意:能表示成 $y=f(x)$(其中 $f(x)$ 仅为 x 的解析式)的形式的函数,称为显函数. 把一个隐函数化成显函数的过程称为隐函数的显化.例如,由二元方程 $2x-3y-1=0$ 所确定的隐函数就可以化成显函数 $y=\dfrac{2x-1}{3}$.但有些隐函数未必能够显化,如由方程 $e^x+xy-e^y=0$ 所确定的隐函数就难以显化.

表格法:将自变量的某些取值及与其对应的函数值列成表格表示函数的方法称为函数的表格表示方法,简称表格法,如中学生数学用表中的平方根表、对数表、三角函数表等.这种方法的优点是查找函数值方便,缺点是数据有限,同时也往往不能完整地表达一个函数.

例 1.6 2014 年交通银行人民币定期储蓄存期与年利率如表 1-1 所示.

表 1-1

存期	3 个月	6 个月	1 年	2 年	3 年	5 年
年利率(%)	2.60	2.80	3.00	3.75	4.25	4.75

表 1-1 给出了交通银行定期储蓄中年利率与存期的对应关系,而这种对应关系决定了年利率是存期的函数.

图像法:用函数的图形来表示函数的方法称为函数的图像表示方法,简称图像法.这种方法直观性强并可观察函数的变化趋势,但有些函数图形很难用数学公式来表达,并且事前这些图形总是难以获取,因而不便于做理论研究.

例 1.7 图 1-1 是中国平安股票在 2021 年 8 月 12 日的成交价曲线走势图,时间 t 是自变量,股票成交价 P 是因变量,其对应关系很难用一个数学公式来表示,但这并不影响他们之间的函数关系,而且这种函数关系事前总是难以预料.

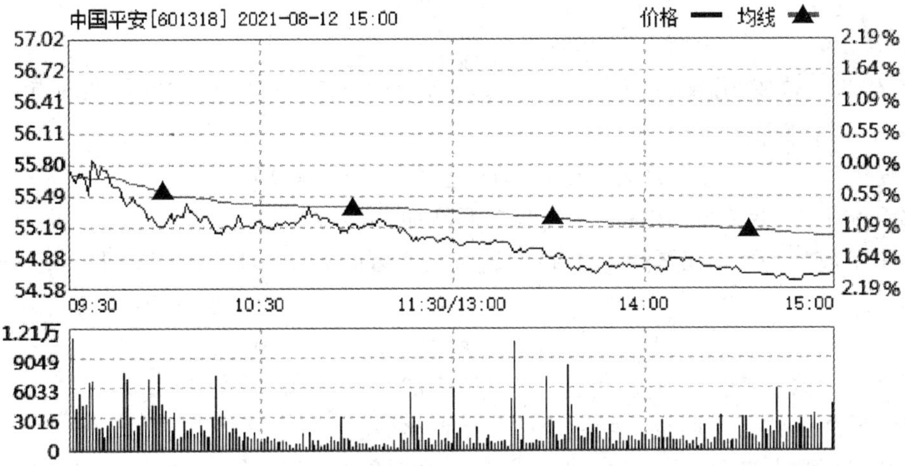

图 1 - 1

在学习中,我们用得最多的函数表达方法还是公式法,但为了便于学习与研究,使函数变量之间的对应关系更加直观、形象,我们常常会把函数的图形画出来帮助分析、讨论.

1.1.2　函数的性质

1.1.2.1　有界性

定义 1.2　设函数 $y=f(x)$ 的定义域是 D,如果存在正数 M,对于任意的 $x\in D$,都有 $|f(x)|\leqslant M$,则称 $f(x)$ 在 D 上是有界的,否则称 $f(x)$ 在 D 上是无界的.

从几何直观上看,有界函数 $y=f(x)$ 在 D 内的图像夹在 $y=M$ 和 $y=-M$ 两条平行直线之间(见图 1 - 2).

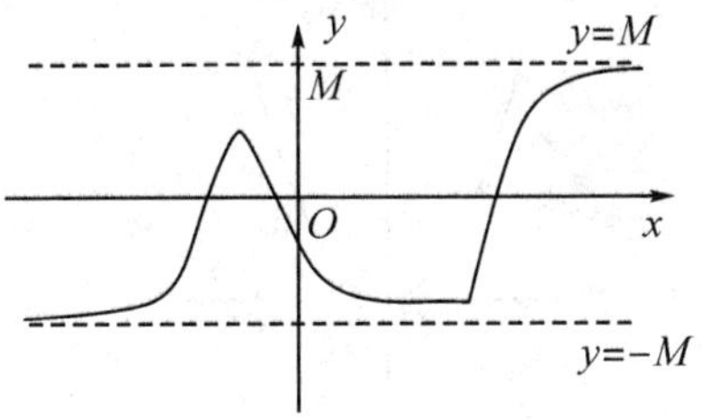

图 1 - 2

例如:函数 $y=\sin x$ 在 $(-\infty,+\infty)$ 内有界;$y=\ln x$ 在 $(0,1)$ 内无界,在 $(1,2)$ 内有界;$y=\ln x$ 在 $(0,1)$ 内无界,在 $(1,2)$ 内有界.

函数的性质(有界性)　　函数的性质(单调性)

1.1.2.2　单调性

定义1.3　如果函数$y=f(x)$在区间I内有定义,且对于区间I内的任意两点x_1和x_2,当$x_1<x_2$时,都有:

$$f(x_1)\leqslant f(x_2)\ (\text{或}f(x_1)\geqslant f(x_2))$$

那么称函数$y=f(x)$在区间I内是单调增加(或单调减少)的;

如果函数$y=f(x)$在区间I内有定义,且对于区间I内的任意两点x_1和x_2,当$x_1<x_2$时,都有:

$$f(x_1)<f(x_2)\ (\text{或}f(x_1)>f(x_2))$$

那么称函数$y=f(x)$在I内是严格单调增加(或严格单调减少)的.

单调增加函数与单调减少函数统称为单调函数.

从几何直观上看,对于单调增加(或减少)的函数,其图形在区间I内是自左向右上升(或下降)的(见图1-3和图1-4).

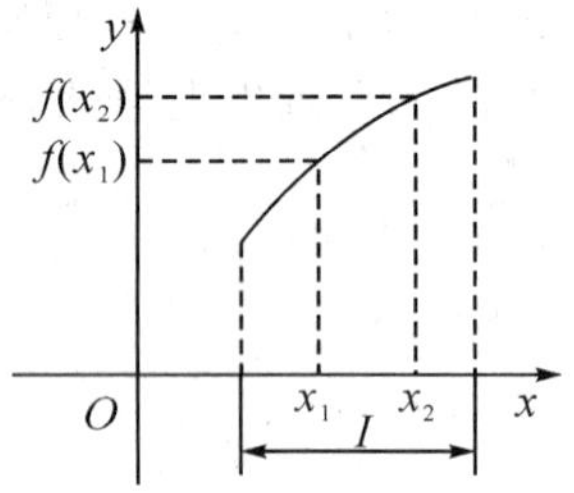

图1-3

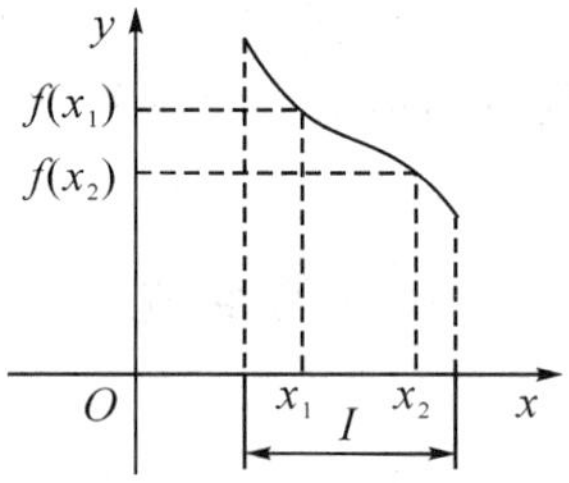

图1-4

例如:函数$y=x^2$在区间$(-\infty,0]$上是单调递减函数,在区间$[0,+\infty)$上是单调递增函数,如图1-5所示.

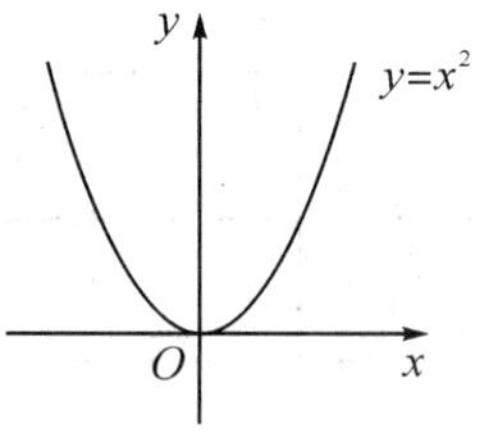

图1-5

1.1.2.3　奇偶性

定义1.4　设函数$y=f(x)$在对称区间$(-l,l)$上有定义,如果对任意的$x\in D$,都有:

(1)$f(-x)=f(x)$,则称$f(x)$为偶函数;

(2)$f(-x)=-f(x)$,则称$f(x)$为奇函数.

函数的性质
(奇偶性)

在几何上,对于偶函数,由于x和$-x$处函数值相等,所以偶函数图像关于y轴对称(见图1-6(a)所示);对于奇函数,由于x和$-x$处的函数值互为相反数，所以奇函数图像关于原点对称（见图 1－6（b））.

（a）　　（b）

图 1－6

例如：函数 $y=\sin x$ 是奇函数，函数 $y=\cos x$ 是偶函数，而函数 $y=\sin x+\cos x$ 既非奇函数，也非偶函数，这类函数我们也称非奇非偶函数.

例 1.8　讨论函数 $f(x)=|\sin x|$ 的奇偶性.

解　因为

$$f(-x)=|\sin(-x)|=|-\sin x|=|\sin x|=f(x)$$

所以 $f(x)=|\sin x|$ 为偶函数（见图 1－7）.

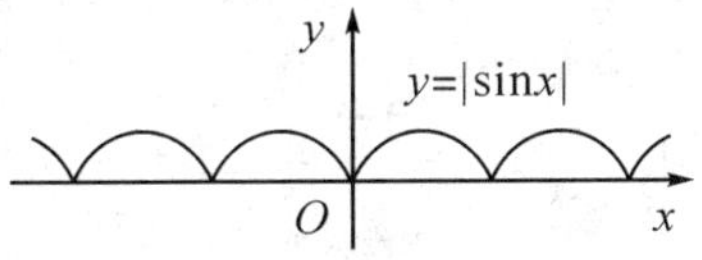

图 1－7

例 1.9　设函数 $f(x)$ 是定义在 $(-l,l)$ 上的任意函数，试证：

（1）$f(x)+f(-x)$ 是偶函数；

（2）$f(x)-f(-x)$ 是奇函数.

证明　设

$$F(x)=f(x)+f(-x),\qquad G(x)=f(x)-f(-x)$$

则据题意有：

（1）因为

$$F(-x)=f(-x)+f(-(-x))=f(-x)+f(x)=F(x)$$

所以 $F(x)=f(x)+f(-x)$ 是定义在 $(-l,l)$ 上的偶函数.

（2）因为

$$G(-x)=f(-x)-f(x)=-[f(x)-f(-x)]=-G(x)$$

所以 $G(x)=f(x)-f(-x)$ 是定义在 $(-l,l)$ 上的奇函数.

1.1.2.4　周期性

定义 1.5　设函数 $y=f(x)$ 的定义域是 D，如果存在正数 T，对任意的 $x\in D$，都有 $f(x+T)=f(x)$，则称 $f(x)$ 为周期函数，T 为函数的一个周期. 通常我们说周期函数的周期是指最小正周期.

例如：$y=\sin x$，$y=\cos x$ 都是以 2π 为周期的周期函数；$y=\tan x$ 与 $y=\cot x$ 都是以 π 为周期的周期函数.

函数的性质（周期性）

例 1.10 证明函数 $f(x)=\sin\omega x$ 是以 $\frac{2\pi}{\omega}$ 为周期的周期函数.

证明 因为

$$f(x+\frac{2\pi}{\omega})=\sin\omega(x+\frac{2\pi}{\omega})=\sin(\omega x+2\pi)=\sin\omega x=f(x)$$

所以函数 $f(x)=\sin\omega x$ 是以 $\frac{2\pi}{\omega}$ 为周期的周期函数.

同理可得:

函数 $f(x)=\cos\omega x$ 是以 $\frac{2\pi}{\omega}$ 为周期的周期函数.

函数 $f(x)=\tan\omega x$ 是以 $\frac{\pi}{\omega}$ 为周期的周期函数.

函数 $f(x)=\cot\omega x$ 是以 $\frac{\pi}{\omega}$ 为周期的周期函数.

例 1.11 求下列函数的周期:

(1)$f(x)=\sin 2x+\tan\frac{x}{2}$;　　　　(2)$f(x)=3+\sin\frac{x}{2}$.

解 (1) 因为函数 $\sin 2x$ 的周期 $T_1=\frac{2\pi}{2}=\pi$,$\tan\frac{x}{2}$ 的周期 $T_2=\frac{\pi}{\frac{1}{2}}=2\pi$,

而函数 $f(x)$ 是 $\sin 2x$ 与 $\tan\frac{x}{2}$ 的和函数,

所以 $f(x)$ 的周期应为 T_1 和 T_2 的最小公倍数,

故所求函数 $f(x)=\sin 2x+\tan\frac{x}{2}$ 的周期 $T=2\pi$.

(2) 因为常数 3 的周期可为任意实数,$\sin\frac{x}{2}$ 的周期 $T=4\pi$,

所以函数 $f(x)=3+\sin\frac{x}{2}$ 的周期仍为 $T=4\pi$.

1.1.3 初等函数

1.1.3.1 反函数

在函数 $y=f(x)$ 中,x 是自变量,y 是因变量,然而在同一过程中存在着函数关系的两个变量哪个是自变量,哪个又是因变量往往需要根据具体问题的实际情况来确定.例如,在甲商品销售中,已知甲商品价格为 k,如果根据甲商品销售量 x 来确定甲商品销售总收入 y,那么 x 是自变量,y 是因变量,函数关系为 $y=kx$.相反,如果想根据甲商品销售总收入确定其销售量,就应该把 y 作为自变量,x 作为因变量,即 $x=\frac{y}{k}$.

反函数

定义1.6　设函数 $y=f(x)$，其定义域为 D，值域为 R_f. 其对任意 $y\in R_f$，根据对应法则 f，存在唯一的 $x\in D$，使 $f(x)=y$，那么变量 x 是变量 y 的函数，记为 $x=f^{-1}(y)$，称其为函数 $y=f(x)$ 的反函数.

习惯上我们总是以 x 作为自变量的记号，y 作为因变量的记号，故通常用 $y=f^{-1}(x)$ 来表示 $y=f(x)$ 的反函数.

例如，函数 $y=x^3$，$x\in(-\infty,+\infty)$ 的定义域与值域是一一对应的，故函数 $y=x^3$ 有反函数 $y=\sqrt[3]{x}$；而函数 $y=x^2$，$x\in(-\infty,+\infty)$，其值域为 $[0,+\infty)$，对任意的 $y\in[0,+\infty)$，反解 $x=\pm\sqrt{y}$，使函数 $y=x^2$ 在区间 $(-\infty,+\infty)$ 内不存在单值反函数. 这里要说明一点，在本教材中，我们只讨论单值函数（即 1－1 对应的函数）.

定理1.1　设函数 $y=f(x)$ 在其定义域 D 上严格单调增加（或严格单调减少），其值域为 I，则必存在反函数 $y=f^{-1}(x)$，$x\in I$，且函数 $y=f^{-1}(x)$ 在 I 上也严格单调增加（或严格单调减少）.

从定理 1.1 中我们可以看到，单调函数必有反函数，且单调性不变. 反函数的求法一般分为两步：第一步是求出反函数关系，即由直接函数 $y=f(x)$ 求出 $x=f^{-1}(y)$，这一步不难，大家都比较容易做到；而第二步则是把 $x=f^{-1}(y)$ 改写成 $y=f^{-1}(x)$. 对这一步很多初学者都不容易理解，要注意的是，这一步是求不出来的，而只能是改写出来的，为什么要这么改写，原因其实很简单，那就是函数与变量的记号无关，而人们总是习惯以 x 作为自变量的记号，y 作为因变量的记号的缘故.

函数 $y=f(x)$ 与其反函数 $y=f^{-1}(x)$ 的图形关于直线 $y=x$ 对称（见图 1－8）.

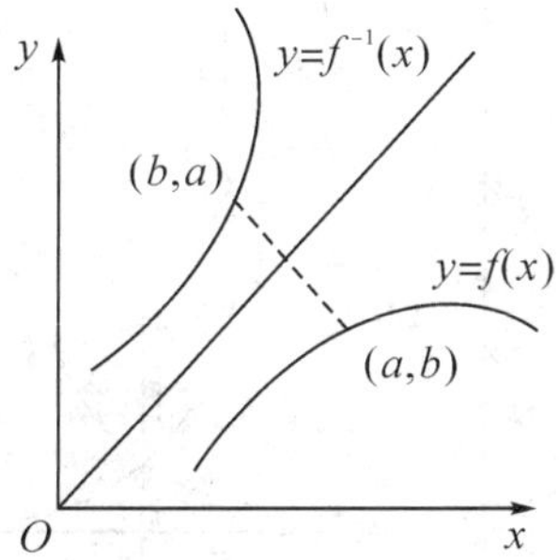

图 1－8

例 1.12　求 $y=3x+1$ 的反函数.

解　由 $y=3x+1$ 可以求出反函数关系为：$x=\dfrac{y-1}{3}$，然后改写即求出反函数为：

$$y=\frac{x-1}{3}, \text{其中 } x\in R, y\in R.$$

1.1.3.2　基本初等函数

常函数（即由常数组成的函数）、幂函数、指数函数、对数函数、三角函数与反三角函数，这六种函数我们统称为**基本初等函数**. 这些函数的性质、图形在中学我们都已学过，熟记这些函数的性质与图形是非常重要的，在今后的学习中会经常用到. 这里我们列表简要总结如表 1－2 所示.

基本初等函数及其图形　　函数（三角函数）　　函数（反三角函数）

表 1 - 2

函数	定义域与值域	图像	性质
常函数 $y = C$ （C 为常数）	$x \in (-\infty, +\infty)$ $y = C$	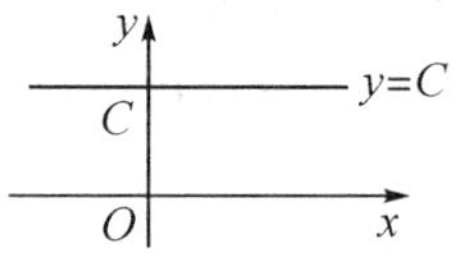	偶函数、有界函数、周期函数
幂函数 $y = x^{\mu}$	随 μ 而不同	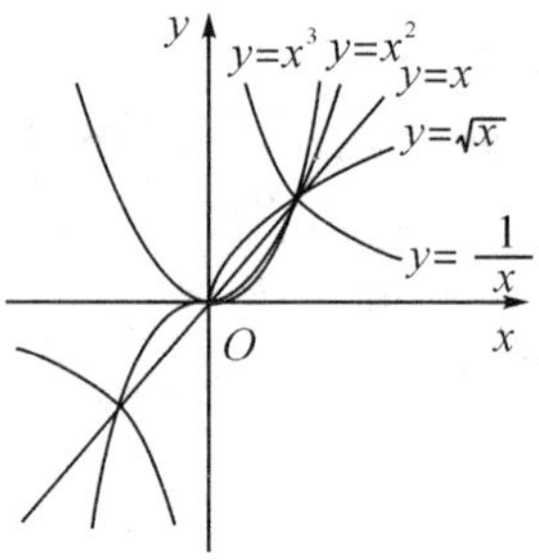	当 $\mu > 0$ 时，函数在第一象限单调递增； 当 $\mu < 0$ 时，函数在第一象限单调递减
指数函数 $y = a^x$ $(a > 0, a \neq 1)$	$x \in (-\infty, +\infty)$ $y \in (0, +\infty)$	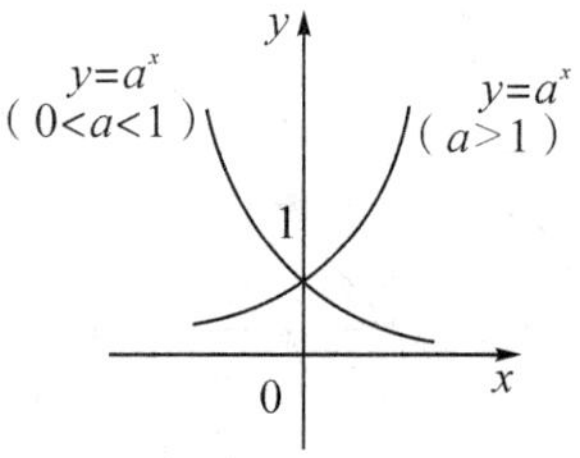	过点$(0,1)$； 当 $a > 1$ 时，单调递增； 当 $0 < a < 1$ 时，单调递减
对数函数 $y = \log_a x$ $(a > 0, a \neq 1)$	$x \in (0, +\infty)$ $y \in (-\infty, +\infty)$	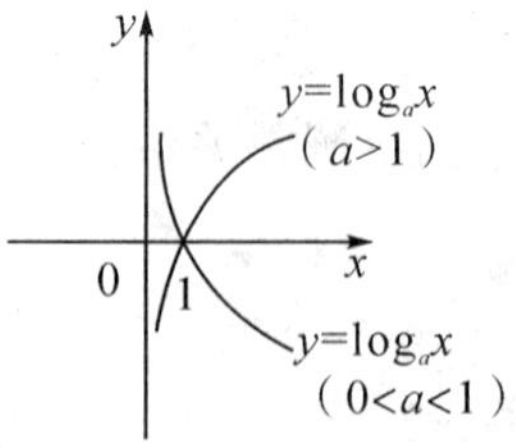	过点$(1,0)$； 当 $a > 1$ 时，单调递增； 当 $0 < a < 1$ 时，单调递减

表1-2(续)

函数		定义域与值域	图像	性质
三角函数	正弦函数 $y=\sin x$	$x\in(-\infty,+\infty)$ $y\in[-1,1]$	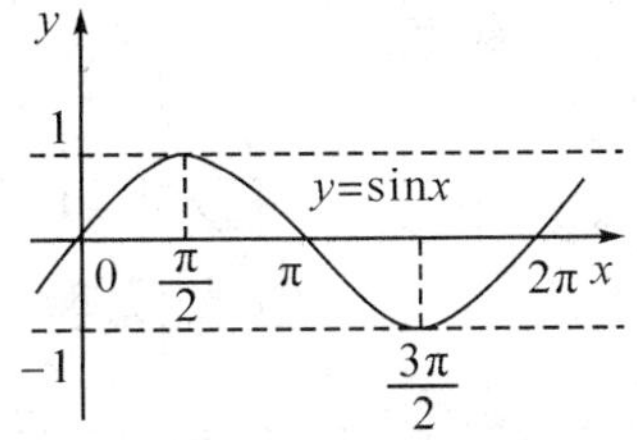	奇函数,周期为 2π,有界; 在 $\left[2k\pi-\frac{\pi}{2},2k\pi+\frac{\pi}{2}\right]$ 上 $(k\in Z)$ 单调递增; 在 $\left[2k\pi+\frac{\pi}{2},2k\pi+\frac{3\pi}{2}\right]$ 上 $(k\in Z)$ 单调递减
	余弦函数 $y=\cos x$	$x\in(-\infty,+\infty)$ $y\in[-1,1]$	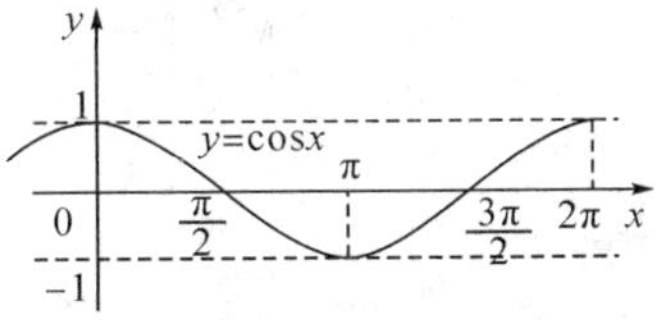	偶函数,周期为 2π,有界; 在 $[2k\pi,2k\pi+\pi]$ 上 $(k\in Z)$ 单调递减; 在 $[2k\pi-\pi,2k\pi]$ 上 $(k\in Z)$ 单调递增
	正切函数 $y=\tan x$	$x\neq k\pi+\frac{\pi}{2}(k\in Z)$ $y\in(-\infty,+\infty)$	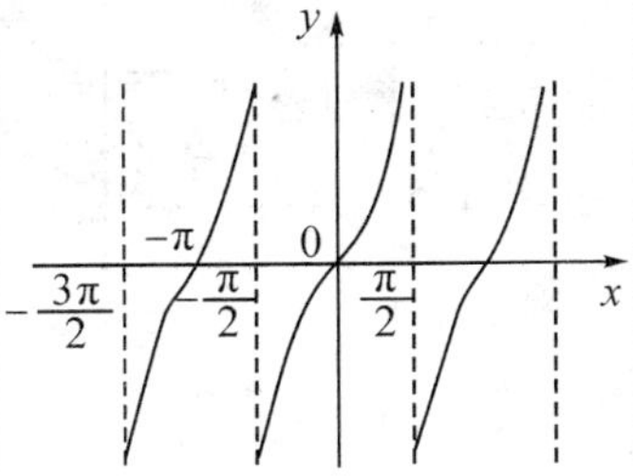 $y=\tan x$	奇函数,周期为 π; 在 $\left(k\pi-\frac{\pi}{2},k\pi+\frac{\pi}{2}\right)$ $(k\in Z)$ 单调递增
	余切函数 $y=\cot x$	$x\neq k\pi(k\in Z)$ $y\in(-\infty,+\infty)$	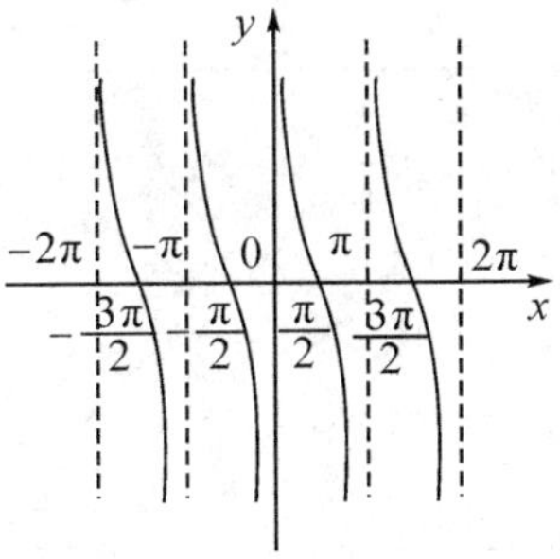 $y=\cot x$	奇函数,周期为 π; 在 $(k\pi,k\pi+\pi)(k\in Z)$ 上单调递减

表1-2(续)

函数		定义域与值域	图像	性质
反三角函数	反正弦函数 $y=\arcsin x$	$x\in[-1,1]$ $y\in\left[-\frac{\pi}{2},\frac{\pi}{2}\right]$	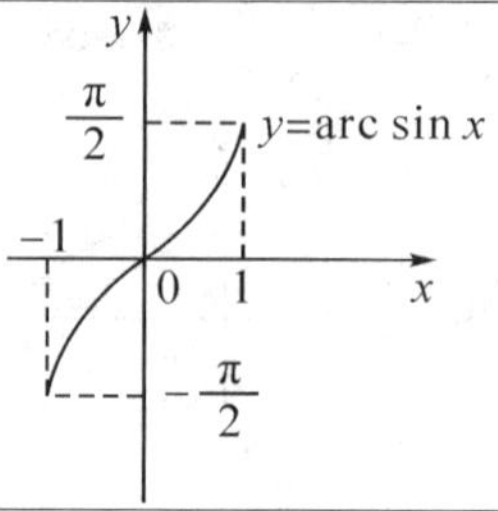	有界，单调递增，奇函数，非周期函数；$\arcsin(-x)=-\arcsin x$
	反余弦函数 $y=\arccos x$	$x\in[-1,1]$ $y\in[0,\pi]$	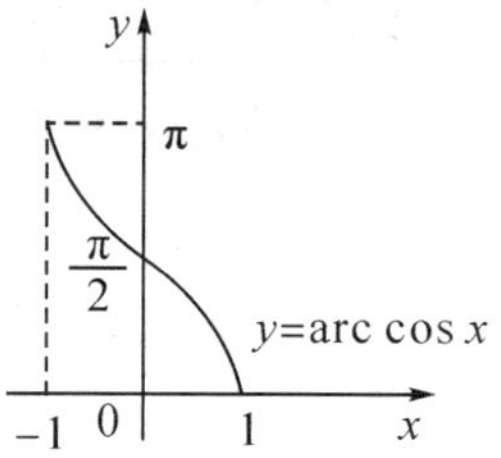	有界，单调递减，非奇非偶非周期函数；$\arccos(-x)=\pi-\arccos x$
	反正切函数 $y=\arctan x$	$x\in(-\infty,+\infty)$ $y\in\left(-\frac{\pi}{2},\frac{\pi}{2}\right)$	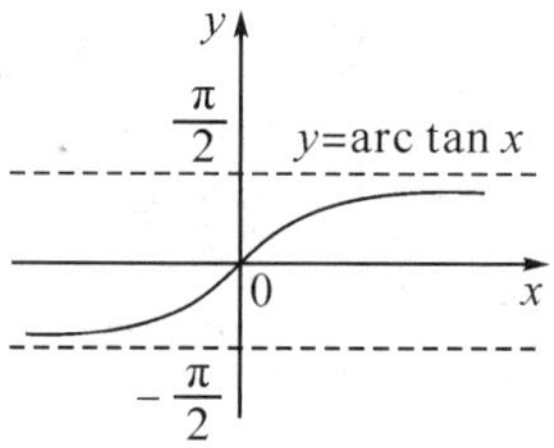	有界，单调递增，奇函数，非周期函数；$\arctan(-x)=-\arctan x$
	反余切函数 $y=\operatorname{arccot} x$	$x\in(-\infty,+\infty)$ $y\in(0,\pi)$	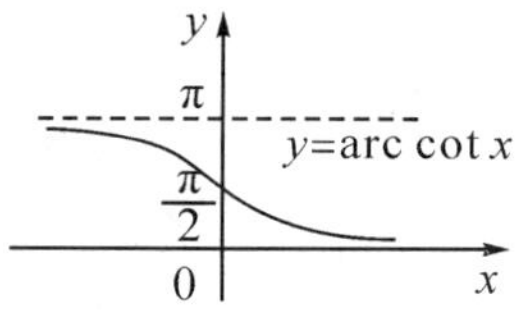	有界，单调递减，非奇非偶非周期函数；$\operatorname{arccot}(-x)=\pi-\operatorname{arccot} x$

常见三角函数公式如下：

(1) $\sin(-x)=-\sin x$，　$\cos(-x)=\cos x$，

$\tan(-x)=-\tan x$，　$\cot(-x)=-\cot x$，

$\sec(-x)=\sec x$，　$\csc(-x)=-\csc x$.

注意：$\sec x=\frac{1}{\cos x}$，称为正割函数；$\csc x=\frac{1}{\sin x}$，称为余割函数.

(2) $\tan x=\frac{\sin x}{\cos x}$，　$\cot x=\frac{1}{\tan x}=\frac{\cos x}{\sin x}$，

$\sec x=\frac{1}{\cos x}$，　$\csc x=\frac{1}{\sin x}$，

$\sin^2 x+\cos^2 x=1$，　$\sec^2 x=1+\tan^2 x$，　$\csc^2 x=1+\cot^2 x$.

(3) $\sin(x+y)=\sin x\cos y+\cos x\sin y$，

$x=y$ 时有 $\sin 2x=2\sin x\cos x$；

$\cos(x+y)=\cos x\cos y-\sin x\sin y$，

$x=y$ 时有 $\cos 2x=\cos^2 x-\sin^2 x=2\cos^2 x-1=1-2\sin^2 x$；

$$\sin^2 x = \frac{1-\cos 2x}{2}, \cos^2 x = \frac{1+\cos 2x}{2}.$$

(4) $\sin x - \sin y = 2\sin\frac{x-y}{2}\cos\frac{x+y}{2}$,

$$\sin x + \sin y = 2\sin\frac{x+y}{2}\cos\frac{x-y}{2},$$

$$\cos x - \cos y = -2\sin\frac{x+y}{2}\sin\frac{x-y}{2},$$

$$\cos x + \cos y = 2\cos\frac{x+y}{2}\cos\frac{x-y}{2}.$$

1.1.3.3　复合函数

在实际问题中,常见的函数并非就是基本初等函数本身或者仅仅由它们通过简单的四则运算得到,有时两个变量的联系不是直接的,而是通过另一个变量间接联系起来的.

例如,某公司员工的收入 y 占公司利润的若干比例,而公司的利润 u 又取决于所销售商品的数量 x,因此该员工的收入就由公司所销售商品的数量来决定,这一变化过程中对应的三个变量构成的对应关系就形成了 y 是 x 的复合函数.

复合函数初等函数

定义 1.7　设 y 是 u 的函数,即 $y=f(u)$, $u\in D_f$; u 是 x 的函数, $u=\varphi(x)$, $x\in D_\varphi$. 如果 $D_f\cap Z_\varphi\neq\varnothing$,则

$$y=f[\varphi(x)]$$

称为由 $y=f(u)$ 和 $u=\varphi(x)$ 复合而成的复合函数.

其中 u 叫中间变量, D_f 是函数 $y=f(u)$ 的定义域, D_φ 是函数 $u=\varphi(x)$ 的定义域, Z_φ 是函数 $u=\varphi(x)$ 的值域,而 $y=f(u)$ 叫外层函数, $u=\varphi(x)$ 叫内层函数.

复合函数还可以由两个以上的函数复合而成,如 $y=\sqrt{u}$, $u=\tan v$, $v=\frac{x}{2}$,则 $y=\sqrt{\tan\frac{x}{2}}$ 是经过两次复合而成的复合函数.

例 1.13　试求函数 $y=\cos u$, $u=x^3$ 的复合函数.

解　将 $u=x^3$ 代入 $y=\cos u$ 得:

$$y=\cos x^3$$

例 1.14　试分析函数 $y=\ln\sin(3x^2+1)$ 是由哪些函数复合而成.

解　函数 $y=\ln\sin(3x^3+1)$ 是由 $y=\ln u$, $u=\sin v$, $v=3x^2+1$ 复合而成的.

例 1.15　设函数 $f(x)=e^x$, $g(x)=\sin x$,求 $f[g(x)]$ 和 $g[f(x)]$.

解　$f[g(x)]=e^{g(x)}=e^{\sin x}$;　$g[f(x)]=\sin f(x)=\sin e^x$.

1.1.3.4　初等函数

定义 1.8　由基本初等函数经过有限次四则运算和有限次复合运算构成,并且只可以用一个解析式表示的函数称为初等函数.

例如：$y = 6x^3 + \sqrt{x-1}$，$y = \dfrac{x\sin 3x}{e^x - 1}$ 都是初等函数；而取整函数 $y = [x]$ 表示不超过 x 的最大整数，不是初等函数.

注意：一般情况下，分段函数基本上都已不是初等函数了，特殊情况除外.

例如：绝对值函数 $y = |x| = \begin{cases} x, & x > 0 \\ 0, & x = 0 \\ -x, & x < 0 \end{cases}$ 也可以用一个式子表示，即 $y = \sqrt{x^2} = |x|$，所以绝对值函数也是初等函数；而分段函数 $y = sgn(x) = \begin{cases} 1, & (x > 0) \\ 0, & (x = 0) \\ -1, & (x < 0) \end{cases}$ （此为符号函数）就不是初等函数.

不是初等函数的函数统称非初等函数. 今后我们研究的函数，大部分是初等函数，而非初等函数我们只研究分段函数.

习题 1.1

1. 填空题.

(1) 设 $f(x) = 3x + 1$，则 $f[f(x) - 1] =$ ________.

(2) 把函数 $f(x) = 2 - |x + 1|$ 表示为分段函数时，$f(x) =$ ________.

(3) 函数 $y = e^x + 1$ 与 $y = \ln(x - 1)$ 的图形关于直线________对称.

(4) 设 $f(u)$ 的定义域为 $0 < u \leqslant 1$，则函数 $f(e^x)$ 的定义域为________.

(5) 设函数 $f(x) = \begin{cases} \dfrac{2}{3} & |x| \leqslant 1 \\ 0 & |x| > 1 \end{cases}$，则函数 $f[f(x)] =$ ________.

2. 指出下列初等函数是由哪些基本初等函数复合而成：

(1) $y = \sqrt{2 - x^2}$；　　(2) $y = \cos \dfrac{3}{2}x$；

(3) $y = \ln(\ln(\ln x))$；　　(4) $y = e^{\arctan \frac{x}{2}}$；

(5) $y = \sin^3 5x$；　　(6) $y = \lg\left(\tan \dfrac{x}{5}\right)^2$.

3. 已知函数 $f(x) = \dfrac{1}{1 - x}(x \neq 1)$，求 $f(x^2)$ 和 $f(f(x))$.

4. 判断函数 $f(x) = \ln \dfrac{x + \sqrt{x^2 + a^2}}{a}(a > 0, -\infty < x < +\infty)$ 的奇偶性.

5. 求下列函数的反函数：

(1) $y = 4x - 1$；　　(2) $y = \sqrt[3]{x + 1}$.

6. 设 $f(x) = 3x^2 + 4x$，$g(x) = \ln(1 + x)$，求 $f[g(x)]$，$g[f(x)]$ 及其定义域.

习题 1.1 参考答案

§1.2 常用经济函数

在市场经济中,我们会涉及许多经济变量,找出这些经济变量之间的函数关系,建立有关的经济数学模型,就成了用数学方法解决经济问题的关键,下面我们介绍一些常用的经济函数.

1.2.1 需求函数与供给函数

1.2.1.1 需求函数

一种商品的市场需求量 Q 与该商品的价格 p 密切相关,通常情况下,降低商品价格会使需求量增加,而提高商品价格会使需求量减少.如果不考虑其他因素的影响,需求量 Q 可以看成价格 p 的递减函数,需求量 Q 与价格 p 构建的函数称为**需求函数**,记作 $Q = Q(p)$.

常用的经济函数
(需求与供给函数)

根据市场统计资料,常见的需求函数有以下几种类型:

(1) 线性需求函数:$Q = a - bp \quad (a > 0, b > 0)$;

(2) 二次需求函数:$Q = a - bp - cp^2 \quad (a > 0, b > 0, c > 0)$;

(3) 指数需求函数:$Q = ae^{-bp} \quad (a > 0, b > 0)$.

需求函数 $Q = Q(p)$ 的反函数,就是价格函数,记作 $P = P(q)$,它反映了商品的价格与需求的对应关系.

1.2.1.2 供给函数

某商品的市场供给量 S 也受商品价格 p 的制约,价格上涨将刺激生产者向市场提供更多的商品,使供给量增加;反之,价格下跌将使供给量减少.供给量 S 也可看成价格 p 的一元函数,称为**供给函数**,记为 $S = S(p)$,供给函数为价格 p 的单调增加函数.

常见的供给函数有线性函数、二次函数、幂函数、指数函数等,其中,线性供给函数为 $S = -c + dp (c > 0, d > 0)$.

使某种商品的市场需求量与供给量相等的价格 p_0,称为**均衡价格**.当市场价格 p 高于均衡价格 p_0 时,供给量将会增加,而需求量会相应地减少,这样产生的"供大于求"的现象必然使价格 p 下降;当市场价格 p 低于均衡价格 p_0 时,供给量将减少而需求量增加,这时会产生"供不应求"现象,从而又使得价格 p 上升,市场对价格的调节作用就是这样来实现的.

例 1.16　当鸡蛋收购价为 4.5 元/千克时，某收购站每月能收购 5 000 千克，若收购价每千克提高 0.1 元，则收购量可增加 400 千克，求鸡蛋的线性供给函数.

解　设鸡蛋的线性供给函数为 $S=-c+dp$，由题意有：

$$\begin{cases}5\ 000=-c+4.5d\\5\ 400=-c+4.6d\end{cases}$$

解得 $d=4\ 000$，$c=13\ 000$，所求供给函数为：

$$S=-13\ 000+4\ 000p$$

例 1.17　已知某商品的需求函数和供给函数分别为：$Q=14.5-1.5p$，$S=-7.5+4p$，求该商品的均衡价格 p_0.

解　由供需均衡条件 $Q=S$，可得：

$$14.5-1.5p=-7.5+4p$$

因此，均衡价格 $p_0=4$.

1.2.2　成本函数、收益函数和利润函数

常用经济函数（成本函数、收益函数、利润函数）

在生产和产品的经营活动中，人们总希望尽可能降低成本，提高收入和利润，而成本、收入和利润这些经济变量都与产品的产量或销售量 q 密切相关，它们都可以看作 q 的函数，可分别称为总成本函数，记为 $C(q)$；收益函数，记为 $R(q)$；利润函数，记为 $L(q)$.

1.2.2.1　成本函数

总成本由固定成本 C_0 和可变成本 $C_1(q)$ 两部分组成，固定成本与产量 q 无关，如租金、员工工资、设备维修费、企业管理费等；可变成本随产量 q 的增加而增加，如原材料费、动力费等.即：

$$C(q)=C_0+C_1(q)$$

总成本函数 $C(q)$ 是 q 的单调增加函数.最典型的成本函数是三次函数：

$$C=a_0+a_1q-a_2q^2+a_3q^3\quad(a_i>0,i=0,1,2,3)$$

但有时为了使问题简化，也常常采用线性成本函数 $C=a+bq(a>0,b>0)$ 及二次成本函数.

只给出总成本不能说明企业生产的好坏，为了评价企业的生产状况，需要计算产品的平均成本，即生产 q 件产品时，单位产品成本平均值，记作 $\overline{C}$，则：

$$\overline{C}=\frac{C(q)}{q}=\frac{C_0}{q}+\frac{C_1(q)}{q}$$

其中，$\dfrac{C_1(q)}{q}$ 称为平均可变成本.

例 1.18　已知某产品的总成本函数为 $C=2\ 000+\dfrac{q^2}{8}$，求当生产 200 个该产品时的总成本和平均成本.

解　由题意，产量为 200 个时的总成本为：

$$C(200)=2\ 000+\frac{200^2}{8}=7\ 000$$

产量为 200 个时的平均成本为：

$$\bar{C}(200)=\frac{7\ 000}{200}=35$$

1.2.2.2　收益函数

收益是生产的商品售出的总收入 R，如果产品的单位售价为 p，销售量为 q，则收益函数为：

$$R(q)=pq$$

例1.19　设某商品的价格 p(元/个)与销售量 q(个)的关系为 $p=10-\frac{q}{5}$，求销售量为 30 个时的总收益.

解　由于总收益

$$R(q)=q\cdot p(q)=10q-\frac{q^2}{5}$$

所以

$$R(30)=10\times 30-\frac{30^2}{5}=120\ (元)$$

1.2.2.3　利润函数

利润等于总收入扣除总成本，于是利润函数为：

$$L(q)=R(q)-C(q)$$

其中，q 是产量(或销量).

注意：

(1) 当 $L(q)=R(q)-C(q)>0$ 时，企业盈利；

(2) 当 $L(q)=R(q)-C(q)<0$ 时，企业亏损；

(3) 当 $L(q)=R(q)-C(q)=0$ 时，企业盈亏平衡.在**利润贡献分析法**中称满足 $L(q)=0$ 的点 q_0 为**盈亏平衡点**(就是我们俗称的**保本点**).

例1.20　若某产品的成本函数为 $C(q)=2q^2-4q+81$，价格函数为 $p(q)=32-q$，求该产品的利润函数，并说明该产品的盈亏情况.

解　据题意可得收益函数为：

$$R(q)=q\cdot p(q)=32q-q^2$$

所以利润函数为：

$$L(q)=R(q)-C(q)=-3q^2+36q-81$$

由 $L(q)=0$，可得盈亏平衡点 $q=3$ 或 $q=9$.显然可知，当 $q<3$ 或 $q>9$ 时，$L(q)<0$，说明企业亏损；当 $3<q<9$ 时，$L(q)>0$，说明企业盈利.

*1.2.3　购房贷款中的分期付款计算模型

购买商品房已经成为中国老百姓生活中的一件头等大事，我们每个人多多少少都会碰到,如果资金不够,往往就会去银行贷款,下面我们就来了解下买房贷款的那点事.

目前我国购房贷款的还款方式有两种:一种是等额本息还款,即在还款期内,每月偿还同等数额的贷款(包括本金和利息),这样由于每月的还款额固定,可以有计划地控制家庭收入的支出,也便于每个家庭根据自己的收入情况,确定还贷能力.另一种是等额本金还款,即将本金每月等额偿还,然后根据剩余本金计算利息,所以初期由于本金较多,从而使还款额在初期较多,而在随后的时间每月递减,这种方式的好处是,由于在初期偿还较大款项而减少后期的利息支出,因而使得偿还的总利息较少,也适应提前还贷,比较适合还款能力较强的家庭.

下面就来推导等额本息还款方式的月还款额的计算公式.

设 P 为贷款本金,r_0 为贷款月利率,x 为月还款额,n 表示贷款月数,S_n 表示第 n 个月后仍欠债主的金额,则:

$$S_1 = P(1 + r_0) - x,$$

$$S_2 = S_1(1 + r_0) - x = P(1 + r_0)^2 - x[1 + (1 + r_0)],$$

$$S_3 = S_2(1 + r_0) - x = P(1 + r_0)^3 - x[1 + (1 + r_0) + (1 + r_0)^2],$$

$$\cdots$$

$$S_n = P(1 + r_0)^n - x[1 + (1 + r_0) + (1 + r_0)^2 + \cdots + (1 + r_0)^{n-1}]$$

$$= P(1 + r_0)^n - \frac{x[(1 + r_0)^n - 1]}{r_0}.$$

到第 n 个月,贷款还清 $S_n = 0$,可得月还款额为:

$$x = pr_0 \frac{(1 + r_0)^n}{(1 + r_0)^n - 1} \qquad (1-1)$$

例 1.21 小张自筹资金 20 万元,准备在某城市购置一套价值为 50 万元的住房,需向某银行贷款 30 万元,准备 10 年还清全部贷款.若按 4.16% 的年利率计息,问小张应具有怎样的能力才能贷款买房?且 10 年还给银行的总利息又是多少?

解 因为贷款额 $P = 30$ 万元,月利率 $r_0 = \frac{0.041\,6}{12} \approx 0.003\,467$,

贷款月数 $n = 12 \times 10 = 120$ 个月,则由式(1-1)得月还款额为:

$$x = \frac{300\,000 \times 0.003\,467(1 + 0.003\,467)^{120}}{(1 + 0.003\,467)^{120} - 1} \approx 3\,060.28(\text{元})$$

也就是说,小张若具备每月还贷 3 060.28 元的能力,就可以贷款买房了.

小张 10 年还给银行的总利息为:

$$3\,060.28 \times 120 - 300\,000 = 67\,233.6(\text{元})$$

习题 1.2

1. 已知某商品的供给函数为 $Q = \frac{1}{3}p - 2$,需求函数为 $Q = 40 - \frac{2}{3}p$,试求该商品处于市场均衡状态下的均衡价格和均衡数量.

2. 生产某种商品的总成本(单位:元)是 $C(q) = 1\,500 + 3q$,求生产 200 件这种商品的总成本和平均成本.

3. 设某商品的价格函数为 $P=80-\frac{1}{3}q$，试求该商品的收入函数，并求出销量为 30 件商品时的总收入和平均收入.

4. 已知生产某种商品 q 件时的总成本（单位：万元）为 $C(q)=20+6q+0.1q^2$，如果该商品的销售单价为 10 万元，试求：

（1）该商品的利润函数；

（2）生产 10 件该商品时的总利润和平均利润；

（3）生产 5 件该商品时的总利润.

5. 生产某种产品的固定成本为 1.2 万元，每生产一个该产品所需费用为 30 元，若该产品出售的单价为 40 元，试求：

（1）生产 100 件该种产品的总成本和平均成本；

（2）售出 200 件该种产品的总收入；

（3）若生产的产品都能够售出，则生产 1 000 件该种产品的利润是多少？

习题 1.2　参考答案

§1.3　极限及相关概念

函数概念刻画了变量之间的依存关系，而极限概念则进一步刻画了在自变量的某种变化过程中，因变量随之发生的变化趋势.后面的学习会让我们感受到，在微积分中几乎所有的概念都离不开极限这个工具，在微积分的发展初期，由于极限理论的不完善，使得牛顿和莱布尼茨两个人都说不清它的基本原理，因此，极限是微积分的基础，也有人称它是微积分的灵魂.

1.3.1　数列的极限

极限及相关概念（数列的极限）

数列极限的概念是为了求某些实际问题的精确解答而产生的.早期的人们就是利用数列的极限推出了圆的面积公式，所以我们要讲极限还必须从数列的极限谈起.

大家都知道正多边形的面积等于周长与边心距的乘积的一半，由于当圆内接正多边形的边数无限增加时，多边形的面积和圆的面积越来越接近，于是人们在圆内先做一个圆内接正六边形，记其面积为 A_1，然后在这个基础上再做一个圆内接正十二边形,记其面积为 A_2(见图 1 - 9),如此循此下去,每次边数都会成倍增加,这样就得到一系列圆内接正多边形的面积,即 $A_1, A_2, A_3, \cdots, A_n, \cdots$

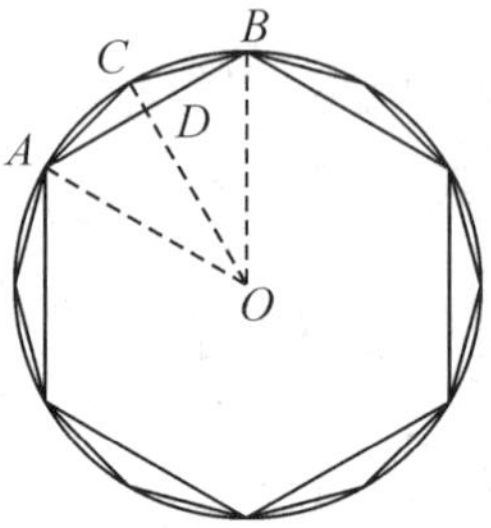

图 1 - 9

这些面积构成一列有次序的数,这就是数列,其中内接正 $6 \times 2^{n-1}$ 边形的面积记为 $A_n(n \in Z^+)$.

从图 1 - 9 我们可以很直观地感受到,当圆内接正多边形的边数 $n \to \infty$(读作 n 趋近于无穷大)时,圆内接正 $6 \times 2^{n-1}$ 边形的面积 A_n 将无限趋近于圆的面积 A,记为:

$$A = \lim_{n \to \infty} A_n \quad \text{(其中 lim 是“limit”的缩写,表示极限的符号)}$$

同样很明显的是,当 $n \to \infty$时,圆内接正 $6 \times 2^{n-1}$ 边形的周长 L_n 无限趋近于圆的周长 $L = 2\pi R$,而边心距 R_n 则无限趋近于圆的半径 R,这样得:

$$A = \lim_{n \to \infty} A_n = \lim_{n \to \infty} \frac{1}{2} L_n R_n = \frac{1}{2} \times 2\pi R \times R = \pi R^2$$

这就导出了现在大家都很熟悉的圆的面积公式.而这个确定的数值在数学上被我们称为数列$\{A_n\}$:$A_1, A_2, A_3, \cdots, A_n, \cdots$,当 $n \to \infty$时的极限.正是这个数列的极限才精确地表达出圆的面积.

早在三国时期,我国古代著名的数学家刘徽(公元 225—295 年,魏国人)创立的割圆术,用的就是上述通过圆内接正多边形的面积来推算圆面积的方法.虽然当时并没有引入极限的概念,但刘徽在割圆术中提出的“割之弥细,所失弥少,割之又割以至于不可割,则与圆合体而无所失矣”,可视为中国古代极限观念的佳作.

人们在解决许多实际问题时逐渐形成的这种极限方法,已经成为微积分学中的一种基本方法,因此有必要做进一步的阐述.

1.3.1.1　数列的概念

定义 1.8　一个定义在自然数集 N 上的函数 $x_n = f(n)$($n = 1, 2, \cdots$ 或 $n \in N^+$)(也称整标函数),其函数值为依次排列起来的一列数:

$$x_1, x_2, x_3, \cdots, x_n, \cdots$$

称其为无穷数列,简称为**数列**.数列中的每一个数叫作该数列的项.x_n 叫作数列$\{x_n\}$的通项或一般项. 例如:

(1)$\left\{x_n = \frac{1}{n}\right\}$:$1, \frac{1}{2}, \frac{1}{3}, \cdots, \frac{1}{n}, \cdots$

(2)$\{x_n = (-1)^{n-1}\}$:$1, -1, 1, -1, \cdots$

(3) $\{x_n = 2n\}$:2,4,6,8,…

(4) $\{x_n = c\}$:$c,c,c,\cdots$

我们通过观察以上数列不难发现,当 n 无限增大时,数列(1) 的各项呈现出确定的变化趋势,即一般项无限趋近于常数零;数列(2) 的各项在 -1 和1之间变动,一般项趋近的目标不一致,不会趋近于一个确定的常数;数列(3) 中随着项数 n 的无限增大,一般项也变得越来越大,不趋近于任何确定的常数;数列(4) 中每一项均为常数 c(这种数列又称常数列),即一般项始终为 c.由以上四例不难看出,数列$\{x_n\}$ 的一般项 x_n 的变化趋势有两种情形:一类是无限接近于某个确定的常数(如数列(1)、(4));另一类是不接近于任何确定的常数(如数列(2)、(3)).

1.3.1.2　数列极限的概念

定义1.9　对于数列$\{x_n\}$,如果 n 无限增大时,一般项 x_n 无限接近于某个确定的常数 A,则称该数列以 A 为极限,或称数列$\{x_n\}$ 收敛于 A,数列$\{x_n\}$ 也称为收敛数列,记作:

$$\lim_{n\to\infty} x_n = A \text{ 或 } x_n \to A(n \to \infty)$$

若数列$\{x_n\}$ 没有极限,则称该数列发散.

例如,上面数列(1) 具有极限,可以记为 $\lim\limits_{n\to\infty}\frac{1}{n} = 0$;数列(4) 具有极限,可以记为 $\lim\limits_{n\to\infty}c = c$,另外通过数列(4) 的极限我们还可以得出这样一个结论:常数的极限就是常数本身.而数列(2)、(3) 是发散数列.

从定义 1.9 中我们不难体会到,所谓数列的极限,就是讨论在项数无限增大的情况下,数列一般项的变化趋势,也就是说,我们并不关心数列的前有限项如何取值,而只关注一般项 x_n 在项数 $n \to \infty$的情况下的最终走势.另外要说明的是,在数列极限的计算中,我们常会用到一种技巧,就是当 $n \to \infty$时,$\frac{1}{n} \to 0$.

例 1.22　求下列数列的极限:

(1) $\lim\limits_{n\to\infty}\dfrac{n}{2n+1}$;　　　(2) $\lim\limits_{n\to\infty}\dfrac{\sqrt{3n^2-1}}{n}$.

解　(1) $\lim\limits_{n\to\infty}\dfrac{n}{2n+1} = \lim\limits_{n\to\infty}\dfrac{1}{2+\dfrac{1}{n}} = \dfrac{1}{2}$;

(2) $\lim\limits_{n\to\infty}\dfrac{\sqrt{3n^2-1}}{n} = \lim\limits_{n\to\infty}\sqrt{\dfrac{3n^2-1}{n^2}} = \lim\limits_{n\to\infty}\sqrt{3-\dfrac{1}{n^2}} = \sqrt{3}$.

1.3.2　函数的极限

因为数列可以看作自变量取正整数 n 的函数 $x_n = f(n)$(即整标函数),所以数列也是一种特殊的函数.下面我们将这种特殊函数极限的概念推广到一般函数极限的概念.

就一般函数而言,自变量 x 的变化情况要比数列 $x_n = f(n)$ 的自变量 n 的变化丰富得多,后者的 n 只是单纯取非零自然数且无限增大,但一般函数就不同了,它的自变量 x 可以有无数种变化形式，对这无数种变化形式我们可以把它归纳成两种变化过程：

(1) 自变量 x 的绝对值无限增大，即 x 趋近于无穷大，记为 $x \to \infty$；

(2) 自变量 x 无限接近某个有限值 x_0，记为 $x \to x_0$.

下面我们就来讨论在 x 的这两种不同的变化过程中，函数 $f(x)$ 的变化趋势.

极限及相关概念（当 x 趋近于无穷）

1.3.2.1　当 $x \to \infty$ 时，函数 $f(x)$ 的极限

当 $x \to \infty$ 时，表示自变量 x 的绝对值无限增大，也就是说 x 可以向数轴的两边无限变化，这里就包括 $x \to +\infty$ 和 $x \to -\infty$ 两种情况，其中 $x \to +\infty$ 表示 $x > 0$ 且无限增大，$x \to -\infty$ 表示 $x < 0$ 且其绝对值无限增大（也就是向数轴的左边无限变化）.

例 1.23　考察当 $x \to \infty$ 时，函数 $y = \dfrac{1}{x}$ 的变化趋势.

解　如图 1－10 所示，当 $x \to \infty$（包括 $x \to +\infty$，$x \to -\infty$）时，我们注意到函数值趋向确定的常数 0.

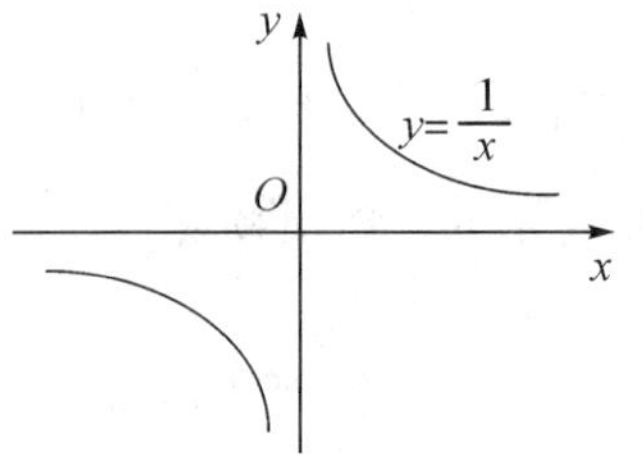

图 1－10

定义 1.10　当 $x \to \infty$ 时，若函数 $f(x)$ 无限趋于常数 A，则称 A 是函数 $f(x)$ 当 $x \to \infty$ 时的极限，记为：

$$\lim_{x\to\infty} f(x) = A \text{ 或 } f(x) \to A \quad (x \to \infty)$$

定义 1.11　当 $x \to +\infty$ 时，若函数 $f(x)$ 无限趋于常数 A，则称 A 是函数 $f(x)$ 当 $x \to +\infty$ 时的极限，记为：

$$\lim_{x\to+\infty} f(x) = A \text{ 或 } f(x) \to A \quad (x \to +\infty)$$

定义 1.12　当 $x \to -\infty$ 时，若函数 $f(x)$ 无限趋于常数 A，则称 A 是函数 $f(x)$ 当 $x \to -\infty$ 时的极限，记为：

$$\lim_{x\to-\infty} f(x) = A \text{ 或 } f(x) \to A \quad (x \to -\infty)$$

通过以上三个定义，我们不难发现当 $x \to \infty$ 时，函数 $f(x)$ 无限趋于常数 A 的充分必要条件就是，当 $x \to +\infty$ 和 $x \to -\infty$ 时，函数 $f(x)$ 都无限趋于常数 A.

定理 1.2　极限 $\lim\limits_{x\to\infty} f(x) = A$ 的充要条件是 $\lim\limits_{x\to+\infty} f(x) = \lim\limits_{x\to-\infty} f(x) = A$.

例 1.24　观察下列函数的图像（见图 1－11、图 1－12、图 1－13）并填空：

(1) $\lim\limits_{x\to-\infty} e^x =$ ________；　　$\lim\limits_{x\to+\infty} e^x =$ ________.

(2) $\lim\limits_{x\to+\infty} e^{-x} =$ ________；　　$\lim\limits_{x\to-\infty} e^{-x} =$ ________.

(3) $\lim\limits_{x\to+\infty} \arctan x =$ ________；　　$\lim\limits_{x\to-\infty} \arctan x =$ ________.

解　从图上容易看出：

(1) $\lim\limits_{x\to-\infty} e^x = 0$；　　$\lim\limits_{x\to+\infty} e^x = +\infty$.

(2) $\lim\limits_{x\to-\infty} e^{-x} = +\infty$；　　$\lim\limits_{x\to+\infty} e^{-x} = 0$.

(3) $\lim\limits_{x\to-\infty} \arctan x = -\dfrac{\pi}{2}$；　　$\lim\limits_{x\to+\infty} \arctan x = \dfrac{\pi}{2}$.

显然，这里的三个极限$\lim\limits_{x\to\infty} e^x$、$\lim\limits_{x\to\infty} e^{-x}$、$\lim\limits_{x\to\infty} \arctan x$ 都不存在. 它们都不满足定理 1.2.

1.3.2.2　当 $x\to x_0$ 时，函数 $f(x)$ 的极限

我们先来看当 $x\to 1$ 时，函数 $f(x)=\dfrac{x^2-1}{x-1}$ 的变化情况：

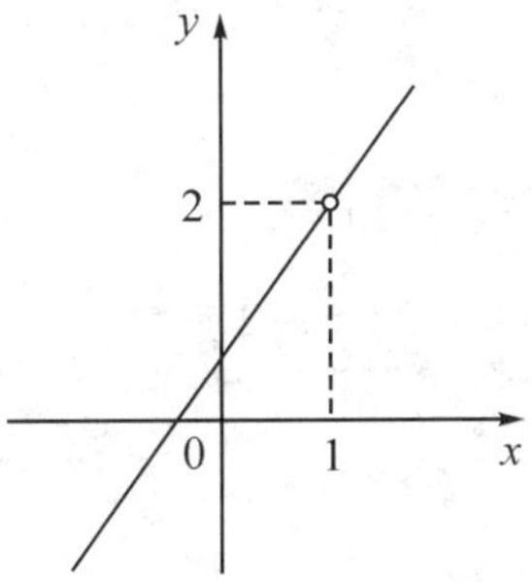

图 1 - 14

极限及相关概念

(当 x 趋近于某点)

从图 1 - 14 中可以看出，虽然函数 $f(x)=\dfrac{x^2-1}{x-1}$ 在 $x=1$ 这点没有定义，但是我们注意到，无论自变量 x 是从小于 1 的方向趋近于 1，还是从大于 1 的方向趋近于 1，函数 $f(x)=\dfrac{x^2-1}{x-1}$ 的值都是无限趋近于常数 2 的. 此时，我们称当 x 趋近于 1 时，函数 $f(x)$ 的极限为 2.

定义 1.13　设函数 $f(x)$ 在点 x_0 的左右近旁（点 x_0 可以除外）有定义. 如果当自变量 x 无限趋近于 x_0（但始终不等于 x_0）时，函数 $f(x)$ 的函数值会无限趋近于某个确定的常数 A，则称 A 为函数 $f(x)$ 当 $x\to x_0$ 时的极限，记为：

$$\lim_{x\to x_0} f(x)=A \quad 或 \quad f(x)\to A\ (x\to x_0)$$

注意：(1) $x\to x_0$ 与 $x=x_0$ 是两个完全不同的概念，在 $x\to x_0$ 时，每个 x 都不等于 x_0；$x\to x_0$ 是一个变化的、运动的概念，而 $x=x_0$ 是一个静止的概念.

(2) 我们讨论的是函数 $f(x)$ 在 x_0 附近的变化趋势，而不是 $f(x)$ 在点 x_0 处的情况，这就告诉我们 $f(x)$ 在 $x\to x_0$ 时的极限是否存在，与 $f(x)$ 在 x_0 处有无定义以及有定义时在点 x_0 处的函数值的大小无关.

(3) 定义中的 $x\to x_0$ 其实包括了两种情形，一种是 x 从 x_0 的左边（即小于 x_0 的方向）趋近于 x_0（记为 $x\to x_0^-$），另一种是 x 从 x_0 的右边（即大于 x_0 的方向）趋近于 x_0（记为 $x\to x_0^+$），因此，就有了下面左、右极限的概念.

定义 1.14　设函数 $f(x)$ 在点 x_0 的左边近旁（或右边近旁）有定义. 如果当自变量 x 从 x_0 的左边无限趋近于 x_0（或从 x_0 的右边无限趋近于 x_0）时，函数 $f(x)$ 的函数值会无限

趋近于某个确定的常数 A,则称 A 为函数 $f(x)$ 当 $x \to x_0$ 时的左极限(或右极限).

左极限记为:

$$f(x_0^-) = \lim_{x \to x_0^-} f(x) = A$$

右极限记为:

$$f(x_0^+) = \lim_{x \to x_0^+} f(x) = A$$

显然,根据以上两个定义,我们可以得到定理 1.3.

定理 1.3 极限 $\lim_{x \to x_0} f(x) = A$ 的充要条件是 $\lim_{x \to x_0^-} f(x) = \lim_{x \to x_0^+} f(x) = A$.

由于分段函数在分段点左右两侧的函数表达式往往不同,因此,我们在讨论分段函数在分段点处的极限是否存在时,会用到此定理.

例 1.25 设函数 $f(x) = \begin{cases} 3x + 2, & x \leqslant 0 \\ x^2 - 2, & x > 0 \end{cases}$,证明当 $x \to 0$ 时,函数 $f(x)$ 的极限不存在.

证明 因为

$$f(0^-) = \lim_{x \to 0^-} f(x) = \lim_{x \to 0^-} (3x + 2) = 2$$

$$f(0^+) = \lim_{x \to 0^+} f(x) = \lim_{x \to 0^+} (x^2 - 2) = -2$$

所以

$$f(0^-) \neq f(0^+)$$

因此,根据定理 1.3 可知极限 $\lim_{x \to 0} f(x)$ 不存在(见图 1 - 15).

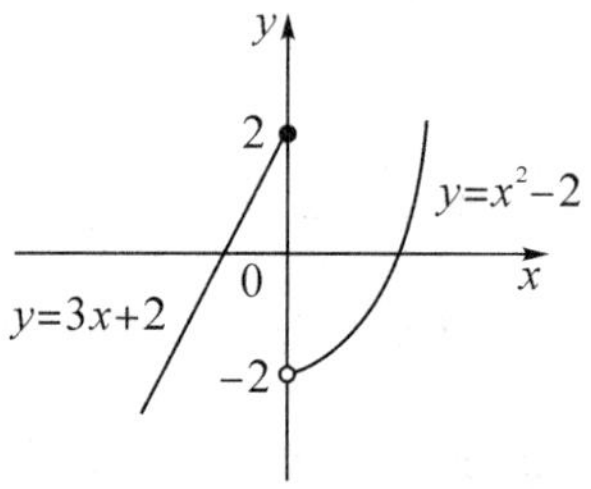

图 1 - 15

例 1.26 设函数 $f(x) = \begin{cases} x^2 + 1, & x \leqslant 2 \\ 2x + 1, & x > 2 \end{cases}$,讨论极限 $\lim_{x \to 2} f(x)$ 是否存在.

解 因为

$$f(2^-) = \lim_{x \to 2^-} f(x) = \lim_{x \to 2^-} (x^2 + 1) = 5$$

$$f(2^+) = \lim_{x \to 2^+} f(x) = \lim_{x \to 2^+} (2x + 1) = 5$$

所以

$$f(2^-) = f(2^+) = 5$$

因此,根据定理 1.3 可知极限 $\lim_{x \to 2} f(x) = 5$ 存在(见图 1 - 16).

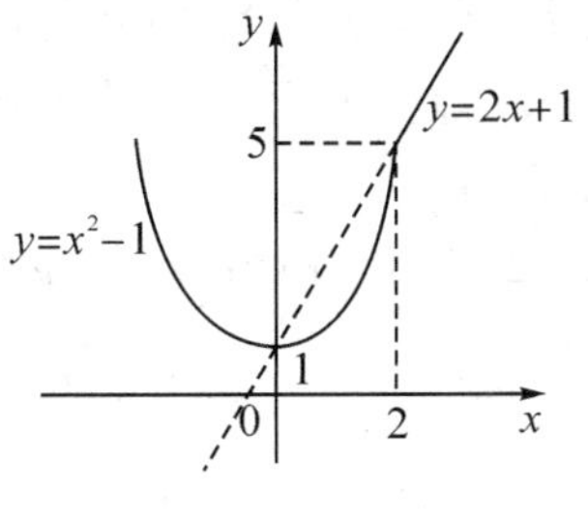

图 1－16

例 1.27　讨论函数极限$\lim\limits_{x \to 0} \frac{|x|}{x}$是否存在.

分析：当 $x \to 0$ 时，x 并不等于零，且 x 可正可负，因此我们无法去掉分子的绝对值，这就是本题的难点.如果我们分左、右极限来讨论的话，就能分清 x 的正负情况，这样绝对值的问题也就好处理了.

解　因为

$$f(0^-) = \lim_{x \to 0^-} \frac{|x|}{x} = \lim_{x \to 0^-} \frac{-x}{x} = -1$$

$$f(0^+) = \lim_{x \to 0^+} \frac{|x|}{x} = \lim_{x \to 0^+} \frac{x}{x} = 1$$

所以

$$f(0^-) \neq f(0^+)$$

因此，根据定理 1.3 可知极限$\lim\limits_{x \to 0} \frac{|x|}{x}$不存在.

无论数列或者函数，都是变量，而数列的极限和函数的极限，也都是变量的极限，它们所讨论的内容都是在自变量的某种变化过程中，相应因变量取值的某种变化趋势.因此，在这里我们要告诉大家一个简单的事实，那就是任何具有极限的变量，其极限值都是唯一确定的.

1.3.3　无穷大、无穷小及无穷小的比较

1.3.3.1　无穷大

在前面的学习中经常遇到无穷大这一概念，下面就给出无穷大的定义.

定义 1.15　如果 $x \to x_0$（或 $x \to \infty$）时，$|f(x)|$无限增大，则称 $f(x)$ 为当 $x \to x_0$（或 $x \to \infty$）时的无穷大量，简称**无穷大**，记作 $\lim\limits_{x \to x_0} f(x) = \infty$（或$\lim\limits_{x \to \infty} f(x) = \infty$）.

极限及相关概念（无穷小、无穷大）

如果在无穷大的定义中，把$|f(x)|$无限增大换成 $f(x)$（或 $-f(x)$）无限增大，就记作 $\lim\limits_{\substack{x \to x_0 \\ (x \to \infty)}} f(x) = +\infty$（或 $\lim\limits_{\substack{x \to x_0 \\ (x \to \infty)}} f(x) = -\infty$）.

关于无穷大的概念我们要注意以下三点：

(1) 无穷大不是一个很大的数,它是一个绝对值无限增大的变量;

(2) 按函数极限的定义,函数 $f(x)$ 趋向于无穷大时极限是不存在的,但为了讨论问题方便,我们也说"函数的极限是无穷大";

(3) 说一个函数为无穷大时,必须同时指出自变量的变化过程. 例如,函数 $y=\tan x$ 是当 $x \to \dfrac{\pi}{2}$ 时的无穷大,$y=x^2+1$ 是当 $x \to \infty$时的无穷大.

1.3.3.2　无穷小

定义 1.16　如果 $x \to x_0$ 时(或 $x \to \infty$),函数 $f(x)$ 的极限为零,则称 $f(x)$ 为当 $x \to x_0$(或 $x \to \infty$)时的无穷小量,简称**无穷小**,记作$\lim\limits_{x \to x_0} f(x)=0$(或$\lim\limits_{x \to \infty} f(x)=0$).

例如:函数 $y=3x-6$ 是 $x \to 2$ 时的无穷小,而函数 $y=\dfrac{1}{2x^2}$ 是 $x \to \infty$ 时的无穷小.关于无穷小的概念我们要注意以下两点:

(1) 不要把无穷小与很小的数混为一谈.一般来说,无穷小表达的是变量的变化状态,而不是变量的大小,一个量不管多么小,都不能是无穷小量.零是唯一可作为无穷小的常数,因此我们可以说"零是无穷小",但不能说"无穷小是零".

(2) 不能笼统地说某个函数变量是无穷小,必须指出自变量的变化过程.因为无穷小是用极限来定义的,一个函数在自变量的某个变化过程中为无穷小,而在自变量的其他变化过程中就不一定是无穷小了.

例如:因为$\lim\limits_{x \to -1} \dfrac{x+1}{x}=0$,所以$f(x)=\dfrac{x+1}{x}$ 当 $x \to -1$ 时是一个无穷小量;

因为$\lim\limits_{x \to 1} \dfrac{x+1}{x}=2$,所以$f(x)=\dfrac{x+1}{x}$ 当 $x \to 1$ 时不是一个无穷小量.

又如:因为$\lim\limits_{x \to \infty} \dfrac{1}{2x-1}=0$,所以当 $x \to \infty$ 时,$\dfrac{1}{2x-1}$ 为无穷小;

因为$\lim\limits_{x \to 2}(x^2-4)=0$,所以当 $x \to 2$ 时,x^2-4 为无穷小.

定理 1.4(极限基本定理)　具有极限的函数等于它的极限与一个无穷小之和;反之函数可以表示为常数与无穷小之和,那么该常数就是这个函数的极限.

$$\lim_{x \to x_0} f(x)=A \Leftrightarrow f(x)=A+\alpha \text{(其中 } \alpha \text{ 是当 } x \to x_0 \text{ 时的无穷小)}$$

1.3.3.3　无穷小的性质

下面我们来看无穷小的几个代数性质.

定理 1.5　有限个无穷小的代数和、差、积仍是无穷小.

定理 1.6　有界函数与无穷小的乘积仍是无穷小.

推论　常数与无穷小的乘积仍是无穷小.

注意:定理 1.6 是我们今后求极限的一种常用手段,大家一定要熟记.

极限及相关概念
(无穷小的的性质)

例 1.28　求极限$\lim\limits_{x \to 0} x\sin\dfrac{1}{x}$.

解　因为$\lim\limits_{x\to 0} = 0$，所以当 $x \to 0$ 时，x 是个无穷小量；

又因为 $\left|\sin\dfrac{1}{x}\right| \leqslant 1$，所以 $\sin\dfrac{1}{x}$ 是有界量，

故在 $x\to 0$ 时 $x\sin\dfrac{1}{x}$ 是无穷小量，由定理 1.6 可知：

$$\lim_{x\to 0} x\sin\frac{1}{x} = 0$$

无穷大与无穷小之间有一种特殊的关系，即在自变量的同一变化过程中，无穷大的倒数是无穷小，非 0 的无穷小的倒数是无穷大.

定理 1.7　在自变量的同一变化过程中，即 $x\to x_0$（或 $x\to\infty$），如果 $f(x)$ 为无穷大，则 $\dfrac{1}{f(x)}$ 为无穷小；反之，如果 $f(x)$ 为无穷小，且 $f(x)\neq 0$，则 $\dfrac{1}{f(x)}$ 为无穷大.

例 1.29　下列函数在什么情况下为无穷小，在什么情况下为无穷大.

(1) $f(x) = \dfrac{x+2}{x-1}$；　(2) $f(x) = \ln x$；　(3) $f(x) = \dfrac{x+1}{x^2}$.

解　(1) 因为 $\lim\limits_{x\to -2}\dfrac{x+2}{x-1} = 0$，故 $x\to -2$ 时 $\dfrac{x+2}{x-1}$ 为无穷小；

因为 $\lim\limits_{x\to 1}\dfrac{x-1}{x+2} = 0$，所以 $\lim\limits_{x\to 1}\dfrac{x+2}{x-1} = \infty$，故 $x\to 1$ 时，$\dfrac{x+2}{x-1}$ 为无穷大.

(2) 因为 $\lim\limits_{x\to 1}\ln x = 0$，故 $x\to 1$ 时 $\ln x$ 为无穷小；

因为 $\lim\limits_{x\to 0^+}\ln x = -\infty$，$\lim\limits_{x\to +\infty}\ln x = +\infty$，故 $x\to 0^+$ 和 $x\to +\infty$ 时，$\ln x$ 都为无穷大.

(3) 因为 $\lim\limits_{x\to -1}\dfrac{x+1}{x^2} = 0$，$\lim\limits_{x\to\infty}\dfrac{x+1}{x^2} = 0$，故 $x\to -1$ 和 $x\to\infty$ 时，$\dfrac{x+1}{x^2}$ 为无穷小；

因为 $\lim\limits_{x\to 0}\dfrac{x+1}{x^2} = \infty$，故 $x\to 0$ 时，$\dfrac{x+1}{x^2}$ 为无穷大.

例 1.30　求极限 $\lim\limits_{x\to 1}\dfrac{x^2-3}{x^2-5x+4}$.

解　因为 $\lim\limits_{x\to 1}\dfrac{x^2-5x+4}{x^2-3} = 0$，即当 $x\to 1$ 时，$\dfrac{x^2-5x+4}{x^2-3}$ 为无穷小，

所以根据无穷小与无穷大的关系可知：

$$\lim_{x\to 1}\frac{x^2-3}{x^2-5x+4} = \infty$$

1.3.3.4　无穷小的比较

通过前面的学习可以看到，两个无穷小的和、差、积仍是无穷小.但是关于两个无穷小的商的极限却会出现不同的结果.例如，当 $x\to 0$ 时，x、$2x$、x^2 都是无穷小，然而 $\lim\limits_{x\to 0}\dfrac{x}{2x} = \dfrac{1}{2}$，$\lim\limits_{x\to 0}\dfrac{x^2}{2x} = 0$，$\lim\limits_{x\to 0}\dfrac{2x}{x^2} = \infty$.因此，我们把这种无穷小与无穷小比值的极限称为 $\dfrac{0}{0}$ 型不定式极限. 为

无穷小的比较

什么会出现这种情况呢？其实原因并不难找，虽然无穷小量都是趋近于零的变量，但是它们趋近于零的速度却不一定相同，有时差别还很大，这一点我们可以通过表 1 - 3 感受到.

表 1 - 3

x	1	0.1	0.01	0.001	…	$x\to 0$
$2x$	2	0.2	0.02	0.002	…	$2x\to 0$
x^2	1	0.01	0.001	0.000 001	…	$x^2\to 0$

很显然，x^2 比 x 和 $2x$ 趋近于零的速度要快得多，而两个无穷小比值的极限会出现不同的结果，正是反映了不同的无穷小量趋近于零的变化快慢程度. 在数学上，为了刻画无穷小量的这一特性，引入了无穷小量阶的概念.

定义 1.17 设变量 α,β 是在自变量同一变化过程中的无穷小量，且这两个无穷小比值的极限存在或为无穷大. 则有：

(1) 如果 $\lim\dfrac{\alpha}{\beta}=0$，就说 α 是比 β 更高阶的无穷小，记作 $\alpha=o(\beta)$；此时我们也说 β 是比 α 较低阶的无穷小；

(2) 如果 $\lim\dfrac{\alpha}{\beta}=C(C\neq 0)$，就说 α 与 β 是同阶的无穷小；

(3) 如果 $\lim\dfrac{\alpha}{\beta}=1$，就说 α 与 β 是等价无穷小，记为 $\alpha\sim\beta$.

在定义 1.17 中，高阶的无穷小趋近于零的速度更快，而同阶的无穷小趋近于零的速度差不多，但等价无穷小则说明两个无穷小在小到一定程度时，它们趋近于零的速度几乎是一致的.

习题 1.3

1. 下列各函数中，x 在什么趋向时为无穷小？在什么趋向时为无穷大？

(1) $y=\dfrac{x^2-1}{x+1}$；　　(2) $y=\dfrac{x^2-1}{x-1}$；

(3) $y=\dfrac{x^2-4x+3}{x+1}$；　　(4) $y=\dfrac{x^2-4x+3}{x-1}$.

2. 当 $x\to 0$ 时，$3x-x^2$ 与 $1\,000x^3$ 相比，哪一个无穷小趋近于零的速度更快？

3. 根据无穷小的性质求下列极限.

(1) $\lim\limits_{x\to\infty}\dfrac{\sin x+3}{x^2+1}$；　　(2) $\lim\limits_{x\to\infty}\dfrac{x^2+1}{x^3+x}\cos x$；

(3) $\lim\limits_{x\to 0}x^2\cos\dfrac{1}{2x}$；　　(4) $\lim\limits_{x\to -\infty}\left(\dfrac{1}{x^2}+e^x\right)$；

4. $f(x)=\begin{cases}1-x, & x\leqslant 1\\ 1+x, & x>1\end{cases}$，求当 $x\to 1$ 时 $f(x)$ 的左、右极限，并说明在 $x\to 1$ 时，$f(x)$

的极限是否存在.

5. 设$f(x)=\begin{cases}2+\sin x, & x\leqslant 0\\ x^2+1, & 0<x\leqslant 1\\ 2x, & x>1\end{cases}$,分别讨论当$x\to 0$和$x\to 1$时,$f(x)$的极限是否存在.

6. 设$f(x)=\begin{cases}\sin(x-1), & x\leqslant 1\\ k^2x-2k, & x>1\end{cases}$,当$k$为何值时,函数$f(x)$在$x=1$处有极限.

习题 1.3　参考答案

§1.4　极限的运算

1.4.1　夹逼准则

下面我们来介绍极限运算中常用的一种方法:

定理 1.8（夹极限定理）　在自变量的同一变化过程中,若函数$g(x)$、$f(x)$与$h(x)$满足不等式

$$g(x)\leqslant f(x)\leqslant h(x)$$

且$\lim g(x)=\lim h(x)=A$,则有$\lim f(x)=A$.

极限的运算
（夹逼准则）

夹极限定理又称极限的夹逼准则,它在几何上是非常直观的,并且这个准则对数列的极限也适用.若有数列$\{y_n\}$、$\{x_n\}$与$\{z_n\}$,且$y_n\leqslant x_n\leqslant z_n$,并有$\lim\limits_{n\to\infty}y_n=\lim\limits_{n\to\infty}z_n=A$,则我们同样可以得到$\lim\limits_{n\to\infty}x_n=A$.

例 1.31　利用极限的夹逼准则证明极限

$$\lim_{n\to\infty}\left(\frac{1}{\sqrt{n^2+1}}+\frac{1}{\sqrt{n^2+2}}+\cdots+\frac{1}{\sqrt{n^2+n}}\right)=1.$$

证明　因为

$$\frac{n}{\sqrt{n^2+n}}\leqslant\left(\frac{1}{\sqrt{n^2+1}}+\frac{1}{\sqrt{n^2+2}}+\cdots+\frac{1}{\sqrt{n^2+n}}\right)\leqslant\frac{n}{\sqrt{n^2+1}}$$

而

$$\lim_{n\to\infty}\frac{n}{\sqrt{n^2+n}}=\lim_{n\to\infty}\frac{1}{\sqrt{1+\frac{1}{n}}}=1$$

$$\lim_{n\to\infty}\frac{n}{\sqrt{n^2+1}}=\lim_{n\to\infty}\frac{1}{\sqrt{1+\frac{1}{n^2}}}=1$$

所以由夹逼准则可得：

$$\lim_{n\to\infty}\left(\frac{1}{\sqrt{n^2+1}}+\frac{1}{\sqrt{n^2+2}}+\cdots+\frac{1}{\sqrt{n^2+n}}\right)=1$$

前面我们在定理 1.5 中提到过，有限个无穷小的和仍是无穷小.但从上面的例 1.31 中可以看到，无穷个无穷小的和就未必是无穷小了.

1.4.2 极限的运算法则

利用极限的定义只能求一些简单的极限，而实际问题中的函数极限却要复杂很多.极限的求法是本课程的基本运算之一，而极限的四则运算法则是求极限的最基本的方法.

极限的四则运算法则

在自变量的同一变化过程中，若 $\lim f(x)=A$，$\lim g(x)=B$（这里极限号 lim 下面未标明 x 的变化过程，表示对极限的任何一个变化过程都成立，下同），则有下列运算法则：

法则 1 $\lim[f(x)\pm g(x)]=\lim f(x)\pm\lim g(x)=A\pm B$.

这个法则可以推广到有限个函数代数和的情形，如果这有限个函数的极限均单独存在，则这有限个函数代数和的极限就等于它们极限的代数和.不过要注意的是只能推广到有限个，不能是无穷个.比如，由例 1.31 可知：

$$\lim_{n\to\infty}\left(\frac{1}{\sqrt{n^2+1}}+\frac{1}{\sqrt{n^2+2}}+\cdots+\frac{1}{\sqrt{n^2+n}}\right)=1$$

但如果用法则 1 的推广做，则变成：

$$\begin{aligned}&\lim_{n\to\infty}\left(\frac{1}{\sqrt{n^2+1}}+\frac{1}{\sqrt{n^2+2}}+\cdots+\frac{1}{\sqrt{n^2+n}}\right)\\&=\lim_{n\to\infty}\frac{1}{\sqrt{n^2+1}}+\lim_{n\to\infty}\frac{1}{\sqrt{n^2+2}}+\cdots+\lim_{n\to\infty}\frac{1}{\sqrt{n^2+n}}\\&=0+0+\cdots+0=0\end{aligned}$$

显然这个结果是错误的，错在哪呢？当 $n\to\infty$ 时，这个和式是无穷项相加，而不是有限项，故滥用了法则 1 的推广.

法则 2 $\lim[f(x)\cdot g(x)]=\lim f(x)\cdot\lim g(x)=A\cdot B$.

这个法则也可以推广到有限个函数相乘的情形.

推论 1 $\lim Cf(x)=C\cdot\lim f(x)=C\cdot A$（$C$ 为任意常数）.

推论 2 $\lim[f(x)]^n=[\lim f(x)]^n=A^n$.

法则的运用是严谨的，稍不注意就很容易犯错误.例如，根据定理 1.6 可知，极限 $\lim\limits_{x\to0}x\sin\frac{1}{x}=0$，但如果写成

$$\lim_{x\to0}x\sin\frac{1}{x}=\lim_{x\to0}x\cdot\lim_{x\to0}\sin\frac{1}{x}=0\cdot\lim_{x\to0}\sin\frac{1}{x}=0$$

就错了,错在滥用法则 2,因为极限$\lim\limits_{x\to 0}\sin\frac{1}{x}$不存在,是不能用法则 2 来计算的.

法则 3　$\lim\frac{f(x)}{g(x)}=\frac{\lim f(x)}{\lim g(x)}=\frac{A}{B}\quad(B\neq 0)$.

例 1.32　求极限$\lim\limits_{x\to 2}(x^2-4x+5)$.

解　
$$\begin{aligned}\lim_{x\to 2}(x^2-4x+5)&=\lim_{x\to 2}x^2-\lim_{x\to 2}4x+5\\&=\lim_{x\to 2}x^2-4\lim_{x\to 2}x+5\\&=2^2-4\times 2+5=1\end{aligned}$$

例 1.33　求$\lim\limits_{x\to 2}\frac{x^2-2}{3x^2-4x+5}$.

解　因为

$$\lim_{x\to 2}(3x^2-4x+5)=9\neq 0$$

所以

$$\lim_{x\to 2}\frac{x^2-2}{3x^2-4x+5}=\frac{\lim\limits_{x\to 2}(x^2-2)}{\lim\limits_{x\to 2}(3x^2-4x+5)}=\frac{2}{9}$$

在极限的计算中,我们经常会遇到$\frac{0}{0}$型、$\frac{\infty}{\infty}$型、$\infty-\infty$型、$0\cdot\infty$型、1^{∞}型等类型的极限.这些类型的极限由于结果不确定,所以我们称之为不定式极限.可以说,极限的计算难点就是计算不定式极限,这类极限在计算中往往不能直接运用极限的四则运算法则,所以需要经过各种变换使之满足四则运算法则的使用条件.在后续的学习中,我们会逐步给出一些计算方法来帮助大家计算不定式极限.下面的方法是初等变换法,这也是最基本的一种方法.

例 1.34　求$\lim\limits_{x\to 2}\frac{x^2-3x+2}{x^2-x-2}$.　($\frac{0}{0}$型)

解　当$x=2$时,分子、分母都为 0,故可约去公因式$(x-2)$.

$$\lim_{x\to 2}\frac{x^2-3x+2}{x^2-x-2}=\lim_{x\to 2}\frac{(x-1)(x-2)}{(x+1)(x-2)}=\lim_{x\to 2}\frac{x-1}{x+1}=\frac{1}{3}$$

例 1.35　求下列极限($\frac{\infty}{\infty}$型):

(1) $\lim\limits_{x\to\infty}\frac{2x^2-2x+1}{x^2+6x+5}$;　(2) $\lim\limits_{x\to\infty}\frac{2x+1}{x^2+6x+5}$;　(3) $\lim\limits_{x\to\infty}\frac{x^3-2x+1}{x^2+6x+5}$.

解　(1) $\lim\limits_{x\to\infty}\frac{2x^2-2x+1}{x^2+6x+5}=\lim\limits_{x\to\infty}\frac{2-\frac{2}{x}+\frac{1}{x^2}}{1+\frac{6}{x}+\frac{5}{x^2}}=2$;

(2) $\lim\limits_{x\to\infty}\frac{2x+1}{x^2+6x+5}=\lim\limits_{x\to\infty}\frac{\frac{2}{x}+\frac{1}{x^2}}{1+\frac{6}{x}+\frac{5}{x^2}}=0$;

(3) 由于$\lim\limits_{x\to\infty}\dfrac{x^2+6x+5}{x^3-2x+1}=\lim\limits_{x\to\infty}\dfrac{\dfrac{1}{x}+\dfrac{6}{x^2}+\dfrac{5}{x^3}}{1-\dfrac{2}{x^2}+\dfrac{1}{x^3}}=0$,

所以$\lim\limits_{x\to\infty}\dfrac{x^3-2x+1}{x^2+6x+5}=\infty$.

一般情况:设 $a_0\neq 0,b_0\neq 0,n$、m 为自然数,则有:

$$\lim_{x\to\infty}\frac{a_0x^n+a_1x^{n-1}+\cdots+a_n}{b_0x^m+b_1x^{m-1}+\cdots+b_m}=\begin{cases}\infty, & m<n\\ \dfrac{a_0}{b_0}, & m=n\\ 0, & m>n\end{cases}$$

例 1.36 求下列函数极限:

(1) $\lim\limits_{n\to\infty}\left(\dfrac{1}{n^2}+\dfrac{2}{n^2}+\cdots+\dfrac{n}{n^2}\right)$;

(2) $\lim\limits_{n\to\infty}\left(\dfrac{1}{1\times 2}+\dfrac{1}{2\times 3}+\cdots+\dfrac{1}{n\times(n+1)}\right)$.

解 (1) $\lim\limits_{n\to\infty}\left(\dfrac{1}{n^2}+\dfrac{2}{n^2}+\cdots+\dfrac{n}{n^2}\right)=\lim\limits_{n\to\infty}\dfrac{1+2+\cdots+n}{n^2}=\lim\limits_{n\to\infty}\dfrac{\dfrac{n}{2}(n+1)}{n^2}=\dfrac{1}{2}$;

(2) $\lim\limits_{n\to\infty}\left(\dfrac{1}{1\times 2}+\dfrac{1}{2\times 3}+\cdots+\dfrac{1}{n\times(n+1)}\right)$

$=\lim\limits_{n\to\infty}\left(1-\dfrac{1}{2}+\dfrac{1}{2}-\dfrac{1}{3}+\cdots+\dfrac{1}{n}-\dfrac{1}{n+1}\right)$

$=\lim\limits_{n\to\infty}\left(1-\dfrac{1}{n+1}\right)=1$.

例 1.37 求极限$\lim\limits_{x\to+\infty}(\sqrt{x^2+x-2}-x)$.(“$\infty-\infty$”型)

解 $\lim\limits_{x\to+\infty}(\sqrt{x^2+x-2}-x)=\lim\limits_{x\to+\infty}\dfrac{x-2}{\sqrt{x^2+x-2}+x}=\dfrac{1}{2}$

例 1.38 求极限$\lim\limits_{x\to1}\left(\dfrac{1}{1-x}-\dfrac{3}{1-x^3}\right)$.(“$\infty-\infty$”型)

解 $\lim\limits_{x\to1}\left(\dfrac{1}{1-x}-\dfrac{3}{1-x^3}\right)=\lim\limits_{x\to1}\dfrac{1+x+x^2-3}{1-x^3}$

$=\lim\limits_{x\to1}\dfrac{(x+2)(x-1)}{(1-x)(1+x+x^2)}$

$=-\lim\limits_{x\to1}\dfrac{x+2}{1+x+x^2}=-1$

例 1.39 求极限$\lim\limits_{x\to0}\dfrac{x}{\sqrt{1+x}-1}$.($\dfrac{0}{0}$型)

解 当 $x\to0$ 时,由于分母极限为 0,不能直接用商的极限运算法则,这时,我们可先对分母有理化,再求极限.

$$\begin{aligned}\lim_{x\to0}\frac{x}{\sqrt{1+x}-1}&=\lim_{x\to0}\frac{x(\sqrt{1+x}+1)}{(\sqrt{1+x}-1)(\sqrt{1+x}+1)}\\&=\lim_{x\to0}\frac{x\sqrt{1+x}+1}{x}\\&=\lim_{x\to0}(\sqrt{1+x}+1)\\&=2\end{aligned}$$

通过以上各例可以看出,在运用极限四则运算法则时,应注意如下两点:

(1) 极限四则运算法则只有在各项极限均存在(除式还需要分母极限不为零)时才能使用;

(2) 若所求极限不能直接运用极限四则运算法则,可先对原式进行初等变换,如因式分解、通分、有理化等,然后再运用极限四则运算法则求极限.

1.4.3　两个重要极限及其应用

求极限的难点就是计算不定式极限,除了利用初等变换的方法外,在这里给大家介绍利用两个重要极限来计算不定式极限.

在求解不定式极限中,我们常会用到两个重要极限.在这里不加证明,直接给出这两个重要极限.

两个重要极限(1)

1.4.3.1　$\lim\limits_{x\to0}\frac{\sin x}{x}=1$　$\left(\frac{0}{0}\text{型}\right)$

大家可以看到,这个重要极限本身就是$\frac{0}{0}$型不定式极限.我们通过列表观察$\frac{\sin x}{x}$的变化趋势(见表1-4).

表1-4

x	±0.5	±0.1	±0.01	±0.000 1	$\cdots\to0$
$\frac{\sin x}{x}$	0.958 9	0.998 3	0.999 98	0.999 999 998	$\cdots\to1$

从表1-4可以看出,当$|x|$无限接近于0时函数$f(x)=\frac{\sin x}{x}$的变化趋势,可以证明,当$x\to0$时,$f(x)=\frac{\sin x}{x}$无限接近于1,即:

$$\lim_{x\to0}\frac{\sin x}{x}=1$$

我们把这个极限称为**第 1 个重要极限**.为了更好地应用这个重要极限,我们给出如下计算模型:

$$\lim_{\Delta\to 0}\frac{\sin\Delta}{\Delta}=1 \text{ 或} \lim_{\Delta\to 0}\frac{\Delta}{\sin\Delta}=1 \text{（}\Delta\text{ 代表同一变量或表达式）}$$

例 1.40 求极限$\lim\limits_{x\to 0}\frac{\tan x}{x}$.

解 $\lim\limits_{x\to 0}\frac{\tan x}{x}=\lim\limits_{x\to 0}\frac{\sin x}{\cos x\cdot x}=\lim\limits_{x\to 0}\frac{\sin x}{x}\frac{1}{\cos x}=1$

例 1.41 求极限$\lim\limits_{x\to 0}\frac{\arcsin x}{x}$.

解 令 $\arcsin x=t$,则 $x=\sin t, x\to 0\Leftrightarrow t\to 0$,

所以原式可化为:

$$\lim_{x\to 0}\frac{\arcsin x}{x}=\lim_{t\to 0}\frac{t}{\sin t}=\lim_{t\to 0}\frac{1}{\frac{\sin t}{t}}=\frac{\lim\limits_{t\to 0}1}{\lim\limits_{t\to 0}\frac{\sin t}{t}}=1$$

举一反三,我们可以通过例 1.40、例 1.41 得到第 1 个重要极限的 2 个推广计算模型,即:

$$\lim_{\Delta\to 0}\frac{\tan\Delta}{\Delta}=1,\quad \lim_{\Delta\to 0}\frac{\arcsin\Delta}{\Delta}=1 \quad \text{（}\Delta\text{ 代表同一变量或表达式）}$$

例 1.42 求下列函数的极限:

(1) $\lim\limits_{x\to 0}\frac{\sin 3x}{2x}$;　　(2) $\lim\limits_{x\to 0}\frac{\tan 5x}{x}$;　　(3) $\lim\limits_{x\to 0}\frac{\arcsin 2x}{\tan 3x}$.

解 (1) $\lim\limits_{x\to 0}\frac{\sin 3x}{2x}=\frac{3}{2}\lim\limits_{x\to 0}\frac{\sin 3x}{3x}=\frac{3}{2}$;

(2) $\lim\limits_{x\to 0}\frac{\tan 5x}{x}=5\lim\limits_{x\to 0}\frac{\tan 5x}{5x}=5$;

(3) $$\lim_{x\to 0}\frac{\arcsin 2x}{\tan 3x}=\lim_{x\to 0}\frac{2x\cdot\arcsin 2x}{2x}\cdot\frac{3x}{3x\cdot\tan 3x}$$

$$=\frac{2}{3}\lim_{x\to 0}\frac{\arcsin 2x}{2x}\cdot\lim_{x\to 0}\frac{1}{\frac{\tan 3x}{3x}}=\frac{2}{3}.$$

例 1.43 分析下列极限分别用的是什么方法:

(1) $\lim\limits_{x\to 0}\frac{\sin x}{x}$;　　(2) $\lim\limits_{x\to\infty}\frac{\sin x}{x}$;　　(3) $\lim\limits_{x\to\infty}x\sin\frac{1}{x}$;　　(4) $\lim\limits_{x\to 0}x\sin\frac{1}{x}$.

解 (1) 和(3) 用第 1 个重要极限,极限值为 1;

(2) 和(4) 用定理 1.6 有界量与无穷小相乘仍为无穷小,极限值为 0.

例 1.44 求极限$\lim\limits_{x\to 0}\frac{1-\cos x}{x^2}$.

解 $$\lim_{x\to 0}\frac{1-\cos x}{x}=\lim_{x\to 0}\frac{2\sin^2\frac{x}{2}}{x^2}=\frac{1}{2}\lim_{x\to 0}\left(\frac{\sin\frac{x}{2}}{\frac{x}{2}}\right)^2=\frac{1}{2}$$

通过以上例子我们看到，当 $\Delta\to 0$ 时，有以下等价无穷小的关系：

$$\sin\Delta \sim \Delta;\quad \tan\Delta \sim \Delta;\quad \arcsin\Delta \sim \Delta$$

$$1-\cos\Delta \sim \frac{1}{2}\Delta^2\ \arctan\Delta \sim \Delta（\Delta\text{ 代表同一变量或表达式}）$$

1.4.3.2　$\lim\limits_{n\to\infty}\left(1+\dfrac{1}{n}\right)^n = e$（$1^\infty$ 型）

这是一个数列的极限，其本身也是“1^∞”型不定式极限. 同样，我们可以列表来观察数列 $\left\{\left(1+\dfrac{1}{n}\right)^n\right\}$ 的变化趋势（见表 1－5）.

两个重要极限（2）

表 1－5

n	1	2	3	4	5	10	100	1 000	10 000
$\left(1+\dfrac{1}{n}\right)^n$	2	2.250	2.370	2.441	2.488	2.594	2.705	2.717	2.718

从表 1－5 可看出当 n 无限增大时，数列一般项 $\left(1+\dfrac{1}{n}\right)^n$ 变化的大致趋势. 可以证明，当 $n\to\infty$ 时，数列 $\left\{\left(1+\dfrac{1}{n}\right)^n\right\}$ 的极限确实存在，并且是一个无理数，在数学上，我们把这个无理数记为 e，其值为：

$$e\approx 2.718\ 281\ 828\ 459\ 045\cdots$$

即：

$$\lim_{n\to\infty}\left(1+\frac{1}{n}\right)^n = e$$

我们把这个极限称为**第 2 个重要极限**. 由于数列也是一种特殊的函数，为此我们可以把上面的数列极限推广成下面的函数极限形式，即：

$$\lim_{x\to\infty}\left(1+\frac{1}{x}\right)^x = e \quad 或 \quad \lim_{x\to 0}(1+x)^{\frac{1}{x}} = e$$

对于这个重要极限 $\lim\limits_{x\to\infty}\left(1+\dfrac{1}{x}\right)^x = e$，许多初学者往往理解不了，他们总是不知不觉地把这个极限同中学老师说过的“1 的任何次方都等于 1”相混淆，从而得出错误的结论 $\lim\limits_{x\to\infty}\left(1+\dfrac{1}{x}\right)^x = 1$. 那么问题出在哪呢？到底是谁错了？学习中许多初学者都存在这种困惑. 其实问题的焦点就在于当 $x\to\infty$ 时，这个函数的底数 $\left(1+\dfrac{1}{x}\right)$ 是不是 1，也就是无穷小 $\dfrac{1}{x}$ 是不是零的问题. 前面学习无穷小的概念时，我们曾经说过零是无穷小，但不能说无穷小是零，也就是说当 $x\to\infty$ 时，$\dfrac{1}{x}$ 只是无限接近于零，但并不等于零，因此整个底数

$\left(1+\dfrac{1}{x}\right)$ 并不等于1,只是无限趋近于1. 所以这里根本不是什么1的任何次方问题,也就不能同中学老师说过的话相比较.希望大家在学习这个重要极限时必须理解这一点.

为了更好地运用第2个重要极限,我们给出如下计算模型:

$$\lim_{\Delta\to\infty}\left(1+\frac{1}{\Delta}\right)^{\Delta}=\mathrm{e} \quad 或 \quad \lim_{\Delta\to 0}(1+\Delta)^{\frac{1}{\Delta}}=\mathrm{e} \quad (\Delta\text{代表同一变量或表达式})$$

例 1.45 求极限 $\lim\limits_{x\to\infty}\left(1+\dfrac{a}{x}\right)^{x}$.

解 $\lim\limits_{x\to\infty}\left(1+\dfrac{a}{x}\right)^{x}=\lim\limits_{x\to\infty}\left(1+\dfrac{1}{\frac{x}{a}}\right)^{\frac{x}{a}\cdot a}=\mathrm{e}^{a}$

例 1.46 求极限 $\lim\limits_{x\to\infty}\left(1-\dfrac{1}{x}\right)^{x}$.

解 $\lim\limits_{x\to\infty}\left(1-\dfrac{1}{x}\right)^{x}=\lim\limits_{x\to\infty}\left(1+\dfrac{1}{-x}\right)^{(-x)\cdot(-1)}=\mathrm{e}^{-1}$

通过例1.45、例1.46我们可以得到第2个重要极限的两个推广计算模型,即:

$$\lim_{\Delta\to\infty}\left(1\pm\frac{a}{\Delta}\right)^{\Delta}=\mathrm{e}^{\pm a} \quad 或 \quad \lim_{\Delta\to 0}(1\pm a\Delta)^{\frac{1}{\Delta}}=\mathrm{e}^{\pm a} \quad (\Delta\text{代表同一变量或表达式})$$

例 1.47 求极限 $\lim\limits_{x\to\infty}\left(\dfrac{x+2}{x-1}\right)^{x}$.

解
$$\lim_{x\to\infty}\left(\frac{x+2}{x-1}\right)^{x}=\lim_{x\to\infty}\left(1+\frac{3}{x-1}\right)^{(x-1)\frac{x}{x-1}}$$
$$=\lim_{x\to\infty}\left[\left(1+\frac{3}{x-1}\right)^{(x-1)}\right]^{\frac{1}{1-\frac{1}{x}}}=\mathrm{e}^{3}$$

1.4.4 复利与贴现

作为上面第2个重要极限的应用,我们在这里介绍复利与贴现.

1.4.4.1 复利

所谓复利计息,指的是将每期利息于每期之末加入本金,并以此作为后一期的新本金再计算利息.通俗地说,就是利滚利.

(1) 按离散情况计算利息的复利计算公式.

提出问题:现有本金为P,以年利率 r 贷出,若以复利计息,试求第 n 年年末的本利和 S_n.

若以一年为1期计算利息,则第1年的年年末本利和为:

$$S_1=p+pr=p(1+r)$$

到第2年的年末本利和为:

$$S_2=p(1+r)+p(1+r)r=p(1+r)^2$$

以此类推,第 n 年的年末本利和应为:

$$S_n = p(1+r)^n$$

如果一年分 m 次平均计息，且以 $\frac{r}{m}$ 为每期的利息来计算，那么第 n 年年末的本利和为：

$$S_n = p\left(1+\frac{r}{m}\right)^{mn}$$

（2）以连续复利计算利息的复利计算公式.

现在令计息期数 m 无限增大（$m \to \infty$），即计息周期无限缩短，则第 n 年年末的本利和为：

$$S_n = \lim_{m\to\infty} p\left(1+\frac{r}{m}\right)^{nm} = p\lim_{m\to\infty}\left[\left(1+\frac{r}{m}\right)^{m}\right]^{n} = p(e^r)^n = pe^{rn}$$

这就是连续复利计算公式.

$S_n = pe^{rn}$ 这个公式反映了现实世界中一些事物生长或消失的数量规律，如马尔萨斯人口模型、细胞的繁殖、树木的生长、物体的冷却、镭的衰变等，都服从这个数学模型.

例 1.48　设本金 10 万元，按 2008 年整存整取 5 年期以上年利率 3.60% 来计算，若分别以每年计息、每月计息和连续计息的方式计息（不扣利息税），试求第 10 年年末的本利和分别为多少。

解　按年利率计算复利得：

$$S_{10} = 10^5(1+0.036)^{10} \approx 142\ 428.714（元）$$

按月利率计算复利得：

$$S_{10} = 10^5\left(1+\frac{0.036}{12}\right)^{120} \approx 143\ 255.717（元）$$

由连续复利计算得：

$$S_{10} = 10^5 e^{0.36} \approx 143\ 332.941（元）$$

显然，后者本利和高于前两者.

1.4.4.2　贴现

已知现在值 p，确定未来值 S_n，这是复利问题.与之相反的问题是已知未来值 S_n，去求现在值 p，这种情况就称为**贴现问题**.这时的利率 r 称为**贴现率**.显然，贴现公式能通过复利公式轻易推出.

若以一年为期贴现，则 n 年的贴现公式为：

$$p = S_n(1+r)^{-n}$$

若一年均分 m 期贴现，则 n 年的贴现公式为：

$$p = S_n\left(1+\frac{r}{m}\right)^{-nm}$$

若连续贴现（即让 $m \to \infty$ 取极限），则 n 年的连续贴现公式为：

$$p = S_n \lim_{m\to\infty}\left[\left(1+\frac{r}{m}\right)^{m}\right]^{-n} = S_n e^{-rn}$$

例 1.49　假设你打算在一家投资担保公司投入一笔资金，你需要这笔投资 10 年后价值达到 12 000 元，如果公司以 9% 的年复利利率付息，若年利率不变，付息方式为连续复利,那你应该投资多少元?

解 因为付息方式为连续复利,10 年后要达到 12 000 元的现值为:

$$p = S_n e^{-rn} = 12\ 000e^{-0.09\times10} = 4\ 878.84\ (元)$$

即在连续复利付息方式下,你应该投资 4 878.84 元.

习题 1.4

1. 已知 $\lim\limits_{n\to\infty}x_n = \dfrac{1}{2}$,$\lim\limits_{n\to\infty}y_n = -\dfrac{1}{2}$,求下列各极限:

(1) $\lim\limits_{n\to\infty}(2x_n + 3y_n)$;　　(2) $\lim\limits_{n\to\infty}\dfrac{x_n - y_n}{x_n}$.

2. 求下列各极限:

(1) $\lim\limits_{x\to\sqrt{3}}\dfrac{7 + x^2}{x^2 - 2}$;　　(2) $\lim\limits_{x\to2}\dfrac{5 + x^2}{x - 2}$;

(3) $\lim\limits_{x\to0}\dfrac{4x^3 - 2x^2 + x}{3x^2 + 2x}$;　　(4) $\lim\limits_{h\to0}\dfrac{(x + h)^2 - x^2}{h}$;

(5) $\lim\limits_{x\to1}\dfrac{x^3 - 1}{x - 1}$;　　(6) $\lim\limits_{x\to\infty}\left(2 - \dfrac{2}{x} + \dfrac{2}{x^3}\right)$;

(7) $\lim\limits_{x\to\infty}\dfrac{4x^2 - 2x + 1}{2x^2 + x}$;　　(8) $\lim\limits_{x\to\infty}\dfrac{4x^3 + 2x^2 + 5}{3x^2 + 2x}$;

(9) $\lim\limits_{x\to0}\dfrac{\sqrt{3 + x} - \sqrt{3}}{x}$;　　(10) $\lim\limits_{x\to2}\dfrac{\sqrt{x - 1} - 1}{2 - x}$;

(11) $\lim\limits_{n\to+\infty}\left(1 + \dfrac{1}{2} + \dfrac{1}{4} + \cdots + \dfrac{1}{2^n}\right)$;　　(12) $\lim\limits_{x\to\infty}(\sqrt{x + 1} - \sqrt{x})$.

3. 求下列各极限:

(1) $\lim\limits_{x\to0}\dfrac{x - \sin2x}{x + \tan3x}$;　　(2) $\lim\limits_{x\to0}\dfrac{1 - \cos2x}{x\sin x}$;

(3) $\lim\limits_{x\to a}\dfrac{\sin x - \sin a}{x - a}$;　　(4) $\lim\limits_{n\to\infty}3^n\sin\dfrac{x}{3^n}(x \neq 0)$;

(5) $\lim\limits_{x\to0}(1 + 2x)^{\frac{3}{x}}$;　　(6) $\lim\limits_{x\to\infty}\left(\dfrac{3x + 2}{3x - 1}\right)^{x+1}$.

4. 已知 $\lim\limits_{x\to0}\dfrac{f(x)}{x} = 3$,求极限 $\lim\limits_{x\to0}\dfrac{\sqrt{1 + f(x)} - 1}{x}$.

5. 计算极限 $\lim\limits_{n\to\infty}\left(\dfrac{1}{n^2 + 1} + \dfrac{2}{n^2 + 2} + \cdots + \dfrac{n}{n^2 + n}\right)$.

6. 设年利率为 6%,若按连续复利计息,现投资多少元,才能使第 10 年年末得到 120 000 元?

习题 1.4　参考答案

§1.5　函数的连续性

1.5.1　变量的增量概念

函数的连续性(1)

定义 1.18　设变量 u 从它的一个初值 u_1 变到终值 u_2，终值与初值的差 $u_2 - u_1$ 称为变量 u 的增量，记为 Δu，即 $\Delta u = u_2 - u_1$.

注意：增量 Δu 可正、可负，当 $\Delta u > 0$ 时，变量 u 从 u_1 变到 $u_2 = u_1 + \Delta u$ 时是增大的；当 $\Delta u < 0$ 时，变量 u 是减小的.

设函数 $y = f(x)$ 在已知点 $x = x_0$ 的左右近旁内有定义，当自变量 x 由 x_0 变到 $x_0 + \Delta x$ 时，函数 y 相应地由 $f(x_0)$ 变到 $f(x_0 + \Delta x)$，因此函数 y 的对应增量为：

$$\Delta y = f(x_0 + \Delta x) - f(x_0)$$

1.5.2　函数 $y = f(x)$ 在某一已知点 $x = x_0$ 的连续性

定义 1.19　设函数 $y = f(x)$ 在已知点 $x = x_0$ 的左右近旁内有定义，如果自变量获得的增量 $\Delta x = x - x_0$ 趋于零时，对应的函数增量 $\Delta y = f(x_0 + \Delta x) - f(x_0)$ 也趋于零，即：

$$\lim_{\Delta x \to 0} = \lim_{\Delta x \to 0}[f(x_0 + \Delta x) - f(x_0)] = 0$$

则称函数 $y = f(x)$ 在点 $x = x_0$ 处连续，或称 $x = x_0$ 为函数 $y = f(x)$ 的连续点.

关于函数 $y = f(x)$ 在已知点 $x = x_0$ 处的连续性，我们可以通过图 1 - 17 直观去感受定义 1.19. 显然图 1 - 17(a) 直观展示了函数 $y = f(x)$ 在点 $x = x_0$ 处是连续的，而图 1 - 17(b) 则告诉我们函数 $y = f(x)$ 在点 $x = x_0$ 处是断开的，即是不连续的.

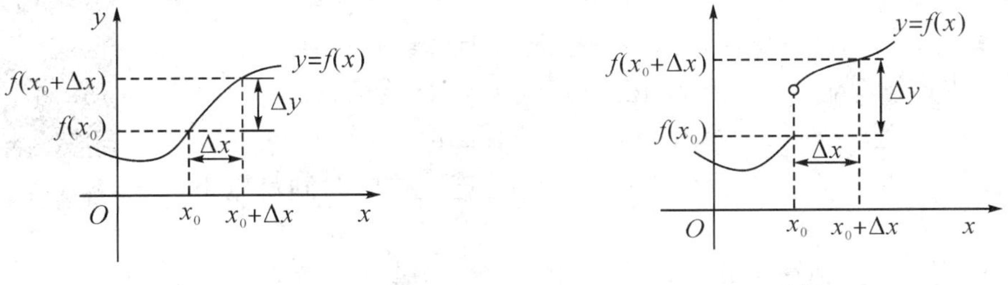

(a)　　　　(b)

图 1 - 17

若令 $x_0 + \Delta x = x$，则当 $\Delta x \to 0$ 时，定义 1.19 中的表达式可表示为：

$$\lim_{x \to x_0}[f(x_0+\Delta x)-f(x_0)]=\lim_{x \to x_0}[f(x)-f(x_0)]=0$$

即：

$$\lim_{x \to x_0} f(x)=f(x_0)$$

因此，函数 $y=f(x)$ 在已知点 $x=x_0$ 处连续的定义又可表述为：

定义 1.20 设函数 $y=f(x)$ 在已知点 $x=x_0$ 的左右近旁内有定义，且

$$\lim_{x \to x_0} f(x)=f(x_0)$$

则称函数 $y=f(x)$ 在点 $x=x_0$ 处连续.

显然定义 1.20 比定义 1.19 要实用得多，我们在判断函数在某一已知点是否连续时，也总是用定义 1.20 来判断.也就是：

函数 $y=f(x)$ 在已知点 $x=x_0$ 处连续 $\Leftrightarrow \lim\limits_{x \to x_0} f(x)=f(x_0)$

例 1.50 试证函数 $f(x)=\begin{cases}3x+1, & x \leqslant 0 \\ \cos x, & x>0\end{cases}$ 在 $x=0$ 处连续.

证明 因为 $\lim\limits_{x \to 0^+} f(x)=\lim\limits_{x \to 0^+} \cos x=1$，$\lim\limits_{x \to 0^-} f(x)=\lim\limits_{x \to 0^-}(3x+1)=1$ 且 $f(0)=1$，

则 $\lim\limits_{x \to 0} f(x)$ 存在且 $\lim\limits_{x \to 0} f(x)=f(0)=1$，

所以 $f(x)$ 在 $x=0$ 处连续.

例 1.51 讨论函数 $f(x)=\begin{cases}x\sin\dfrac{1}{2x}, & x \neq 0 \\ 0, & x=0\end{cases}$ 在 $x=0$ 处的连续性.

解 因为

$$\lim_{x \to 0} f(x)=\lim_{x \to 0} x\sin\frac{1}{2x}=0=f(0)$$

所以 $f(x)$ 在 $x=0$ 处连续.

下面介绍函数 $y=f(x)$ 在已知点 $x=x_0$ 处左连续与右连续的概念.

若函数 $y=f(x)$ 在已知点 $x=x_0$ 处有 $\lim\limits_{x \to x_0^-} f(x)$（或 $\lim\limits_{x \to x_0^+} f(x)=f(x_0)$），则分别称函数 $y=f(x)$ 在点 $x=x_0$ 处是左连续（或右连续）.由此可知，函数 $y=f(x)$ 在点 $x=x_0$ 处连续的充要条件是函数在 $x=x_0$ 处左、右都连续.

1.5.3 区间内连续函数的概念

若函数 $y=f(x)$ 在开区间 (a,b) 内各点均连续，则称 $f(x)$ 在开区间 (a,b) 内连续.若函数 $y=f(x)$ 在开区间 (a,b) 内连续，在 $x=a$ 处右连续，在 $x=b$ 处左连续，则称 $f(x)$ 在闭区间 $[a,b]$ 上连续.

函数的连续性(2)

连续函数的定义表明，函数在点 $x=x_0$ 处连续要同时满足以下三个条件：

(1) 函数 $f(x)$ 在点 $x=x_0$ 有定义，即函数值 $f(x_0)$ 存在；

(2) 函数 $f(x)$ 在该点的极限 $\lim\limits_{x \to x_0} f(x)$ 存在；

(3) $\lim\limits_{x \to x_0} f(x)=f(x_0)$.

显然函数 $y=f(x)$ 在点 $x=x_0$ 处连续的几何意义就是函数 $y=f(x)$ 的图形在点 $(x_0,f(x_0))$ 处不断开；而函数 $y=f(x)$ 在区间 (a,b) 内连续的几何意义是函数 $y=f(x)$ 的图形在 (a,b) 内是一条连续不间断的曲线.

1.5.4　初等函数的连续性

我们先来讨论基本初等函数的连续性.

通过前面的学习，我们可以看到：基本初等函数的图形在其定义区间内都是一条连续不间断的曲线，因此根据函数 $y=f(x)$ 在区间内连续的几何意义可知，所有基本初等函数在其定义区间内都是连续的.

由于初等函数都是由基本初等函数经过有限次的四则运算和有限次的复合运算构成的，并且只可用一个算术表达式来表示，所以根据基本初等函数连续性的特点以及连续函数的性质可以推出如下结论：

定理 1.9　一切初等函数在其定义区间内都是连续的.

这个定理很重要，它告诉我们：初等函数的连续区间其实就是它的自然定义域. 这为我们求解初等函数的连续区间找到了一种非常简便的方法.

例如，函数 $y=f(x)=\dfrac{\sqrt{x+1}}{x(x-5)}$ 的连续区间就是它的自然定义域，即：

$$[-1,0)\cup(0,5)\cup(5,+\infty)$$

今后我们可以利用这一结论来求初等函数在有定义的点(即连续点)的极限，也就是说：如果函数 $y=f(x)$ 是初等函数，且点 $x_0\in D_f$(自然定义域)，则有：

$$\lim_{x\to x_0}f(x)=f(x_0)$$

比如：

$$\lim_{x\to 2}\frac{\sqrt{x+1}}{x(x-5)}=f(2)=\frac{\sqrt{2+1}}{2\times(-3)}=-\frac{\sqrt{3}}{6}$$

1.5.5　分段函数的连续性

在经济活动中，我们经常会碰到分段函数. 由于分段函数一般都不再是初等函数了，所以定理 1.9 对分段函数不成立. 但是分段函数往往除分段点外，在每个部分区间内都是用初等函数的形式给出的，故一般的分段函数除去分段点外在其有定义的部分区间内都是连续的，而有定义的分段点的连续性则必须通过定义 1.20 来讨论.

例 1.52　讨论分段函数 $f(x)=\begin{cases}\sin x, & x<0\\ x, & 0\leqslant x\leqslant 1\\ x^2+1, & x>1\end{cases}$ 的连续性，并写出函数的连续区间.

解　根据题意：

当 $-\infty<x<0$ 时，$f(x)=\sin x$ 是初等函数，所以 $f(x)$ 连续.

当 $0<x<1$ 时，$f(x)=x$ 也是初等函数，所以 $f(x)$ 也连续.

当 $1 < x < +\infty$ 时，$f(x)=x^2+1$ 还是初等函数，所以 $f(x)$ 还是连续的.

当 $x=0$ 时，$f(0)=0$，且

$$f(0^-)=\lim_{x\to 0^-}f(x)=\lim_{x\to 0^-}\sin x=0$$

$$f(0^+)=\lim_{x\to 0^+}f(x)=\lim_{x\to 0^+}x=0$$

所以 $\lim\limits_{x\to 0}f(x)=0=f(0)$，因此函数 $f(x)$ 在点 $x=0$ 处连续.

当 $x=1$ 时，$f(1)=1$，且

$$f(1^-)=\lim_{x\to 1^-}f(x)=\lim_{x\to 1^-}x=1$$

$$f(1^+)=\lim_{x\to 1^+}f(x)=\lim_{x\to 1^+}(x^2+1)=2$$

所以 $f(1^-)\neq f(1^+)$，因此函数 $f(x)$ 在点 $x=1$ 处不连续.

综上可知，函数 $f(x)$ 的连续区间为：$(-\infty,1)\cup(1,+\infty)$.

习题 1.5

1. 求下列极限：

(1) $\lim\limits_{x\to 2}\dfrac{e^2+1}{2x}$；　　(2) $\lim\limits_{x\to 1}\sqrt{x^2-2x+5}$.

2. 求函数 $y=\dfrac{\ln x}{x^2-1}+\sqrt{16-x^2}$ 的连续区间.

3. 设函数 $y=\begin{cases}x, & x\leqslant 1\\ 6x-5, & x>1\end{cases}$，试讨论 $f(x)$ 在 $x=1$ 处的连续性，并写出 $f(x)$ 的连续区间.

4. 设函数 $f(x)=\begin{cases}1+e^x, x\leqslant 0\\ x+2a, x>0\end{cases}$，问常数 a 为何值时，函数 $f(x)$ 在 $(-\infty,+\infty)$ 内连续.

5. 求函数 $f(x)=\dfrac{x^2+1}{x^2-3x+2}$ 的连续区间，并求出极限 $\lim\limits_{x\to 0}f(x)$、$\lim\limits_{x\to -2}f(x)$ 及 $\lim\limits_{x\to 3}f(x)$.

习题 1.5　参考答案

复习题一

一、单选题

1. 下列各对函数中(　　)是同一个函数.

A. $y=\frac{x^2-1}{x-1}$ 与 $y=x+1$　　B. $y=\sin^2x+\cos^2x$ 与 $y=1$

C. $y=\lg x^2$ 与 $y=2\lg x$　　D. $y=\sqrt{x^2}$ 与 $y=x$

2. 函数 $f(x)=\frac{\ln x}{x-1}+\sqrt{9-x^2}$ 的定义域是(　　).

A. $(0,3)$　　B. $(0,3]$

C. $(0,1)\cup(1,3)$　　D. $(0,1)\cup(1,3]$

3. 已知函数 $f(x)$ 的定义域为 $[0,1]$，则复合函数 $f(3x-1)$ 的定义域是(　　).

A. $[0,1]$　　B. $[-\frac{1}{3},\frac{2}{3}]$

C. $[\frac{1}{3},\frac{2}{3}]$　　D. $[-\frac{1}{3},\frac{1}{3}]$

4. 已知函数 $f(x)=\log_3x,\varphi(x)=x^2$，则复合函数 $f[\varphi(x)]=$(　　).

A. $2\log_3x$　　B. $\log_3x^2$

C. $(\log_3x)^2$　　D. $x^2\log_3x$

5. 若 $f(x-2)=x(x+1)$，则 $f(x)=$(　　).

A. $(x+3)(x+2)$　　B. $x(x-1)$

C. $(x+2)(x-1)$　　D. $(x-2)(x+1)$

6. 周期函数 $y=\sin\frac{2}{3}x$ 的周期是(　　).

A. 4π　　B. 3π

C. 2π　　D. π

7. 当 $x\to0$，无穷小量 x^2+x 与 x 比较是(　　)无穷小量.

A. 较高阶　　B. 较低阶

C. 同阶但非等价　　D. 等价

8. 极限 $\lim\limits_{x\to x_0^-}f(x)$ 与 $\lim\limits_{x\to x_0^+}f(x)$ 都存在是 $\lim\limits_{x\to x_0}f(x)$ 存在的(　　).

A. 充分但非必要条件　　B. 充要条件

C. 必要但非充分条件　　D. 无关条件

9. 已知函数 $f(x)=\begin{cases}e^{\frac{1}{x}}, & x<0\\ \frac{1}{x}\ln(1+x), & x>0\end{cases}$，则下列结论中(　　)正确.

A. $\lim\limits_{x\to0^-}f(x)=0$ 且 $\lim\limits_{x\to0^+}f(x)=0$　　B. $\lim\limits_{x\to0^-}f(x)=0$ 且 $\lim\limits_{x\to0^+}f(x)=1$

C. $\lim\limits_{x\to 0^-}f(x)$ 不存在且$\lim\limits_{x\to 0^+}f(x)=0$　　D. $\lim\limits_{x\to 0^-}f(x)$ 不存在且$\lim\limits_{x\to 0^+}f(x)=1$

10. 若$\lim\limits_{x\to 1}\dfrac{ax^2+x-3}{x-1}=b$，则常数 a、b 的值为(　　).

A. $a=2,b=5$　　B. $a=2,b=-5$

C. $a=-2,b=5$　　D. $a=-2,b=-5$

二、填空题

1. 设函数$f(x)=\begin{cases}x^2-1, & x<0\\ 1-3x, & x\geqslant 0\end{cases}$，则函数值$f[f(-3)]=$__________.

2. 已知函数$f(x)$ 的定义域为$[0,4]$，则复合函数$f(x^2)$ 的定义域 $D=$__________.

3. 复合函数 $y=\mathrm{e}^{\sqrt{2x+1}}$ 是由函数__________复合成的.

4. 极限$\lim\limits_{n\to\infty}2^n\sin\dfrac{\pi}{2^n}=$__________.

5. $\lim\limits_{x\to 1}\left(\dfrac{1}{x-1}-\dfrac{2}{x^2-1}\right)=$__________.

6. 极限$\lim\limits_{x\to 1}\dfrac{\sin(x-1)}{x^2-1}=$__________.

7. 设$f(x)=\begin{cases}2\cos x, & x<0\\ x^2+m, & x\geqslant 0\end{cases}$，若$\lim\limits_{x\to 0}f(x)$ 存在，则 $m=$__________.

8. 若 $x\to\infty$时，$f(x)$ 与$\dfrac{1}{x}$ 是等价无穷小量，则$\lim\limits_{x\to\infty}3xf(x)=$__________.

9. 设函数$f(x)=\begin{cases}\dfrac{\ln(1-2x)}{x}, & x\neq 0\\ a, & x=0\end{cases}$，若$f(x)$ 在点 $x=0$ 处连续，则 $a=$__________.

10. 设函数$f(x)$ 在点 $x=3$ 处连续，且$f(3)=-5$，则$\lim\limits_{x\to 3}f(x)=$__________.

三、计算题

1. 求下列极限：

(1) $\lim\limits_{x\to 1}\dfrac{x^4-1}{x^3-1}$；　　(2) $\lim\limits_{x\to 5}\dfrac{x^2-7x+10}{x^2-25}$；

(3) $\lim\limits_{x\to\infty}\dfrac{(2x^3-1)(3x+2)}{(3x^2+1)^2}$；　　(4) $\lim\limits_{x\to 0}\dfrac{\sqrt{1+x}-\sqrt{1-x}}{x}$；

(5) $\lim\limits_{x\to 4}\dfrac{\sqrt{2x+1}-3}{\sqrt{x-2}-\sqrt{2}}$；　　(6) $\lim\limits_{x\to 1}\dfrac{\sin(x^2-1)}{x-1}$；

(7) $\lim\limits_{x\to\infty}\left(\dfrac{x+1}{x+2}\right)^{3x}$；　　(8) $\lim\limits_{x\to\infty}\left(\dfrac{2x-1}{2x+1}\right)^{x}$.

2. 讨论函数$f(x)=\begin{cases}x, & 0\leqslant x<1\\ -x^2+4x-2, & 1\leqslant x<3\\ 2-x, & x\geqslant 3\end{cases}$，在分段点 $x=1$ 及 $x=3$ 处的连续性，

并写出 $f(x)$ 的连续区间.

3. k 为何值时,函数 $f(x)=\begin{cases} ke^{2x}, & x<0 \\ 1-3k\cos x, & x\geqslant 0 \end{cases}$ 在 $x=0$ 处连续.

四、应用题

1. 市场调查显示,某品牌服装售价为每件 280 元时,市场需求量为 600 件,若每件降价 80 元,需求量将增加 400 件,试求该商品的线性需求函数.

2. 某产品的成本函数为 $C(q)=2q^2-2q+8$(q 为产量),需求函数为 $q=-4+p$(p 为价格),求该产品的总利润函数,并找出该产品的盈亏平衡点,说明该产品的盈亏情况.

3. 某航空公司调查发现,有一种往返机票,其需求函数为线性函数.当票价为 1 200 元时,有 50 人买票;当票价为 1 500 元时,只能卖出 20 张票.试求出该种往返机票的需求函数,并确定总收益 R 与票数 Q 的函数关系.

4. 小王了解到,某商场对某品牌电视机进行分期付款销售,每台售价为 4 000 元的电视,如果分 36 个月付款,每月只需付 150 元.银行的贷款信息为:5 000 元以下的贷款,在 3 年内还清,年利率为 15%.那么,他应该向银行贷款,还是分期付款来购买该品牌电视机?

复习题一参考答案

【人文数学】

中国古代数学家刘徽简介

刘徽,三国时期魏国人,是中国古代杰出的数学家,也是中国古典数学理论的奠基者之一.其生卒年月、生平事迹,史书上很少记载.据有限史料推测,他是魏晋时期山东邹平人,终生未做官.他在世界数学史上,也占有重要的地位.他的杰作《九章算术注》和《海岛算经》,是我国最宝贵的数学遗产之一.

《九章算术》约成书于东汉之初,共有 246 个问题的解法,在许多方面,如解联立方程、分数四则运算、正负数运算、几何图形的体积面积计算等,都属于世界先进之列,但解法比较原始,缺乏必要的证明,而刘徽则对此做了补充证明.据《隋书·律历志》记载:魏陈留王景元四年(公元 263 年)刘徽注《九章》.他在长期精心研究《九章算术》的基础上,潜心为《九章算术》撰写注解文字.他的注解内容详细、丰富,并纠正了原书流传下来的一些错误,更有大量新颖的见解,创造了许多数学原理并严加证明,然后应用于各种算法之中,刘徽是中国传统数学理论体系的奠基者之一.如他说:“徽幼习《九章》,长再详览.观阴阳之割裂,总算术之根源,探赜之暇,遂悟其意.是以敢竭顽鲁,采其所见,为之作注.”又说:“析理以辞,解体用图.庶亦约而能周,通而不黩,览之者思过半矣.”在这些注解中,显示了他在多方面的创造性的贡献.刘徽的《九章算术注》,主要是对《九章算术》的术文进行解释和逻辑证明,更正其中的个别错误公式,使后人在知其然的同时又知其所以然.有了刘徽的注释,《九章算术》才得以成为一部完美的古代数学教科书.

在《九章算术注》中,刘徽发展了中国古代“率”的思想和“出入相补”原理.用“率”统一证明《九章算术》的大部分算法和大多数题目,用“出入相补”原理证明了勾股定理以及一些求面积和求体积公式.为了证明圆面积公式和计算圆周率,刘徽创立了割圆术.在刘徽之前人们曾试图证明它,但均不严谨.刘徽提出了基于极限思想的割圆术,严谨地证明了圆面积公式.他还用无穷小分割的思想证明了一些锥体体积公式.在计算圆周率时,刘徽应用割圆术,从圆内接正六边形出发,依次计算出圆内接正十二边形、正二十四边形、正四十八边形,直到圆内接正一百九十二边形的面积,然后使用现在所说的“外推法”,得到了圆周率的近似值3.14,纠正了前人“周三径一”的说法.“外推法”是现代近似计算技术的一个重要方法,而刘徽遥遥领先于西方发现了“外推法”.刘徽的割圆术是求圆周率的正确方法,它奠定了中国圆周率计算长期在世界上领先的基础.据说,祖冲之就是用刘徽的方法将圆周率的有效数字精确到7位的.在割圆过程中,要反复用到勾股定理和开平方.为了开平方,刘徽提出了求“微数”的思想,这与现今无理根的十进小数近似值完全相同.求微数保证了圆周率计算的精确性.同时,刘徽提出微数思想也开创了十进小数的先河.他成为世界上最早提出十进小数概念的人,并用十进小数来表示无理数的立方根.在代数方面,他正确地提出了正、负数的概念及其加减运算的法则,改进了线性方程组的解法.

刘徽在割圆术中提出的“割之弥细,所失弥少,割之又割以至于不可割,则与圆合体而无所失矣”,可视为中国古代极限观念的佳作.

他除为《九章算术》作注外,还撰写过《重差》一卷,唐代改称为《海岛算经》.在《海岛算经》一书中,刘徽精心选编了9个测量问题,这些题目的创造性、复杂性和代表性,都在当时为西方所瞩目.刘徽思维敏捷,方法灵活,既提倡推理又主张直观.他是我国最早明确主张用逻辑推理的方式来论证数学命题的人.

刘徽治学态度严谨,为后世树立了楷模.在求圆面积公式时,由于当时计算工具很简陋,他开方即达12位有效数字.他在注释“方程”章节18题时,共用1 500余字,反复消元运算达124次,无一差错,答案正确无误,即使作为今天大学代数课答卷亦不逊色.刘徽注《九章算术》时年仅30岁左右.北宋大观三年(公元1109年)刘徽被封为淄乡男.刘徽的一生是为数学刻苦探求的一生.他不是沽名钓誉的庸人,而是学而不厌的伟人,他给我们中华民族留下了宝贵的财富.

第二章
微分学及其应用

微分学是微积分的重要组成部分，它的基本概念是导数与微分.其中导数反映的是函数相对于自变量变化的快慢程度，即函数的变化率问题，这类问题反映在经济学中就是所谓的边际问题.而微分则是指明当自变量有微小变化时，函数值微小变化的有效近似值.

微分学是从数量关系上描述物质运动的数学工具.正如恩格斯所说：“只有微分学才能使自然科学有可能用数学来不仅仅表明状态，并且也表明过程：运动.”

在本章中，我们主要讨论一元函数的导数和微分的基本概念、计算方法以及在极限计算、几何形态、经济分析等方面的应用.

§2.1　导数的概念

在许多实际问题中，我们不仅要研究函数变量之间的绝对变化关系，有时还需要研究函数变量之间的相对变化关系，即变化率问题，如物体运动的速度、城市人口的增长速度、国民经济发展的速度等.而导数的概念就是从这类问题中抽象出来的.为此我们先来看两个引例.

2.1.1　导数概念的两个引例

下面我们先来讨论两个问题：① 变速直线运动的瞬时速度；② 曲线切线的斜率.这两个问题在历史上都曾经与导数概念的形成有着十分紧密的关系.

导数的概念(1)

引例 1　变速直线运动的瞬时速度.

设某物体做直线运动，经过时间 t 后物体的位移为 s，因此对应于每一个时间 t 都有一个确定位移 s 值与之对应，显然位移 s 是时间 t 的函数，即 $s=s(t)$.设当时间由 t 变化到 $t+\Delta t$ 时，对应物体位移由 $s(t)$ 变化到 $s(t+\Delta t)$，显然物体在 $(t,t+\Delta t)$ 这段时间内的平均速度为：

$$\bar{v}=\frac{\Delta s}{\Delta t}=\frac{s(t+\Delta t)-s(t)}{\Delta t}$$

如果物体的运动是匀速运动,则物体在这段时间内的任一时刻的瞬时速度均为 $\bar{v} = \frac{\Delta s}{\Delta t}$.在 t 这一时刻的瞬时速度当然也是 $\frac{\Delta s}{\Delta t}$.若物体所做的是变速直线运动,则 $\bar{v} = \frac{\Delta s}{\Delta t}$ 就不能表示物体在 $(t, t+\Delta t)$ 内任一时刻的瞬时速度.如何求出物体在 t 时刻的瞬时速度呢?

我们知道,物体虽然在做变速运动,但速度的变化是连续的,可以想象,物体在极小的时间段内,速度的变化并不大.所以我们取 $\Delta t \to 0$,于是平均速度 $\bar{v} = \frac{\Delta s}{\Delta t}$ 当 $\Delta t \to 0$ 时的极限就表示了物体在 t 时刻的瞬时速度,用 v 表示,即有:

$$v = \lim_{\Delta t \to 0} \bar{v} = \lim_{\Delta t \to 0} \frac{\Delta s}{\Delta t} = \lim_{\Delta t \to 0} \frac{s(t+\Delta t) - s(t)}{\Delta t}$$

引例 2　曲线切线的斜率.

在中学教学中圆的切线可以定义为"与圆只有一个交点".但是,对于一般的曲线此定义就不合适了.例如,抛物线 $y = x^2$ 与 x 轴、y 轴都只有一个交点,显然 x 轴是它的切线,但 y 轴却不是它的切线.

下面,我们将用极限的思想来讨论曲线的切线.

如图 2-1 所示,设 $M(x_0, f(x_0))$ 为曲线 $y = f(x)$ 上的一点,当自变量 x 在 x_0 处取得增量 Δx 时,则在曲线 $y = f(x)$ 上得到另一点 $N(x_0+\Delta x, f(x_0+\Delta x))$,联结两点得 $y = f(x)$ 的割线 MN,设其倾角为 φ,显然有 $\tan\varphi = \frac{\Delta y}{\Delta x}$ 表示该割线的斜率.当 $\Delta t \to 0$ 时,就相当于点 N 沿曲线 $f(x)$ 向点 M 滑动,亦相当于割线 MN 以 M 点为固定点做顺时针方向的转动,其极限位置就是直线 MT,而直线 MT 就是曲线 $f(x)$ 上过点 M 的切线.

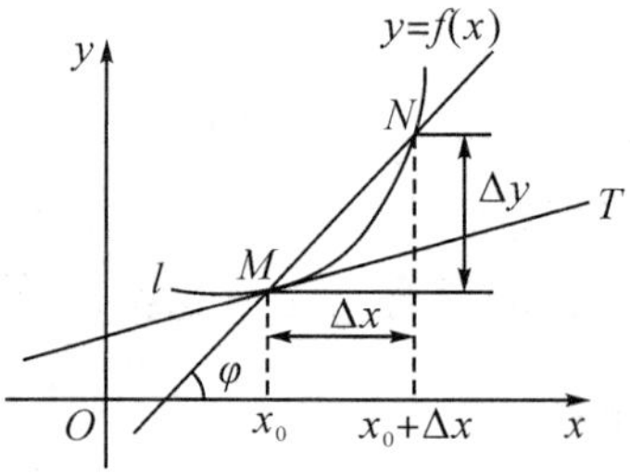

图 2-1

以上变化过程可用极限表示,即:

$$k_{切} = \lim_{p \to M} k_{割} = \lim_{\Delta x \to 0} \frac{\Delta y}{\Delta x} = \lim_{\Delta x \to 0} \frac{f(x_0+\Delta x) - f(x_0)}{\Delta x}$$

2.1.2　导数的定义与几何意义

2.1.2.1　导数的定义

上面我们所讨论的两个引例尽管各自的具体意义不同,但它们在计算时最终都归结为如下同一形式的极限:

$$\lim_{\Delta x \to 0} \frac{f(x_0 + \Delta x) - f(x_0)}{\Delta x}$$

而这种形式的极限会经常在许多问题的讨论中经常出现，可以说具有广泛的代表性，其中

$$\frac{\Delta y}{\Delta x} = \frac{f(x_0 + \Delta x) - f(x_0)}{\Delta x}$$

是函数增量与自变量增量的比值，表示函数的平均变化率.如果要求其瞬间的变化率，那就必须计算形如上式的极限.

通过以上两个引例的讨论可以看出，我们所面临的问题都是均匀变化与非均匀变化的矛盾.在均匀变化的情形下，问题很简单，往往用初等数学的方法就可以解决问题.但是，对于非均匀变化，情况就大不一样了，这时仅仅用初等数学的方法就不够了，导数这个重要概念正是为适应这类需要而引进的.下面我们就来看导数的定义.

导数的概念(2)

定义 2.1　设函数 $y = f(x)$ 在区间 (a,b) 上有定义，$x_0 \in (a,b)$，当自变量在点 x_0 处获得一个增量 $\Delta x(x_0 + \Delta x \in (a,b))$ 时，则相应函数 y 也产生一个增量：

$$\Delta y = f(x_0 + \Delta x) - f(x_0)$$

若当 $\Delta x \to 0$ 时的极限

$$\lim_{\Delta x \to 0} \frac{\Delta y}{\Delta x} = \lim_{\Delta x \to 0} \frac{f(x_0 + \Delta x) - f(x_0)}{\Delta x}$$

存在，则称此极限值为函数 $y = f(x)$ 在点 x_0 处的导数，记为：

$$y'\Big|_{x = x_0} \quad 或 \quad f'(x_0) \quad 或 \quad \frac{dy}{dx}\Big|_{x = x_0}$$

即有：

$$f'(x_0) = \lim_{\Delta x \to 0} \frac{\Delta y}{\Delta x} = \lim_{\Delta x \to 0} \frac{f(x_0 + \Delta x) - f(x_0)}{\Delta x} \tag{2.1}$$

如果函数 $f(x)$ 在点 x_0 处存在导数，则称函数 $f(x)$ 在点 x_0 处可导，否则称函数 $f(x)$ 在点 x_0 处不可导.

如果函数 $f(x)$ 在区间 (a,b) 内的任一点 x 处都可导，则称函数 $f(x)$ 在区间 (a,b) 内可导.显然，一般 $f(x)$ 也是一个 x 的函数，我们称这个函数为 $f(x)$ 的导函数，简称为导数，记为：

$$f'(x) \quad 或 \quad y' \quad 或 \quad \frac{dy}{dx} \quad 或 \quad \frac{d}{dx}f(x)$$

即：

$$f'(x) = \lim_{\Delta x \to 0} \frac{\Delta y}{\Delta x} = \lim_{\Delta x \to 0} \frac{f(x + \Delta x) - f(x)}{\Delta x} \tag{2.2}$$

事实上函数在某一点的导数就是导函数在该点的函数值.即：

$$f'(x_0) = f'(x)\Big|_{x = x_0}$$

由导数定义可知，求函数 $f(x)$ 的导函数 $f'(x)$，可按如下步骤进行：

第一步：求增量 $\Delta y = f(x + \Delta x) - f(x)$；

第二步：算比值 $\frac{\Delta y}{\Delta x}=\frac{f(x+\Delta x)-f(x)}{\Delta x}$；

第三步：取极限 $\lim\limits_{\Delta x\to 0}\frac{\Delta y}{\Delta x}=\lim\limits_{\Delta x\to 0}\frac{f(x+\Delta x)-f(x)}{\Delta x}$.

例 2.1 求常函数 $y=f(x)=C$ 的导数.

解 因为 $f(x)=C$ 的图形是一条与 x 轴平行的直线，

因此不论取定义域内哪一点，$f(x)$ 的取值总为 C，所以有：

$$\Delta y=f(x+\Delta x)-f(x)=0,\qquad \frac{\Delta y}{\Delta x}=\frac{0}{\Delta x}=0$$

故 $\lim\limits_{\Delta x\to 0}\frac{\Delta y}{\Delta x}=\lim\limits_{\Delta x\to 0}0=0$，即有 $C'=0$.

这表明，**常数的导数等于零.**

例 2.2 求幂函数 $y=x^n$（n 为正整数）的导数.

解 先给 x 一个增量 Δx，则相应函数增量为：

$$\begin{aligned}\Delta y&=f(x+\Delta x)-f(x)=(x+\Delta x)^n-x^n\\&=x^n+nx^{n-1}\Delta x+\frac{n(n-1)}{2!}x^{n-2}(\Delta x)^2+\cdots+(\Delta x)^n-x^n\\&=nx^{n-1}\Delta x+\frac{n(n-1)}{2!}x^{n-2}(\Delta x)^2+\cdots+(\Delta x)^n\end{aligned}$$

所以增量的比值为：

$$\frac{\Delta y}{\Delta x}=nx^{n-1}+\frac{n(n-1)}{2!}x^{n-2}\Delta x+\cdots+(\Delta x)^{n-1}$$

最后取极限

$$\lim_{\Delta x\to 0}\frac{\Delta y}{\Delta x}=\lim_{\Delta x\to 0}\left(nx^{n-1}+\frac{n(n-1)}{2!}x^{n-2}\Delta x+\cdots+(\Delta x)^{n-1}\right)=nx^{n-1}$$

即有：

$$(x^n)'=nx^{n-1}（特别地 (x)'=1）$$

这个公式进一步还可以推广为：

$$(x^\mu)'=\mu x^{\mu-1}（其中 \mu 为任意实数）$$

这就是幂函数的导数公式.

例 2.3 求正弦函数和余弦函数的导数.

解 不妨以正弦函数为例，设 $f(x)=\sin x$.

先给 x 一个增量 Δx，则相应的函数增量为：

$$\begin{aligned}\Delta y&=f(x+\Delta x)-f(x)=\sin(x+\Delta x)-\sin x\\&=2\cos\frac{(x+\Delta x)+x}{2}\sin\frac{(x+\Delta x)-x}{2}\quad（用和差化积公式得到）\\&=2\cos\left(x+\frac{\Delta x}{2}\right)\sin\frac{\Delta x}{2}\end{aligned}$$

算比值得：

$$\frac{\Delta y}{\Delta x}=\frac{2\cos\left(x+\frac{\Delta x}{2}\right)\sin\frac{\Delta x}{2}}{\Delta x}=\cos\left(x+\frac{\Delta x}{2}\right)\frac{\sin\frac{\Delta x}{2}}{\frac{\Delta x}{2}}$$

最后取极限有：

$$y'=\lim_{\Delta x\to 0}\frac{\Delta y}{\Delta x}=\lim_{\Delta x\to 0}\cos\left(x+\frac{\Delta x}{2}\right)\cdot\frac{\sin\frac{\Delta x}{2}}{\frac{\Delta x}{2}}$$

$$=\lim_{\Delta x\to 0}\cos\left(x+\frac{\Delta x}{2}\right)\lim_{\frac{\Delta x}{2}\to 0}\frac{\sin\frac{\Delta x}{2}}{\frac{\Delta x}{2}}\text{（这是因为}\lim_{\frac{\Delta x}{2}\to 0}\frac{\sin\frac{\Delta x}{2}}{\frac{\Delta x}{2}}=1\text{）}$$

所以就得到正弦函数的导数公式：

$$(\sin x)'=\cos x$$

同理可得到余弦函数的导数公式：

$$(\cos x)'=-\sin x$$

例 2.4　求对数函数 $y=\log_a x(a>0$ 且 $a\neq 1, x>0)$ 的导数.

解　先给 x 一个增量 Δx，则相应函数增量为：

$$\Delta y=\log_a(x+\Delta x)-\log_a x=\log_a\frac{x+\Delta x}{x}=\log_a\left(1+\frac{\Delta x}{x}\right)$$

然后求比值得：

$$\frac{\Delta y}{\Delta x}=\frac{\log_a\left(1+\frac{\Delta x}{x}\right)}{\Delta x}=\frac{1}{\Delta x}\log_a\left(1+\frac{\Delta x}{x}\right)$$

$$=\frac{1}{x}\frac{x}{\Delta x}\log_a\left(1+\frac{\Delta x}{x}\right)=\frac{1}{x}\log_a\left(1+\frac{\Delta x}{x}\right)^{\frac{x}{\Delta x}}$$

最后取极限得：

$$\lim_{\Delta x\to 0}\frac{\Delta y}{\Delta x}=\lim_{\Delta x\to 0}\frac{1}{x}\log_a\left(1+\frac{\Delta x}{x}\right)^{\frac{x}{\Delta x}}=\frac{1}{x}\log_a\left[\lim_{\Delta x\to 0}\left(1+\frac{\Delta x}{x}\right)^{\frac{x}{\Delta x}}\right]$$

$$=\frac{1}{x}\log_a e=\frac{1}{x\ln a}\text{（用对数换底公式得到）}$$

这样就得到对数函数的导数公式：

$$(\log_a x)'=\frac{1}{x\ln a}$$

特别地当 $a=e$ 时，有：

$$(\log_a x)'=(\ln x)'=\frac{1}{x}$$

这种用定义求导数的方法如果熟练的话可以直接用定义来做题.

例 2.5　求指数函数 $y=a^x(a>0, a\neq 1)$ 的导数.

解 $y' = \lim\limits_{\Delta x \to 0} \dfrac{\Delta y}{\Delta x} = \lim\limits_{\Delta x \to 0} \dfrac{a^{x+\Delta x} - a^x}{\Delta x}$

$= a^x \lim\limits_{\Delta x \to 0} \dfrac{a^{\Delta x} - 1}{\Delta x} = a^x \lim\limits_{\Delta x \to 0} \dfrac{e^{\Delta x \ln a} - 1}{\Delta x}$

$= a^x \lim\limits_{\Delta x \to 0} \dfrac{\Delta x \ln a}{\Delta x} = a^x \ln a$

这样就得到指数函数的导数公式：

$$(a^x)' = a^x \ln a$$

特别地当 $a = e$ 时，有：

$$(e^x)' = e^x$$

函数 $y = f(x)$ 在点 x_0 处的导数定义表达式(2.1)，经过简单变换($x = x_0 + \Delta x$)后便可得到如下表达形式：

$$f'(x_0) = \lim_{x \to x_0} \frac{f(x) - f(x_0)}{x - x_0} \tag{2.3}$$

函数 $y = f(x)$ 在点 x_0 处的导数定义的极限表达式(2.3)比式(2.1)更实用，尤其是在讨论分段函数在分段点的导数时，用式(2.3)讨论比较方便.另外我们还可以用式(2.3)的左、右极限来定义函数 $y = f(x)$ 在点 x_0 处的左导数和右导数，即：

左导数为：$f'_-(x_0) = \lim\limits_{x \to x_0^-} \dfrac{f(x) - f(x_0)}{x - x_0}$

右导数为：$f'_+(x_0) = \lim\limits_{x \to x_0^+} \dfrac{f(x) - f(x_0)}{x - x_0}$

根据极限的概念可知：函数 $y = f(x)$ 在点 x_0 处可导的充分必要条件是左、右导数都存在且相等，即：

$$f'(x_0) \text{ 存在} \Leftrightarrow f'_-(x_0) = f'_+(x_0)$$

例 2.6 讨论绝对值函数 $y = |x| = \begin{cases} x, & x \geqslant 0 \\ -x, & x < 0 \end{cases}$ 在点 $x = 0$ 处是否可导.

解 当 $x = 0$ 时，函数值 $f(0) = 0$，根据式(2.3)可得：

$$f'(0) = \lim_{x \to 0} \frac{f(x) - f(0)}{x - 0} = \lim_{x \to 0} \frac{|x| - 0}{x} = \lim_{x \to 0} \frac{|x|}{x}$$

因为左导数为：

$$f'_-(0) = \lim_{x \to 0^-} \frac{|x|}{x} = \lim_{x \to 0^-} \frac{-x}{x} = -1$$

右导数为：

$$f'_+(0) = \lim_{x \to 0^+} \frac{|x|}{x} = \lim_{x \to 0^+} \frac{x}{x} = 1$$

所以 $f'(0)$ 不存在，即函数在点 $x = 0$ 处不可导.

2.1.2.2 导数的几何意义

由引例2的讨论以及导数的极限定义可知，函数 $y = f(x)$ 在点 x_0 处的导数 $f'(x_0)$ 的几何意义是：曲线 $y = f(x)$ 在点 $M(x_0, f(x_0))$ 处的切线的斜率，即：

$$k_{切} = \tan\alpha = f'(x_0)$$

其中 α 是切线的倾斜角.

如果函数 $y=f(x)$ 在点 x_0 处的导数为无穷大,则说明曲线 $y=f(x)$ 在点 $M(x_0,f(x_0))$ 处存在垂直切线 $x=x_0$.

根据导数的几何意义可知:曲线 $y=f(x)$ 在点 $M(x_0,f(x_0))$ 处的切线方程为:

$$y-f(x_0)=f'(x_0)(x-x_0)$$

如果 $f'(x_0)\neq 0$,那么曲线 $y=f(x)$ 在点 $M(x_0,f(x_0))$ 处的法线方程为:

$$y-f(x_0)=-\frac{1}{f'(x_0)}(x-x_0)$$

注意:过切点并与切线垂直的直线称为法线.

例 2.7　求对数曲线 $y=\ln x$ 在点(1,0)处的切线方程与法线方程.

解　由例 2.4 推出的导数公式可知:

$$y'=(\ln x)'=\frac{1}{x}$$

因此所求切线方程与法线方程的斜率分别为:

$$k_{切}=f'(1)=1 \quad k_{法}=-\frac{1}{k_{切}}=-1$$

所以切线方程为:

$$y=x-1$$

法线方程为:

$$y=-x+1$$

2.1.2.3　可导与连续的关系

可导性与连续性是函数的两个重要性质,它们之间的关系如下:

定理 2.1　如果函数 $f(x)$ 在 x_0 处可导,那么函数在点 x_0 处必连续.

注意:这个定理的逆命题不成立,即一个函数在某点连续,却不一定在该点可导.比如我们前面讨论的例 2.6,绝对值函数 $y=|x|$ 在点 $x=0$ 处是连续的,但在该点却不可导.

例 2.8　讨论函数 $f(x)=\sqrt[3]{x}$ 在 $(-\infty,+\infty)$ 上连续,但在点 $x=0$ 处不可导.

解　因为初等函数 $f(x)=\sqrt[3]{x}$ 的自然定义域为 $(-\infty,+\infty)$,故函数在该区间内连续.

又因为 $f(x)$ 在点 $x=0$ 处有:

$$\lim_{\Delta x\to 0}\frac{f(0+\Delta x)-f(x)}{\Delta x}=\lim_{\Delta x\to 0}\frac{\sqrt[3]{\Delta x}-0}{\Delta x}=\lim_{\Delta x\to 0}(\Delta x)^{-\frac{2}{3}}=+\infty$$

即导数为无穷大(导数不存在),所以函数在点 $x=0$ 处不可导.

从图 2-2 我们可以看到,函数 $f(x)=\sqrt[3]{x}$ 的图像可以通过它的反函数 $f(x)=x^3$ 的图像的对称性画出,且它的图像在该点($x=0$)处有垂直于 x 轴的切线 $x=0$(即 y 轴),并且是连续的.

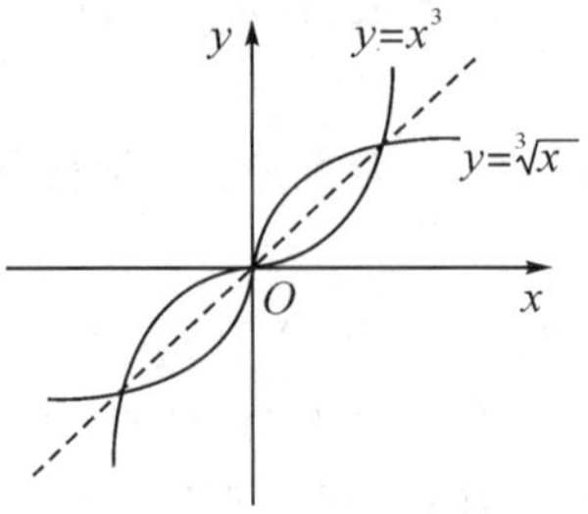

图 2 - 2

综上讨论可知可导与连续的关系是:**可导一定连续,连续不一定可导,但不连续则一定不可导.**

习题 2.1

1. 讨论函数 $f(x)=\begin{cases}x^2+1, & 0\leqslant x<1,\\ 3x-1, & x\geqslant 1\end{cases}$ 在 $x=1$ 处是否可导?

2. 利用公式求下列函数的导数:

(1) $y=\sqrt{x}$; (2) $y=\dfrac{1}{\sqrt{x}}$;

(3) $y=2^x$; (4) $y=\log_5 x$.

3. 设函数 $f(x)=\sqrt{x\sqrt{x\sqrt{x}}}$,求 $f'(x)$, $f'(1)$, $[f(1)]'$.

4. 若曲线 $y=x^3$ 在点 (x_0,y_0) 处的切线斜率等于 3,求点 (x_0,y_0) 的坐标.

5. 问 a、b 取何值时,函数 $f(x)=\begin{cases}e^x, & x<0\\ a+bx, & x\geqslant 0\end{cases}$ 在点 $x=0$ 处可导?

习题 2.1 **参考答案**

§2.2 导数的运算

通过上节的学习我们注意到,利用导数的极限定义可以求出一些比较简单的基本初等函数的导数.但对于一般函数而言,用导数的极限定义求导数则比较麻烦,甚至非常困难.因此,必须寻找别的方法来求函数的导数.从本节开始,我们将给大家介绍利用公式法体系求函数导数,这也是我们今后常用的求导手段.

2.2.1　导数的四则运算法则

2.2.1.1　函数和、差的求导法则

定理 2.2(导数的和、差运算法则)　设函数 $u(x)$、$v(x)$ 在点 x 处可导,则函数 $u(x)\pm v(x)$ 在点 x 处也可导,且

$$(u(x)\pm v(x))'=u'(x)\pm v'(u)$$

导数的运算(1)

注意:这个法则可以推广到有限个可导函数代数和的情形,即有限个函数代数和的导数等于它们导数的代数和.

例 2.9　求函数 $y=x^2+\sin x+3$ 的导数.

解　$y'=(x^2+\sin x+3)'$

$$=(x^2)'+(\sin x)'+(3)'$$

$$=2x+\cos x+0=2x+\cos x$$

2.2.1.2　函数乘积的求导法则

定理 2.3(导数的乘法运算法则)　设函数 $u(x)$、$v(x)$ 在点 x 处可导,则函数 $u(x)v(x)$ 在点 x 处也可导,且

$$(u(x)v(x))'=u'(x)v(x)+u(x)v'(x)$$

特别地,有:

推论　数乘函数的导数为 $(Cu(x))'=Cu'(x)$(其中 C 为常数).

注意:导数的乘法运算法则也可以推广到有限个可导函数乘积的情形.

$$(u\cdot v\cdot w)'=u'vw+uv'w+uvw'$$

例 2.10　求函数 $y=\sin x\ln x$ 的导数.

解　$y'=(\sin x\ln x)'=(\sin x)'\ln x+\sin x(\ln x)'=\cos x\ln x+\dfrac{\sin x}{x}$

2.2.1.3　函数商的求导法则

定理 2.4 (导数商的运算法则)　设函数 $u(x)$、$v(x)$ 在点 x 处均可导,且 $v(x)\neq 0$,则函数 $\dfrac{u(x)}{v(x)}$ 在点 x 处也可导,且

$$\left(\frac{u(x)}{v(x)}\right)'=\frac{u'(x)v(x)-u(x)v'(x)}{v^2(x)}$$

特别地,当 $u(x)=1$ 时,有:

$$\left(\frac{1}{v(x)}\right)'=-\frac{v'(x)}{v^2(x)}$$

例 2.11　求函数 $y=\tan x$ 的导数.

解　$y'=(\tan x)'=\left(\dfrac{\sin x}{\cos x}\right)'=\dfrac{(\sin x)'\cos x-\sin x(\cos x)'}{\cos^2 x}$

$$= \frac{\cos^2 x + \sin^2 x}{\cos^2 x} = \frac{1}{\cos^2 x} = \sec^2 x$$

即:

$$(\tan x)' = \sec^2 x$$

同理可得:

$$(\cot x)' = -\csc^2 x$$

例 2.12 求函数 $y = \sec x$ 的导数.

解 $y' = (\sec x)' = \left(\frac{1}{\cos x}\right)' = -\frac{(\cos x)'}{\cos^2 x} = \frac{\sin x}{\cos^2 x} = \sec x \tan x$

即:

$$(\sec x)' = \sec x \tan x$$

同理可得:

$$(\csc x)' = -\csc x \cot x$$

至此我们已介绍了函数的和、差、积、商的求导法则,在实际运用时可灵活结合使用.

例 2.13 求函数 $y = 3x^5 + x\ln x + \frac{\sin x}{x}$ 的导数.

解 $y' = (3x^5)' + (x\ln x)' + \left(\frac{\sin x}{x}\right)'$

$$= 3(x^5)' + (x)'\ln x + x(\ln x)' + \frac{(\sin x)'x - \sin x(x)'}{x^2}$$

$$= 15x^4 + \ln x + x \cdot \frac{1}{x} + \frac{x\cos x - \sin x}{x^2}$$

$$= 15x^4 + \ln x + \frac{\cos x}{x} - \frac{\sin x}{x^2} + 1$$

例 2.14 求函数 $y = x\ln x + \frac{1-x}{1+x}$ 的导数,并求 $y'(1)$.

解 因为

$$y' = (x\ln x)' + \frac{(1-x)'(1+x) - (1-x)(1+x)'}{(1+x)^2}$$

$$= x'\ln x + x(\ln x)' + \frac{-(1+x) - (1-x)}{(1+x)^2}$$

$$= 1 + \ln x - \frac{2}{(1+x)^2}$$

所以

$$y'(1) = \left[1 + \ln x - \frac{2}{(1+x)^2}\right]\Big|_{x=1} = \frac{1}{2}$$

2.2.2　反函数的求导法则

定理 2.5（反函数求导法则）　若函数 $x=f(y)$ 在区间 I_y 内单调可导，且 $f'(y)\neq 0$，则它的反函数 $y=f^{-1}(x)$ 在区间 $I_x=\{x\mid x=f(y),y\in I_y\}$ 内也可导，并且有：

$$[f^{-1}(x)]'=\frac{1}{f'(y)}\quad 或\quad \frac{\mathrm{d}y}{\mathrm{d}x}=\frac{1}{\frac{\mathrm{d}x}{\mathrm{d}y}}$$

导数的运算(2)

例 2.15　求证：$(\arcsin x)'=\dfrac{1}{\sqrt{1-x^2}},|x|<1.$

证明　设 $x=\sin y,y\in\left(-\dfrac{\pi}{2},\dfrac{\pi}{2}\right)$，则 $y=\arcsin x,x\in(-1,1)$ 是它的反函数.

显然函数 $x=\sin y,y\in\left(-\dfrac{\pi}{2},\dfrac{\pi}{2}\right)$ 单调可导，且

$$(\sin y)'=\cos y>0$$

因此，由反函数的求导法则可知，在对应区间$(-1,1)$内有：

$$(\arcsin x)'=\frac{1}{(\sin y)'}=\frac{1}{\cos y}$$

由于 $\cos y=\sqrt{1-\sin^2 y}=\sqrt{1-x^2}$，从而可得反正弦函数的导数公式：

$$(\arcsin x)'=\frac{1}{\sqrt{1-x^2}}$$

例 2.16　求证：$(\arctan x)'=\dfrac{1}{1+x^2}.$

证明　设 $x=\tan y,y\in\left(-\dfrac{\pi}{2},\dfrac{\pi}{2}\right)$，则 $y=\arctan x,x\in(-\infty,+\infty)$ 是它的反函数.

因为函数 $x=\tan y,y\in\left(-\dfrac{\pi}{2},\dfrac{\pi}{2}\right)$ 单调可导，且

$$(\tan y)'=\sec^2 y$$

所以由反函数求导公式，在对应区间$(-\infty,+\infty)$内有：

$$(\arctan x)'=\frac{1}{(\tan y)'}=\frac{1}{\sec^2 y}$$

又因为 $\sec^2 y=1+\tan^2 y=1+x^2$，从而可得反正切函数的导数公式：

$$(\arctan x)'=\frac{1}{1+x^2}$$

同理可得：

$$(\arccos x)'=-\frac{1}{\sqrt{1-x^2}}$$

$$(\operatorname{arccot} x)' = -\frac{1}{1+x^2}$$

2.2.3 基本初等函数的求导公式

通过前面的讨论,我们得到了基本初等函数的导数公式.这些公式不仅是后续求导数的基础,同时也是求微分、凑微分和计算积分的基础,可以说每一个基本初等函数的导数公式的后面,都会有一个相应的微分公式、凑微分公式和积分公式.因此,大家必须熟记这些公式,因为它们是我们学好微积分的基础.下面我们把这些公式归纳在一起,以便大家记忆.

基本初等函数的导数公式有:

(1) $(C)' = 0$;

(2) $(x^\alpha)' = \alpha x^{\alpha-1}$;

(3) $(a^x)' = a^x \ln a$,特别地有:$(e^x)' = e^x$;

(4) $(\log_a x)' = \frac{1}{x\ln a}$,特别地有:$(\ln x)' = \frac{1}{x}$;

(5) $(\sin x)' = \cos x$;

(6) $(\cos x)' = -\sin x$;

(7) $(\tan x)' = \sec^2 x$;

(8) $(\cot x)' = -\csc^2 x$;

(9) $(\sec x)' = \sec x \tan x$;

(10) $(\csc x)' = -\csc x \cot x$;

(11) $(\arcsin x)' = \frac{1}{\sqrt{1-x^2}}$, $|x| < 1$;

(12) $(\arccos x)' = -\frac{1}{\sqrt{1-x^2}}$, $|x| < 1$;

(13) $(\arctan x)' = \frac{1}{1+x^2}$;

(14) $(\operatorname{arccot} x)' = -\frac{1}{1+x^2}$.

2.2.4 复合函数的求导法则

虽然我们已经有了 14 个基本初等函数的求导公式和导数的四则运算法则,但还是不能用公式法去求解所有初等函数的导数,在这里存在一个复合函数的求导问题.下面我们就来学习复合函数的求导方法.

导数的运算(3)

定理 2.6(复合函数求导法则) 如果函数 $u=\varphi(x)$ 在点 x 处可导,而 $y=f(u)$ 在 $u=\varphi(x)$ 处可导,那么复合函数 $y=f[\varphi(x)]$ 在点 x 处也可导,并且其导数为:

$$\frac{dy}{dx} = \frac{dy}{du}\cdot\frac{du}{dx} \quad 或 \quad y' = f'(u)\cdot u'$$

例如,复合函数 $y=\ln(1+x^2)$ 可以看成由 $y=\ln u$(外层函数),$u=1+x^2$(内层函数)复合而成,其中 $f'(u)=\frac{dy}{du}=\frac{1}{u}=\frac{1}{1+x^2}$,而 $u'=\frac{du}{dx}=(1+x^2)'=2x$,所以我们有:

$$y' = f'(u)\cdot u' = \frac{1}{1+x^2}\cdot 2x = \frac{2x}{1+x^2}$$

复合函数求导法则亦称**链式法则**,这个法则可以推广到有多个中间变量的函数的求导.当复合函数有多个中间变量时,只要反复运用该法则就行了,不过要说明的是,我们在每次运用中所面对的中间变量 u 可能不同,但却可以一直用到求出 x' 为止.

为了帮助大家熟练运用复合函数的求导法则,我们可以把法则 $y'=f'(u)\cdot u'$ 具体落实到复合函数的每一种复合形式中去,建立 13 个复合函数求导运算的计算模型.

设 $u=\varphi(x)$ 是 x 的可导函数,则有:

(1) $(u^a)'=au^{a-1}\cdot u'$(a 是实数),

我们常会用到的有:$(\sqrt{u})'=\dfrac{1}{2\sqrt{u}}\cdot u'$, $\left(\dfrac{1}{u}\right)'=-\dfrac{1}{u^2}\cdot u'$;

(2) $(a^u)'=a^u\ln a\cdot u'(a>0,a\neq 1)$,特别地有:$(\mathrm{e}^u)'=\mathrm{e}^u\cdot u'$;

(3) $(\log_a u)'=\dfrac{1}{u\ln a}\cdot u'(a>0,a\neq 1)$,特别地有:$(\ln u)'=\dfrac{1}{u}\cdot u'$;

(4) $(\sin u)'=(\cos u)\cdot u'$; (5) $(\cos u)'=(-\sin u)\cdot u'$;

(6) $(\tan u)'=(\sec^2 u)\cdot u'$; (7) $(\cot u)'=(-\csc^2 u)\cdot u'$;

(8) $(\sec u)'=(\sec u\tan u)\cdot u'$; (9) $(\csc u)'=(-\csc u\cot u)\cdot u'$;

(10) $(\arcsin u)'=\dfrac{1}{\sqrt{1-u^2}}\cdot u'$; (11) $(\arccos u)'=-\dfrac{1}{\sqrt{1-u^2}}\cdot u'$;

(12) $(\arctan u)'=\dfrac{1}{1+u^2}\cdot u'$; (13) $(\mathrm{arccot}\, u)'=-\dfrac{1}{1+u^2}\cdot u'$.

以上每一种计算模型都是集基本初等函数的求导公式(当 $u=x$ 时)与复合函数的求导法则为一体的,只要大家熟记了这 13 种计算模型,并按照**"从外到内、逐层求导"**的原则进行求导运算,再加上前面学过的导数四则运算法则与反函数求导法则,就能运用公式法去求解所有初等函数的导数.这样运用起来既方便又实用,也比较容易掌握.

在熟练掌握上述求导计算模型后,中间变量 u 在求导过程中可以不写出来,而直接写出中间变量的求导结果.关键是对中间变量求导的那一步必须要清楚,而且在求导过程中,中间变量 u 随时在变化.

例 2.17 求下列函数的导数:

(1) $y=\mathrm{e}^{x^2}$; (2) $y=\sec^3 5x$;

(3) $y=\ln(3x^2-x+1)$; (4) $y=\sqrt{\dfrac{1}{\cos 3x}}$.

解 据题意有:

(1) $y'=(\mathrm{e}^{x^2})'=\mathrm{e}^{x^2}\cdot(x^2)'$ 用到模型 $(\mathrm{e}^u)'=\mathrm{e}^u\cdot u'$

$=2x\cdot \mathrm{e}^{x^2}$ 用到公式 $(x^2)'=2x$

(2) $y'=3\sec^2 5x\cdot(\sec 5x)'$ 用到模型 $(u^a)'=au^{a-1}\cdot u'$

$=3\sec^2 5x\cdot\sec 5x\tan 5x\cdot(5x)'$ 用到模型 $(\sec u)'=(\sec u\tan u)\cdot u'$

$=15\sec^3 5x\cdot\tan 5x$ 用到公式 $(5x)'=5$

(3) $y'=\dfrac{1}{3x^2-x+1}\cdot(3x^2-x+1)'$ 用到模型 $(\ln u)'=\dfrac{1}{u}\cdot u'$

$=\dfrac{1}{3x^2-x+1}\cdot(6x-1)=\dfrac{6x-1}{3x^2-x+1}$

$$(4)y' = \frac{1}{2\sqrt{\frac{1}{\cos 3x}}} \cdot \left(\frac{1}{\cos 3x}\right)' \qquad \text{用到模型}(\sqrt{u})' = \frac{1}{2\sqrt{u}} \cdot u'$$

$$= \frac{\sqrt{\cos 3x}}{2} \cdot \left(-\frac{1}{\cos^2 3x}\right) \cdot (\cos 3x)' \qquad \text{用到模型}\left(\frac{1}{u}\right)' = -\frac{1}{u^2} \cdot u'$$

$$= \frac{\sqrt{\cos 3x}}{2} \cdot \left(-\frac{1}{\cos^2 3x}\right) \cdot (-\sin 3x) \cdot (3x)' \qquad \text{用到模型}(\cos u)' = (-\sin u) \cdot u'$$

$$= \frac{3\sin 3x\sqrt{\cos 3x}}{2\cos^2 3x} = \frac{3}{2}\tan 3x \cdot \sqrt{\sec 3x} \qquad \text{用到公式}(3x)' = 3$$

或

$$y' = \left(\sqrt{\frac{1}{\cos 3x}}\right)' = (\sqrt{\sec 3x})' = \frac{1}{2\sqrt{\sec 3x}} \cdot (\sec 3x)'$$

$$= \frac{1}{2\sqrt{\sec 3x}} \cdot (\sec 3x\tan 3x) \cdot 3 = \frac{3}{2}\tan 3x \cdot \sqrt{\sec 3x}$$

(其中在这里用到哪些知识点和计算模型与公式,大家可以自己去分析)

从本例的分析中大家可以看到,在对复合函数的每一步的求导过程中,中间变量 u 都不相同,而每一步所用到的计算模型也都是前面所给的 13 种计算模型中的一种,并且求导的顺序也是按照“从外到内、逐层求导”的原则进行求导运算的.

例 2.18 求下列函数的导数:

(1) $y = \log_5(1 + 3x - x^2)$; (2) $y = x\arcsin x + \sqrt{1 - x^2}$.

解 据题意有:

$$(1)y' = \frac{1}{(1 + 3x - x^2)\ln 5} \cdot (1 + 3x - x^2)' = \frac{1}{\ln 5} \cdot \frac{3 - 2x}{1 + 3x - x^2};$$

$$(2)y' = (x\arcsin x)' + (\sqrt{1 - x^2})' = \arcsin x + x \cdot \frac{1}{\sqrt{1 - x^2}} + \frac{1}{2\sqrt{1 - x^2}} \cdot (1 - x^2)'$$

$$= \arcsin x + \frac{x}{\sqrt{1 - x^2}} + \frac{1}{2\sqrt{1 - x^2}} \cdot (-2x) = \arcsin x.$$

思考一下,在例 2.18 中我们用到哪些有关求导的计算模型与公式法则?

2.2.5 高阶导数

我们知道,函数 $y = f(x)$ 的导数 $y' = f'(x)$ 仍然是 x 的函数,如果能再次求导,那么就产生了高阶导数的概念了. 比如变速直线运动的速度是位移函数 $s(t)$ 对时间 t 的导数,$v = \frac{ds}{dt}$,然而我们往往还需要去研究速度 $v(t)$ 对时间 t 的变化率,因而就产生了加速度概念. 其实我们中学物理讲的加速度 a 就是速度函数 $v(t)$ 相对时间 t 的变化快慢程度,

导数的运算(4)

即速度函数 $v(t)$ 对时间 t 的导数，亦即 $a=\frac{dv}{dt}=\frac{d}{dt}(\frac{ds}{dt})$ 或 $a=[s'(t)]'$，这叫作 s 对 t 的二阶导数，记为 $\frac{d^2s}{dt^2}$ 或 $s''(t)$. 一般地，我们有：

定义 2.2　若函数 $y=f(x)$ 的导函数 $f'(x)$ 在点 x 处可导，则称 $f'(x)$ 在点 x 处的导函数为 $y=f(x)$ 在点 x 处的二阶导数，记作：

$$y'' \quad 或 \quad f''(x) \quad 或 \quad \frac{d^2y}{dx^2}$$

即：

$$f''(x)=\lim_{\Delta x\to 0}\frac{f'(x+\Delta x)-f'(x)}{\Delta x}$$

类似地，我们还可以定义二阶导数的导数叫作三阶导数，三阶导数的导数叫作四阶导数……依次类推，一般地，$y=f(x)$ 的 $n-1$ 阶导数 $f^{n-1}(x)$ 的导函数称为 $y=f(x)$ 的 n 阶导数，并分别记为：

$$y'',y''',y^{(4)},y^{(5)},\cdots,y^{(n)} \quad 或 \quad \frac{d^2y}{dx^2},\frac{d^3y}{dx^3},\frac{d^4y}{dx^4},\cdots,\frac{d^ny}{dx^n}$$

或　$$f''(x),f'''(x),f^{(4)}(x),\cdots,f^{(n)}(x)$$

函数的二阶导数以及二阶以上的导数，我们统称为**高阶导数**.

由定义不难看出，求函数高阶导数的方法，就是把导函数看成一个新的函数连续求导而已，所用法则和公式仍是前面我们介绍过的那些，和一阶导数的求解方法相同.

例 2.19　求函数 $y=e^{3x+2}$ 的二阶导数.

解　$y'=3e^{3x+2}$，　$y''=9e^{3x+2}$

例 2.20　求 n 次多项式函数 $y=a_0x^n+a_1x^{n-1}+\cdots+a_{n-1}x+a_n$ 的各阶导数.

解　$y'=a_0nx^{n-1}+a_1(n-1)x^{n-2}+\cdots+a_{n-1}$

$y''=a_0n(n-1)x^{n-2}+a_1(n-1)(n-2)x^{n-3}+\cdots+2a_{n-2}$

…

$y^{(n)}=a_0n!$

$y^{(n+1)}=0$

且当 $k\geqslant n+1$ 时都有 $y^{(k)}=0$.

例 2.21　求函数 $y=e^x$ 的各阶导数.

解　$y'=e^x,y''=e^x,y'''=e^x,\cdots,y^{(n)}=e^x$，即 $y=e^x$ 的各阶导均不变，均为它本身.

例 2.22　求函数 $y=\sin x$ 的 n 阶导数.

解　$y'=\cos x=\sin(x+\frac{\pi}{2})$

$y''=\cos(x+\frac{\pi}{2})=\sin(x+\frac{2\cdot\pi}{2})$

$y'''=\cos(x+\frac{2\pi}{2})=\sin(x+\frac{3\pi}{2})$

以此类推可得：

$$(\sin x)^{(n)}=\sin(x+\frac{n\pi}{2})$$

同理可得：

$$(\cos x)^{(n)} = \cos\left(x + \frac{n\pi}{2}\right)$$

注意：一般求 n 阶导数都是通过归纳、总结得到的.

习题 2.2

1. 填空题.

(1) 设曲线 $y = \dfrac{1}{1 - x^2}$ 在点 P 处的切线平行于 x 轴，则点 P 的坐标为__________.

(2) 设函数 $f(x) = \ln\cos x$，则 $f'(\pi) =$ __________.

(3) 设函数 $f(x) = x(x+1)(x+2)\cdots(x+2\,018)$，则 $f'(0) =$ __________.

(4) 设函数 $f(x) = x^n + e^x$，则 $f^{(n)}(0) =$ __________.

(5) 设分段函数 $f(x) = \begin{cases} x^2, & x \leqslant 1 \\ 2 - x, & x > 1 \end{cases}$，则 $f'_-(1) =$ __________，$f'_+(1) =$ __________，所以 $f'(1)$ __________.

2. 求下列函数的导数：

(1) $y = x^2 - \dfrac{1}{x} + 6x + 1$；

(2) $y = 2x^4 + 3\ln x - \cot 3$；

(3) $y = e^x \sin x$；

(4) $y = \dfrac{x}{2 - x^2}$；

(5) $y = \ln x(\sin x - \cos x)$；

(6) $y = \cot\dfrac{1}{x}$；

(7) $y = \arcsin(1 + 2x)$；

(8) $y = \arctan(\ln x)$；

(9) $y = (x\sin^2 x)^2$；

(10) $y = \ln(x + \sqrt{1 + x^2})$.

3. 求下列函数的二阶导数：

(1) $y = \cos^2 x$；

(2) $y = e^{1-2x}$.

习题 2.2　参考答案

§2.3　函数的微分

在许多实际问题中，我们常需要求解函数的微增量问题，即在自变量有微小变化时，函数值的微小变化值（对于连续函数常出现这类问题）.一般来说，计算函数 $y=f(x)$ 的增量 $\Delta y=f(x+\Delta x)-f(x)$ 的精确值并不是一件容易的事情，有时是比较烦琐困难的，甚至是不太可能的.而在一些实际应用中，我们有时只需了解 Δy 的有效近似值就可以了.为此我们给大家引入微分的概念.

2.3.1　微分的概念

函数的微分(1)

首先举例如下，正方形的边长由 x_0 变化到 $x_0+\Delta x$，则其相应的面积由 ${x_0}^2$ 变化到 $(x_0+\Delta x)^2$，很显然面积的改变量 $\Delta A=(x_0+\Delta x)^2-x_0^2=2x_0\Delta x+(\Delta x)^2$，如图 2 - 3 所示.

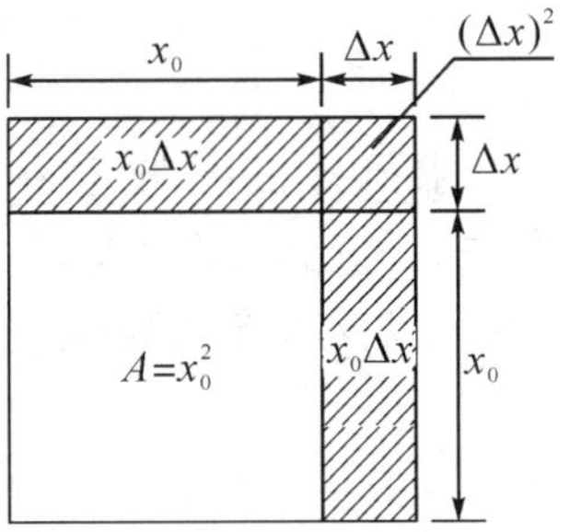

图 2 - 3

不难看出 ΔA 由两部分组成，即 $2x_0\cdot\Delta x$ 与 $(\Delta x)^2$. 如图 2 - 3 所示，$2x_0\cdot\Delta x$ 是图中两个小长方形面积之和，是 Δx 的线性函数，而 $(\Delta x)^2$ 是图中小正方形的面积，是 Δx 的高阶无穷小（当 $\Delta x\to 0$ 时）.因此，当 $|\Delta x|$ 很小时，可用 $2x_0\cdot\Delta x$ 作为 ΔA 的近似值，即有 $\Delta A\approx 2x_0\cdot\Delta x$. 对于一般的函数，有如下定义：

定义 2.3　设函数 $y=f(x)$ 在某区间内有定义，x_0 及 $x_0+\Delta x$ 在该区间内，如果函数的增量为：

$$\Delta y=f(x_0+\Delta x)-f(x_0)$$

可表示为：

$$\Delta y=A\Delta x+\alpha$$

其中 A 为一个与 Δx 无关的常数，而 α 则是比 Δx 更高阶的无穷小（当 $\Delta x\to 0$ 时），则称函数 $y=f(x)$ 在点 x_0 处可微，且称 $A\Delta x$ 为函数 $y=f(x)$ 在点 x_0 处的微分，记为 $\mathrm{d}y|_{x=x_0}$，即 $\mathrm{d}y|_{x=x_0}=A\Delta x$.这时，我们称 A 为微分系数.下面我们来求 A 值.

通过定义我们可以看到，当 $\Delta x\to 0$ 时有：

$$A=\lim_{\Delta x\to 0}\frac{\Delta y-\alpha}{\Delta x}=\lim_{\Delta x\to 0}\frac{\Delta y}{\Delta x}-\lim_{\Delta x\to 0}\frac{\alpha}{\Delta x}=f'(x)$$

由于当 $y=x$ 时能很容易得到 $\mathrm{d}y=\mathrm{d}x=x'\Delta x=\Delta x$，于是我们就得到了微分的一般表

达式：

$$dy = f'(x)dx$$

从而有：

$$\frac{dy}{dx} = f'(x)$$

即函数的微分与自变量的微分之商就等于导数.因此,导数又称**微商**.

因为自变量的微分就是自变量的增量(即 $dx = \Delta x$),所以我们在求函数 $y = f(x)$ 在点 $x = x_0$ 处的微分时,有两种表现形式：

①$dy = f'(x_0)\Delta x$(已知 Δx 的值)：

②$dy = f'(x_0)dx$(未知 Δx 的值).

例 2.23　求函数 $y = 3x^2$ 当 $x_0 = 3, \Delta x = 0.01$ 时的微分.

解　$dy = f'(3)\Delta x = 6 \times 3 \times 0.01 = 0.18$

例 2.24　求函数 $y = 2x^3 + e^x$ 在点 $x_0 = 2$ 处的微分.

解　$dy = f'(2)dx = (6x^2 + e^x)\Big|_{x=2} \cdot dx = (24 + e^2)dx$

2.3.2　微分的计算

由函数微分的定义可以看出,求函数的微分主要在于求 $dy = f'(x)dx$ 中的导数 $f'(x)$,而求导方法我们已介绍给大家了.因此,我们下面将根据前面介绍过的求导基本公式及求导法则,给出相应的微分基本公式与微分运算法则.

函数的微分(2)

2.3.2.1　微分基本公式

(1) $dC = 0$　(C 为常数)；

(2) $dx^{\alpha} = \alpha x^{\alpha-1}dx$($\alpha$ 为常数)；

(3) $d(\log_a x) = \frac{1}{x\ln a}dx$,特别地有：$d(\ln x) = \frac{1}{x}dx$；

(4) $d(a^x) = a^x \ln a dx$,特别地有：$d(e^x) = e^x dx$；

(5) $d(\sin x) = \cos x dx$；

(6) $d(\cos x) = -\sin x dx$；

(7) $d(\tan x) = \sec^2 x dx$；

(8) $d(\cot x) = -\csc^2 x dx$；

(9) $d(\sec x) = \sec x \tan x dx$；

(10) $d(\csc x) = -\csc x \cot x dx$；

(11) $d(\arcsin x) = \frac{1}{\sqrt{1-x^2}}dx$；

(12) $d(\arccos x) = -\frac{1}{\sqrt{1-x^2}}dx$；

(13) $d(\arctan x) = \frac{1}{1+x^2}dx$；

(14) $d(\text{arccot} x) = -\frac{1}{1+x^2}dx$.

2.3.2.2　微分运算法则

定理 2.7(微分四则运算法则)　设函数 $u(x)$、$v(x)$ 在点 x 处均可微,则有如下微分运算法则：

(1) $d(u \pm v) = du \pm dv$;

(2) $d(uv) = vdu + udv$,特别地有:$d(cu) = cdu$ (c 是常数);

(3) $d\left(\frac{u}{v}\right) = \frac{vdu - udv}{v^2}$.

定理 2.8(复合函数微分法则)　如果函数 $u=\varphi(x)$ 在点 x 处可微,而 $y=f(u)$ 在 $u=\varphi(x)$ 处可微,那么复合函数 $y=f[\varphi(x)]$ 在点 x 处也可微,并且其微分为:

$$dy = \{f[\varphi(x)]\}'dx = f'(u)\varphi'(x)dx \tag{2.4}$$

由于 $du = \varphi'(x)dx$,所以式(2.4)又可以写成:

$$dy = f'(u)du$$

由于这个式子无论 u 是自变量还是中间变量都不会变,所以我们又称这一性质为一**阶微分形式不变性**.

例 2.25　设函数 $y = \ln(1+x^2)$,求 dy.

解　由微分形式不变性可得:

$$dy = d\ln(1+x^2) = \frac{1}{1+x^2}d(1+x^2) = \frac{2x}{1+x^2}dx$$

例 2.26　设函数 $y = e^{2x}\sin 3x$,求 dy.

解　根据微分的四则运算法则和微分形式不变性可得:

$$\begin{aligned} dy &= d(e^{2x}\sin 3x) = \sin 3x d(e^{2x}) + e^{2x}d(\sin 3x) \\ &= e^{2x}\sin 3x d(2x) + e^{2x}\cos 3x d(3x) \\ &= 2e^{2x}\sin 3x dx + 3e^{2x}\cos 3x dx \\ &= e^{2x}(2\sin 3x + 3\cos 3x)dx \end{aligned}$$

例 2.27　在下列等式右端的括号内填入适当的函数,使等式成立.

(1) $x^2dx = d(\quad)$;　　(2) $3\sec^2 x dx = d(\quad)$;

(3) $\frac{1}{x}dx = d(\quad)$;　　(4) $\frac{1}{1+x^2}dx = d(\quad)$.

解　由于常数 C 的导数为零,所以有:

(1) $x^2dx = d(\frac{1}{3}x^3 + C)$　　(2) $3\sec^2 x dx = d(3\tan x + C)$

(3) $\frac{1}{x}dx = d(\ln x + C)$　　(4) $\frac{1}{1+x^2}dx = d(\arctan x + C)$

本例中的填空在微积分的计算中被称为**凑微分**.事实上每一个微分基本公式,反过来看就是一个任意常数 $C=0$ 的凑微分公式.而凑微分的技术则是后续学习积分计算中的一种基本手段,必须掌握.

2.3.3　微分在近似计算中的应用

我们先来看一道例题.

例 2.28　已知函数 $y = x^3 - 2x$,当 $x=2$ 时,计算 Δx 分别等于 0.1、0.01 时的 Δy 和 dy.

解　据题意可知,当 $x=2, \Delta x = 0.1$ 时:

$$\Delta y = [(2.1)^3 - 2\times 2.1] - (2^3 - 2\times 2)$$

$= (9.261 - 4.2) - (8 - 4) = 5.061 - 4 = 1.061$

$dy = (x^3 - 2x)'\big|_{x=2} \cdot \Delta x = (3x^2 - 2)\big|_{x=2} \cdot \Delta x$

$= (3 \times 2^2 - 2) \times 0.1 = 1$

当 $x = 2, \Delta x = 0.01$ 时：

$\Delta y = [(2.01)^3 - 2 \times 2.01] - (2^3 - 2 \times 2)$

$= (8.120\,601 - 4.02) - 4 = 4.100\,601 - 4 = 0.100\,601$

$dy = (x^3 - 2x)'\big|_{x=2} \cdot \Delta x = (3x^2 - 2)\big|_{x=2} \cdot \Delta x$

$= (3 \times 2^2 - 2) \times 0.01 = 0.1$

从本例的计算中，大家可以体会到：dy 的计算远比 Δy 的计算要容易得多，但在 $|\Delta x|$ 很小时两者却很接近，并且 $|\Delta x|$ 越小，Δy 的计算难度就越大，而用 dy 作为 Δy 的近似值的精确度反而越高. 因此，我们在 $|\Delta x|$ 很小时，通常都是用微分 dy 来近似计算函数增量 Δy 的有效近似值，即：

$$\Delta y \approx dy$$

故有 $f(x_0 + \Delta x) - f(x_0) \approx f'(x_0)\Delta x$，从而得到近似计算等式：

$$f(x_0 + \Delta x) \approx f(x_0) + f'(x_0) \cdot \Delta x$$

特别地，如果取 $x_0 = 0, \Delta x = x$ 便可得到实践中常会用到的近似计算公式：

$$f(x) \approx f(0) + f'(0)\Delta x$$

要说明的是，在这里的 $|x|$ 必须很小，越小越好. 我们就是利用这个近似计算公式推出了以下人们常用的近似公式：

(1) $e^x \approx 1 + x$；　　(2) $(1 + x)^a \approx 1 + ax, a \in R$；

(3) $\ln(1 + x) \approx x$；　　(4) $\sin x \approx x$ （x 以弧度为单位）.

注意：在这些公式里的 $|x|$ 都很小，而且是越小越精确.

例 2.29　利用微分求 $\sqrt{0.97}$ 的近似值.

解　取 $x_0 = 1, \Delta x = -0.03, f(x) = \sqrt{x}$，则利用近似公式

$$(1 + x)^a \approx 1 + ax, a \in R$$

可得：

$$\sqrt{0.97} = (1 - 0.03)^{\frac{1}{2}} \approx 1 + \frac{1}{2} \times (-0.03) = 0.985$$

例 2.30　求 $e^{1.002}$ 的近似值.

解　取 $f(x) = e^x, x_0 = 1, \Delta x = 0.002$，由

$$f(x_0 + \Delta x) = f(x_0) + f'(x_0)\Delta x$$

可得：

$$f(1.002) = f(1) + f'(1)(0.002)$$

所以：

$$e^{1.002} = e^1 + e^1 \cdot 0.002 = e(1.002) \approx 2.723\,72$$

习题 2.3

1. 将适当的函数填入括号内,使等式成立.

(1) $\mathrm{d}(\qquad) = 4x\mathrm{d}x$;　　(2) $\mathrm{d}(\qquad) = \sin x\mathrm{d}x$;

(3) $\mathrm{d}(\qquad) = \dfrac{1}{1+x^2}\mathrm{d}x$;　　(4) $\mathrm{d}(\qquad) = \dfrac{1}{\sqrt{1-x^2}}\mathrm{d}x$;

(5) $\mathrm{d}(\qquad) = \dfrac{1}{\sqrt{x}}\mathrm{d}x$;　　(6) $\mathrm{d}(\qquad) = -\dfrac{1}{x^2}\mathrm{d}x$;

(7) $\mathrm{d}(\qquad) = \mathrm{e}^{2x}\mathrm{d}x$;　　(8) $\mathrm{d}(\qquad) = \dfrac{1}{x}\mathrm{d}x$.

2. 求下列函数的微分.

(1) $y = \dfrac{2}{x} + \sqrt{x}$;　　(2) $y = x\cos 3x$;

(3) $y = \ln\sin 3x$;　　(4) $y = x^2\mathrm{e}^x$.

3. 求下列各数的近似值.

(1) $\sqrt[4]{1.03}$;　　(2) $\ln 0.98$;　　(3) $\arctan 1.05$.

4. 水管壁的横线截面是一个圆环,设它的内径为 R_0,壁厚为 h,试用微分来计算这个圆环的面积的近似值.

习题 2.3　参考答案

§2.4　洛必达法则

在求解$\dfrac{0}{0}$型或$\dfrac{\infty}{\infty}$型不定式极限时,我们在前面介绍了初等变换,两个重要极限的应用.本节再给大家介绍一种利用导数求解这类极限的一种非常有效的方法——**洛必达法则**.

洛必达法则

2.4.1　洛必达法则及其应用

定理 2.9(洛必达法则)　设函数 $f(x)$, $g(x)$ 满足:

(1) 极限 $\lim\limits_{\substack{x\to x_0\\(\text{或}x\to\infty)}} \dfrac{f(x)}{g(x)}$ 是$\dfrac{0}{0}$ 型或$\dfrac{\infty}{\infty}$ 型不定式极限；

(2) 两个函数的导数$f'(x)$ 与 $g'(x)$ 都存在，且 $g'(x) \neq 0$；

(3) 极限 $\lim\limits_{\substack{x\to x_0\\(\text{或}x\to\infty)}} \dfrac{f'(x)}{g'(x)}$ 存在或为无穷大.

则有：

$$\lim_{\substack{x\to x_0\\(\text{或}x\to\infty)}} \frac{f(x)}{g(x)} = \lim_{\substack{x\to x_0\\(\text{或}x\to\infty)}} \frac{f'(x)}{g'(x)}$$

在用洛必达法则求极限时，一定要注意以下三点：

(1) 极限必须是$\dfrac{0}{0}$ 型或$\dfrac{\infty}{\infty}$ 型不定式，其他不定式不能直接使用；

(2) 极限 $\lim\limits_{\substack{x\to x_0\\(\text{或}x\to\infty)}} \dfrac{f'(x)}{g'(x)}$ 必须存在或为无穷大，否则洛必达法则失效；

(3) 在满足条件的前提下，洛必达法则可以重复使用，直到求出结果为止.

例 2.31 求极限$\lim\limits_{x\to 0} \dfrac{\sin\alpha x}{\sin\beta x}$($\alpha,\beta$ 为常量，$\beta \neq 0$).

解 这是$\dfrac{0}{0}$ 型不定式，用洛必达法则，得：

$$\lim_{x\to 0} \frac{\sin\alpha x}{\sin\beta x} = \lim_{x\to 0} \frac{\alpha\cos\alpha x}{\beta\cos\beta x} = \frac{\alpha}{\beta}$$

例 2.32 求极限$\lim\limits_{x\to 1} \dfrac{x^3 - 3x + 2}{x^3 - x^2 - x + 1}$.

解 这是$\dfrac{0}{0}$ 型不定式，用洛必达法则，得：

$$\lim_{x\to 1} \frac{x^3 - 3x + 2}{x^3 - x^2 - x + 1} = \lim_{x\to 1} \frac{3x^2 - 3}{3x^2 - 2x - 1} = \lim_{x\to 1} \frac{6x}{6x - 2} = \frac{3}{2}$$

注意：上式中的$\lim\limits_{x\to 1} \dfrac{6x}{6x - 2}$已不是不定式，我们不能运用洛必达法则，否则会得到错误的结果.以后使用洛必达法则时应当经常注意这一点.连续使用洛必达法则时每一次都要进行检查，如果不是不定式极限就不能应用洛必达法则.

例 2.33 求极限$\lim\limits_{x\to 0} \dfrac{x - \sin x}{x^3}$.

解 这是$\dfrac{0}{0}$ 型不定式，用洛必达法则，得：

$$\lim_{x\to 0} \frac{x - \sin x}{x^3} = \lim_{x\to 0} \frac{1 - \cos x}{3x^2} = \lim_{x\to 0} \frac{\sin x}{6x} = \frac{1}{6}$$

例 2.34 求极限 $\lim\limits_{x\to +\infty} \dfrac{\dfrac{\pi}{2} - \arctan x}{\dfrac{1}{x}}$.

解　这是当 $x\to+\infty$ 时的$\frac{0}{0}$型不定式,用洛必达法则,得:

$$\lim_{x\to+\infty}\frac{\frac{\pi}{2}-\arctan x}{\frac{1}{x}}=\lim_{x\to+\infty}\frac{-\frac{1}{1+x^2}}{-\frac{1}{x^2}}=\lim_{x\to+\infty}\frac{x^2}{1+x^2}=1$$

例 2.35　求极限 $\lim\limits_{x\to+\infty}\frac{\ln x}{x^n}(n>0)$.

解　这是$\frac{\infty}{\infty}$型不定式,应用洛必达法则,得:

$$\lim_{x\to+\infty}\frac{\ln x}{x^n}=\lim_{x\to+\infty}\frac{\frac{1}{x}}{nx^{n-1}}=\lim_{x\to+\infty}\frac{1}{nx^n}=0$$

2.4.2　其他类型的不定式

对于 $0\cdot\infty$, $\infty-\infty$, 0^0, 1^∞, ∞^0 等类型的不定式,通常是要将其转化成$\frac{0}{0}$或$\frac{\infty}{\infty}$型不定式后,再用洛必达法则来计算,下面举例说明.

例 2.36　求极限$\lim\limits_{x\to0}\left(\frac{1}{\sin x}-\frac{1}{x}\right)$.

解　这是"$\infty-\infty$"型不定式,经过通分转化原极限:

$$\lim_{x\to0}\left(\frac{1}{\sin x}-\frac{1}{x}\right)=\lim_{x\to0}\frac{x-\sin x}{x\sin x}$$

等式右端为$\frac{0}{0}$型不定式,应用洛必达法则,得:

$$\lim_{x\to0}\frac{x-\sin x}{x\sin x}=\lim_{x\to0}\frac{1-\cos x}{\sin x+x\cos x}=\lim_{x\to0}\frac{\sin x}{2\cos x-x\sin x}=0$$

所以

$$\lim_{x\to0}\left(\frac{1}{\sin x}-\frac{1}{x}\right)=0$$

例 2.37　求极限$\lim\limits_{x\to0^+}x^n\ln x(n>0)$.

解　这是"$0\cdot\infty$"型不定式,转化原式:

$$\lim_{x\to0^+}x^n\ln x=\lim_{x\to0^+}\frac{\ln x}{\frac{1}{x^n}}\left(\frac{\infty}{\infty}\text{型不定式}\right)$$

然后用洛必达法则,得:

$$\lim_{x\to0^+}x^n\ln x=\lim_{x\to0^+}\frac{\ln x}{x^{-n}}=\lim_{x\to0^+}\frac{\frac{1}{x}}{-nx^{-n-1}}=\lim_{x\to0^+}\frac{-x^n}{n}=0$$

注意：必须将不定式化为$\frac{0}{0}$或$\frac{\infty}{\infty}$型不定式，才能用洛必达法则. 另外还要注意极限$\lim\limits_{\substack{x\to x_0\\(\text{或}x\to\infty)}}\frac{f'(x)}{g'(x)}$必须存在或为无穷大，否则洛必达法则失效.

例 2.38　求极限$\lim\limits_{x\to 0}\frac{x^2\sin\frac{1}{x}}{\sin x}$.

解　当$x\to 0$时，$x^2\to 0$，$\sin\frac{1}{x}$为有界函数，所以$\lim\limits_{x\to 0}x^2\sin\frac{1}{x}=0$，

故所求极限是$\frac{0}{0}$型不定式，若用洛必达法则，便有：

$$\lim_{x\to 0}\frac{x^2\sin\frac{1}{x}}{\sin x}=\lim_{x\to 0}\frac{2x\sin\frac{1}{x}-\cos\frac{1}{x}}{\cos x}$$

因为$\lim\limits_{x\to 0}\cos\frac{1}{x}$不存在，所以等式右端的极限不存在也不是无穷大，因此在这里应用洛必达法则失效.

事实上，本题可以应用第一个重要极限和无穷小性质来解答，即：

$$\lim_{x\to 0}\frac{x^2\sin\frac{1}{x}}{\sin x}=\lim_{x\to 0}\frac{x}{\sin x}\cdot x\sin\frac{1}{x}$$

因为

$$\lim_{x\to 0}\frac{x}{\sin x}=1,\lim_{x\to 0}x\sin\frac{1}{x}=0$$

所以

$$\lim_{x\to 0}\frac{x^2\sin\frac{1}{x}}{\sin x}=\lim_{x\to 0}\frac{x}{\sin x}\cdot x\sin\frac{1}{x}=\lim_{x\to 0}\frac{x}{\sin x}\cdot\lim_{x\to 0}x\sin\frac{1}{x}=0$$

故所求极限是存在的.

在应用洛必达法则求解极限问题时，还需注意洛必达法则只是极限存在的充分条件，而非必要条件. 当$\lim\limits_{\substack{x\to x_0\\(\text{或}x\to\infty)}}\frac{f'(x)}{g'(x)}$不存在时，也不能得出$\lim\limits_{\substack{x\to x_0\\(\text{或}x\to\infty)}}\frac{f(x)}{g(x)}$不存在的结论. 洛必达法则虽好，但也不是万能的，有的极限问题，虽属不定式极限，但用洛必达法则也可能无法解出，这时就要选择其他方法来求解.

例 2.39　求极限$\lim\limits_{x\to\infty}\frac{x-\sin x}{x+\sin x}$.

解　这是$\frac{\infty}{\infty}$型不定式，由洛必达法则，得：

$$\lim_{x\to\infty}\frac{x-\sin x}{x+\sin x}=\lim_{x\to\infty}\frac{1-\cos x}{1+\cos x},$$

此极限不存在，但事实上：

$$\lim_{x\to\infty}\frac{x-\sin x}{x+\sin x}=\lim_{x\to\infty}\frac{1-\frac{\sin x}{x}}{1+\frac{\sin x}{x}}=1$$

例 2.40　求极限 $\lim\limits_{x\to+\infty}\dfrac{\sqrt{1+x^2}}{x}$.

解　这是$\dfrac{\infty}{\infty}$型不定式,若用洛必达法则可得:

$$\lim_{x\to+\infty}\frac{\sqrt{1+x^2}}{x}=\lim_{x\to+\infty}\frac{\frac{x}{\sqrt{1+x^2}}}{1}=\lim_{x\to+\infty}\frac{x}{\sqrt{1+x^2}}$$

$$=\lim_{x\to+\infty}\frac{1}{\frac{x}{\sqrt{1+x^2}}}=\lim_{x\to+\infty}\frac{\sqrt{1+x^2}}{x}=\cdots$$

这么继续做下去,势必陷入无限的循环.这是一个满足洛必达法则的三个条件,但却无法直接利用洛必达法则计算的例子.其实这个极限可求解如下:

$$\lim_{x\to+\infty}\frac{\sqrt{1+x^2}}{x}=\lim_{x\to+\infty}\sqrt{\frac{1}{x^2}+1}=1$$

习题 2.4

1. 计算下列极限:

(1) $\lim\limits_{x\to+\infty}\dfrac{x^3}{e^x}$;

(2) $\lim\limits_{x\to\frac{\pi}{4}}\dfrac{\tan x-1}{\sin 4x}$;

(3) $\lim\limits_{x\to0}\dfrac{e^x+e^{-x}-2}{1-\cos x}$;

(4) $\lim\limits_{x\to e}\dfrac{\ln x-1}{x-e}$;

(5) $\lim\limits_{x\to3}\dfrac{\sqrt{x+1}-2}{x-3}$;

(6) $\lim\limits_{x\to0}\left(\dfrac{1}{x}-\dfrac{1}{e^x-1}\right)$.

2. 判断能否用洛必达法则计算极限$\lim\limits_{x\to\infty}\dfrac{x}{x+\sin x}$,为什么?若不能,请用其他方法计算此极限.

习题 2.4　参考答案

§2.5 导数在研究函数几何特性中的应用

2.5.1 函数的单调性

前面我们学习了函数在区间上的单调性概念，下面我们将利用导数来对函数的单调性进行研究.

导数的几何应用(1)

若函数$f(x)$在区间$[a,b]$上单调增加，则曲线$y=f(x)$是一条沿x轴正向上升的曲线，曲线上各点处的切线斜率都是非负的，即$y'=f'(x)\geqslant 0$；若函数$f(x)$在区间$[a,b]$上单调减少，则曲线$y=f(x)$是一条沿x轴正向下降的曲线，曲线上各点处的切线斜率都是非正的，即$y'=f'(x)\leqslant 0$（见图2－4）.

(a)　　(b)

图2－4

由此可见，函数的单调性与导数的符号有着密切的联系.因此，可以用函数导数的符号来判别函数的单调性.下面不加证明，直接给出定理2.10.

定理2.10（函数单调性的判别法）　设函数$y=f(x)$在$[a,b]$上连续，在(a,b)内可导，则：

(1) 如果在(a,b)内$f'(x)>0$，那么函数$y=f(x)$在$[a,b]$上单调增加；

(2) 如果在(a,b)内$f'(x)<0$，那么函数$y=f(x)$在$[a,b]$上单调减少.

注意：将定理2.10中的闭区间换成开区间或半开区间或无穷区间，定理的结论也成立.

例2.41　求函数$f(x)=2x^3+9x^2+12x-3$的单调区间.

解　函数的定义域为$(-\infty,+\infty)$，该函数的导数为：

$$f'(x)=6x^2+18x+12=6(x^2+3x+2)=6(x+1)(x+2)$$

解方程$f'(x)=0$，即解$6(x+1)(x+2)=0$，

得出它在函数定义域$(-\infty,+\infty)$内的两个根$x_1=-1$，$x_2=-2$.

这两个根把$(-\infty,+\infty)$分成三个区间：

$$(-\infty,-2],[-2,-1],[-1,+\infty)$$

$f(x)$的增减区间如表2－1所示.

表 2-1

x	$(-\infty,-2)$	-2	$(-2,-1)$	-1	$(-1,+\infty)$
$f'(x)$	+	0	−	0	+
$f(x)$	↗		↘		↗

因此函数 $f(x)$ 的单调增加区间为 $(-\infty,-2]$ 和 $[-1,+\infty)$；单调减少区间为 $[-2,-1]$. 使导数等于零的点恰为单调增加区间与单调减少区间的分界点.

例 2.42　讨论函数 $f(x)=x^{\frac{2}{3}}$ 的增减性.

解　函数 $f(x)$ 的定义域为 $(-\infty,+\infty)$，则：

$$f'(x)=\frac{2}{3\sqrt[3]{x}}$$

没有使得导数等于零的点，在 $x=0$ 处导数不存在的点 $x=0$ 将定义域 $(-\infty,+\infty)$ 分成两个区间 $(-\infty,0]$ 及 $[0,+\infty)$，如图 2-5 所示.

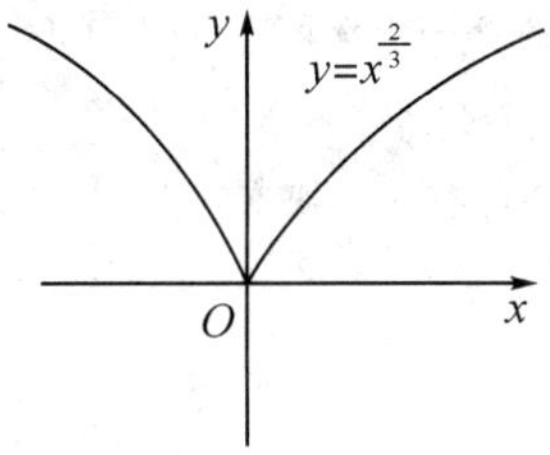

图 2-5

$f(x)$ 的增减区间如表 2-2 所示.

表 2-2

x	$(-\infty,0)$	0	$(0,+\infty)$
$f'(x)$	−	不存在	+
$f(x)$	↘	0	↗

因此，函数 $f(x)$ 的单调增加区间为 $[0,+\infty)$，单调减少区间为 $(-\infty,0]$.

由以上例题可以看出，在求连续函数的单调区间时，可以利用导数等于零的点以及一阶导数不存在的连续点，把函数的定义域划分为若干子区间，然后在每个子区间上根据导数的正负来确定函数的单调性.

小结：讨论函数 $f(x)$ 的单调区间的一般步骤是：

(1) 确定函数 $f(x)$ 的定义域；

(2) 求出函数 $f(x)$ 导数等于零的 x 值（零点）和使导数 $f'(x)$ 不存在的连续点，并用这些点将定义域区间分成若干子区间；

(3) 列表讨论此函数在每个子区间内的符号，从而判断函数的单调性（习惯上我们用"↘""↗"分别表示曲线是单调减少的、单调增加的）.

2.5.2　函数的极值

在利用导数的符号判别函数的单调性时可以看到，导数等于零的点和一阶导数不存在的连续点都可以作为单调区间的分界点. 函数在这样的点处往往会出现局部的最大值（或最小值），这就是我们所要讨论的函数的极值点.

导数的几何应用(2)

定义2.4　设函数$f(x)$在点x_0的某个邻域内有定义，如果对该邻域内任何点$x(x \neq x_0)$，恒有$f(x) < f(x_0)$（或$f(x) > f(x_0)$），则称点$x = x_0$为函数$f(x)$的**极大值点**（**极小值点**），而函数值$f(x_0)$为函数$f(x)$的**极大值**（**极小值**）.

注意：所谓点x_0的某个邻域，指的就是以点x_0为中心，某个正数$\delta(\delta > 0)$为半径的开区间：

$$(x_0 - \delta, x_0 + \delta)$$

由于正数$\delta(\delta > 0)$的不确定，所以这样的开区间可以有无数个，也就是说在函数概念中对于每一个点x_0都存在无数个邻域.

函数的极大值与极小值统称为函数的**极值**，而使函数取得极值的点称为函数的**极值点**（见图2－6）.

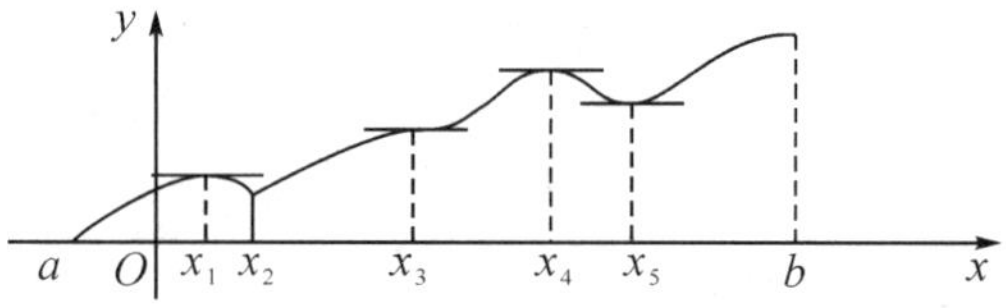

图2－6

从图2－6中可以看到，$f(x_1)$，$f(x_4)$是函数的极大值，点$x = x_1$，$x = x_4$是函数$f(x)$相应的极大值点；而$f(x_2)$，$f(x_5)$是函数的极小值，点$x = x_2$，$x = x_5$是函数$f(x)$相应的极小值点.

由极值的定义可以看出，函数的极值概念是局部性的概念，$f(x_0)$是$f(x)$的极值是仅就x_0的邻域而言的，因此函数$f(x)$的极大（小）值就整个定义域来讲未必是函数的最大（小）值，极大值不一定比极小值大，极小值也不一定比极大值小.

由图2－6还可以看到，在函数$f(x)$取得极值点处，曲线$y = f(x)$的切线是水平的，切线的斜率为零，即极值点的导数等于零. 虽然点x_3处曲线的切线也是水平的，并且$f'(x_3) = 0$，但点x_3却不是极值点. 使导数$f'(x)$等于零的点我们称之为函数$f(x)$的**驻点**，驻点不一定是极值点. 下面我们给出函数取得极值的必要条件和充分条件.

定理2.11（极值存在的必要条件）　若函数$f(x)$在点x_0处取得极值，则$f(x)$在x_0处或者$f'(x_0) = 0$，或者不可导.

定理2.12（极值存在的第一充分条件）　设函数$f(x)$在点x_0处连续，且在x_0的某去心邻域内可导：

(1) 若在x_0的邻域内，当$x < x_0$时$f'(x) > 0$；当$x > x_0$时$f'(x) < 0$，则函数$f(x)$在x_0处取得极大值$f(x_0)$；

(2) 若在 x_0 的邻域内,当 $x < x_0$ 时 $f'(x) < 0$;当 $x > x_0$ 时 $f'(x) > 0$,则函数 $f(x)$ 在 x_0 处取得极小值 $f(x_0)$;

(3) 若在 x_0 的邻域内,除点 x_0 外 $f'(x)$ 恒为正或恒为负,即 $f'(x)$ 不变号,则 $f(x_0)$ 不是函数 $f(x)$ 的极值.

根据以上定理,求函数 $f(x)$ 的极值点和极值的一般步骤如下:

(1) 确定函数 $f(x)$ 的定义域;

(2) 求出函数导数 $f'(x)$,在定义域内确定 $f(x)$ 的全部驻点与不可导点;

(3) 观察 $f'(x)$ 的符号在每个驻点或不可导点的左、右邻近的情形,以确定该点是否为极值点,如果是极值点,进一步确定是极大值点还是极小值点;

(4) 求出各极值点的函数值,即得函数的全部极值.

例 2.43　求函数 $f(x) = x - 3x^{\frac{2}{3}}$ 极值点和极值.

解　函数 $f(x)$ 的定义域为 $(-\infty, +\infty)$,则:

$$f'(x) = 1 - 2x^{-\frac{1}{3}} = \frac{\sqrt[3]{x} - 2}{\sqrt[3]{x}}$$

令 $f'(x) = 0$,解得驻点 $x = 8$,又当 $x = 0$ 时,

$f'(x)$ 不存在.$f(x)$ 的极值点和极值情况如表 2 - 3 所示.

表 2 - 3

x	$(-\infty, 0)$	0	$(0, 8)$	8	$(8, +\infty)$
$f'(x)$	+	不存在	−	0	+
$f(x)$	↗	极大值 0	↘	极小值 − 4	↗

定理 2.13(极值存在的第二充分条件)　设函数 $f(x)$ 在点 x_0 处具有二阶导数且 $f'(x_0) = 0$,$f''(x_0) \neq 0$,则:

(1) 当 $f''(x_0) < 0$ 时,$f(x)$ 在点 x_0 处取得极大值;

(2) 当 $f''(x_0) > 0$ 时,$f(x)$ 在点 x_0 处取得极小值.

例 2.44　求函数 $f(x) = x^3 + 4x^2 - 3x$ 的极值.

解　$f'(x) = 3x^2 + 8x - 3 = (3x - 1)(x + 3)$,$f''(x) = 6x + 8$,

驻点为 $x = \frac{1}{3}$ 及 $x = -3$,又 $f''(\frac{1}{3}) = 10 > 0$,$f''(-3) = -10 < 0$,

所以 $f(x)$ 在点 $x = \frac{1}{3}$ 处取得极小值,且极小值为 $f(\frac{1}{3}) = -\frac{14}{27}$;

$f(x)$ 在点 $x = -3$ 处取得极大值,且极大值为 $f(-3) = 18$.

例 2.45　求函数 $f(x) = 3x^4 - 8x^3 + 6x^2 + 1$ 的极值.

解　$f'(x) = 12x^3 - 24x^2 + 12x = 12x(x - 1)^2$,

$f''(x) = 12(3x^2 - 4x + 1) = 12(3x - 1)(x - 1)$,

令 $f'(x) = 0$,得驻点 $x = 0$,$x = 1$,且 $f''(0) = 12 > 0$,$f''(1) = 0$,

由第二充分条件知,$f(0)$ 是函数 $f(x)$ 的极小值.

因为 $f''(1) = 0$,需用第一充分条件判定驻点 $x = 1$ 的情形.

在 $x = 1$ 的两侧,由于当 $0 < x < 1$ 及 $x > 1$ 时皆有 $f'(x) > 0$,故 $x = 1$ 不是极值点.

2.5.3 曲线的凹凸与拐点

前面我们学习了函数的单调性和极值,对函数的变化情况有了初步的了解,但要较准确地描绘函数的几何特性还是不够的.如图 2 - 7 所示,函数在区间内始终是上升的,但却有不同的弯曲状况.可以看出,从左端开始曲线先向下弯曲,通过点 P 后改变了弯曲方向变为向上弯曲,即 AMP 弧为凹的曲线弧,PNB 弧为凸的曲线弧.因此在研究函数图像时,观察它的弯曲方向以及改变弯曲方向的点是非常有必要的.这就是我们下面要学习的函数的凹凸性与曲线的拐点.

导数的几何应用(3)

2.5.3.1 函数的凹凸性

从图 2 - 7 中还可看出,AMP 弧上各点做切线,曲线总位于切线上方;在 PNB 弧上各点做切线,曲线总位于切线下方.因此,可用曲线与切线的相对位置反映曲线的凹凸性.

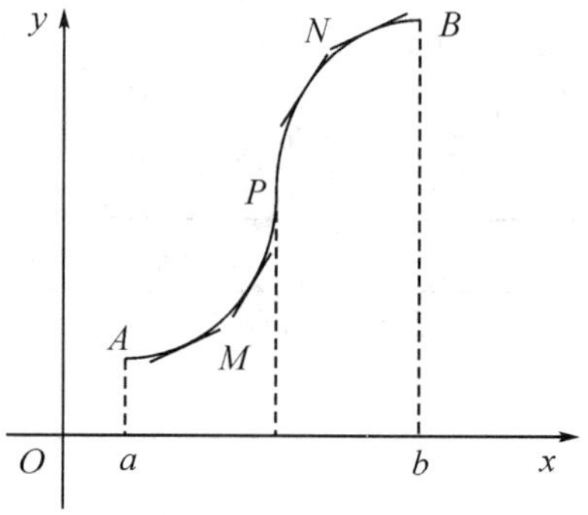

图 2 - 7

定义 2.5 设曲线 $y=f(x)$ 在区间 (a,b) 内各点都有切线,在切点附近如果曲线弧总位于切线的上方,则称曲线 $y=f(x)$ 在 (a,b) 上是凹的或称为凹弧,也称 (a,b) 为曲线 $y=f(x)$ 的凹区间;如果曲线弧总位于切线的下方,则称曲线 $y=f(x)$ 在 (a,b) 上是凸的或称为凸弧,也称 (a,b) 为曲线 $y=f(x)$ 的凸区间(见图 2 - 8).

图 2 - 8

如图 2 - 8(a)所示,随着坐标 x 的增加,凹弧上各点的切线斜率逐渐增大,即 $f'(x)$ 是单调增加的,而凸弧上各点的切线斜率逐渐减小(见图 2 - 8(b)),即 $f'(x)$ 是单调减少的. $f'(x)$ 的单调性则可由 $f'(x)$ 的导数 $f''(x)$ 来判定.由此可得出曲线凹凸性的判别法.

定理 2.14 设函数 $f(x)$ 在区间 (a,b) 上具有二阶导数,则:

(1) 如果在(a,b)上$f''(x)>0$,则曲线$y=f(x)$在(a,b)上为凹弧;

(2) 如果在(a,b)上$f''(x)<0$,则曲线$y=f(x)$在(a,b)上为凸弧.

例 2.46　判断曲线$f(x)=2x^4+3x^2$凹凸性.

解　因为

$$f'(x)=8x^3+6x, f''(x)=24x^2+6$$

显然,函数在$(-\infty,+\infty)$区间上恒有$f''(x)>0$,

故曲线$f(x)=2x^4+3x^2$在$(-\infty,+\infty)$上是凹的.

例 2.47　判断曲线$y=\ln x$的凹凸性.

解　因为

$$y'=\frac{1}{x}, y''=-\frac{1}{x^2}$$

所以在函数$y=\ln x$的定义域$(0,+\infty)$内,恒有$y''<0$,

因此自然对数曲线$y=\ln x$在$(0,+\infty)$上为凸的.

例 2.48　判断曲线$f(x)=x^3$的凹凸性.

解　因为

$$f'(x)=3x^2, f''(x)=6x$$

当$x<0$时,$f''(x)<0$,所以在$(-\infty,0)$上曲线$f(x)=x^3$为凸的;

当$x>0$时,$f''(x)>0$,所以在$(0,+\infty)$上曲线$f(x)=x^3$为凹的.

在本例中我们看到,点$(0,0)$为曲线$f(x)=x^3$由凸弧变为凹弧的分界点,这种点我们称为曲线$f(x)=x^3$的拐点(见图 2-9).

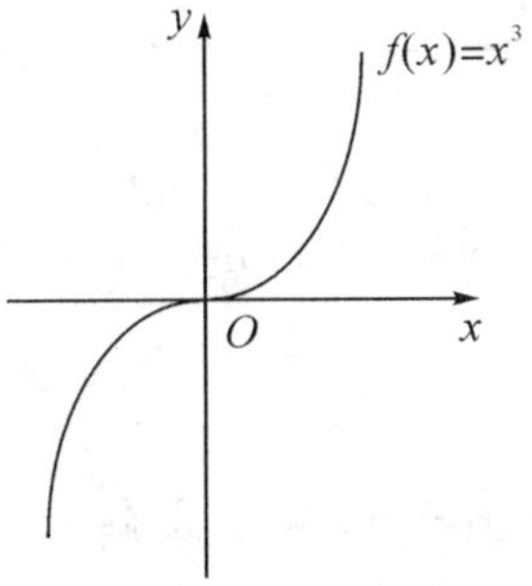

图 2-9

2.5.3.2　曲线的拐点

定义 2.6　一般地,连续曲线$y=f(x)$上凹弧与凸弧的分界点称为曲线的**拐点**.

由以上的例子我们可以注意到,求曲线$y=f(x)$的拐点,实际上就是找$y''=f''(x)$取正值与取负值的分界点.

由此可知,若在x_0处$f''(x_0)=0$,而在x_0的左右两侧$f''(x)$异号,则点$(x_0,f(x_0))$一定是曲线$y=f(x)$的拐点. 另外$f''(x)$不存在的点也可能成为拐点.

例 2.49　判断曲线$y=x^4-2x^3+1$的凹凸区间和拐点.

解　函数的定义域为$(-\infty,+\infty)$,因为

$$y'=4x^3-6x^2, y''=12x^2-12x=12x(x-1)$$

令 $y''=0$,解得 $x_1=0,x_2=1$,$f(x)$ 的凹凸区间和拐点情况如表 2－4 所示.

表 2－4

x	$(-\infty,0)$	0	$(0,1)$	1	$(1,+\infty)$
y''	+	0	−	0	+
y	凹	拐点(0,1)	凸	拐点(1,0)	凹

由此可知,曲线 $y=x^4-2x^3+1$ 在(0,1) 内是凸的,在$(-\infty,0)$ 和$(1,+\infty)$ 内是凹的;曲线的拐点为(0,1) 和(1,0).

例 2.50 判断曲线 $y=1+(x+1)^{\frac{1}{3}}$ 的凹凸性及拐点.

解 函数的定义域为$(-\infty,+\infty)$,则:

$$y'=\frac{1}{3\sqrt[3]{(x+1)^2}},y''=-\frac{2}{9}\frac{1}{\sqrt[3]{(x+1)^5}}$$

没有使 $y''=0$ 的点,在点 $x=-1$ 处函数 $y=1+(x+1)^{\frac{1}{3}}$ 是连续的,但 y' 及 y'' 皆不存在.

$x=-1$ 将定义域$(-\infty,+\infty)$ 分成两部分:$(-\infty,-1)$ 和$(-1,+\infty)$.

$f(x)$ 的凹凸区间及拐点情况如表 2－5 所示.

表 2－5

x	$(-\infty,-1)$	−1	$(-1,+\infty)$
y''	+	不存在	−
y	凹	拐点(−1,1)	凸

由此可知,在二阶导数 $f''(x)$ 不存在的点 $x=-1$ 处,曲线 $y=f(x)$ 仍有可能出现拐点(−1,1).

2.5.4 闭区间上的连续函数的最值求解

函数的最值与极值是两个完全不同的概念.极值是局部概念,在一个闭区间上可能会有多个数值不同的极大值或极小值;而最值就不同了,最值是一个整体概念,是指在整个讨论区间上所有函数值的最大值与最小值.可以说,在所讨论的区间内,极大值与极小值可能不止一个,但最大值与最小值都只能有一个.

根据闭区间上连续函数的性质可知:在闭区间$[a,b]$ 上连续的函数 $f(x)$ 在该区间内一定存在最大值与最小值.显然,函数 $f(x)$ 在$[a,b]$ 上的最值可能在(a,b) 内取得,也可能在区间的端点处取得.如果最值点在(a,b) 内,那么该点必然是极值点,即最值点可能是驻点或一阶导数不存在的连续点.因此,我们求闭区间$[a,b]$ 上的连续函数的最值可采用以下步骤:

(1) 求出函数 $f(x)$ 在(a,b) 内所有的驻点和一阶导数不存在的连续点;

(2) 求出这些点以及区间端点处的函数值;

(3) 比较上述函数值的大小,从而求出函数的最大值与最小值.

例 2.51 求函数 $f(x)=2x^3+3x^2-12x+10$ 在 $[-3,4]$ 上的最值.

解 因为

$$f'(x)=6x^2+6x-12=6(x+2)(x-1)$$

令 $f'(x)=0$ 得到两个驻点:$x_1=-2$,$x_2=1$. 函数没有不可导的点.由于

$$f(-3)=19, f(-2)=30, f(1)=3, f(4)=138$$

所以通过比较得知,函数在右端点 $x=4$ 处有最大值 $f(4)=138$,而在极值点 $x=1$ 处有最小值 $f(1)=3$.

习题 2.5

1. 确定下列函数的单调区间:

(1) $y=2x^3-6x^2-18x-7$;　　(2) $y=2x^2-\ln x$.

2. 求下列函数的极值:

(1) $y=-x^4+2x^2$;　　(2) $y=\dfrac{2x}{1+x^2}$;

(3) $y=x-\dfrac{3}{2}\sqrt[3]{x^2}$;　　(4) $y=\sin x+\cos x, x\in(0,2\pi)$.

3. 求下列函数在所列区间上的最值:

(1) $y=x^4-4x^2+6, [-3,3]$;　　(2) $y=\ln(x^2+2), [-1,e]$;

4. 确定曲线的凹向与拐点:

(1) $y=3x^2-2x^3$;　　(2) $y=\ln(x^2+1)$;

(3) $y=1+x^{\frac{1}{3}}$;　　(4) $y=x^4-2x^3-3$.

习题 2.5　参考答案

§2.6 导数在经济分析中的应用

随着经济学的发展,经济学的研究用到了越来越多的数学知识,许多经济学的理论、概念都与数学密切相关.导数在经济学的研究中有着深远而广泛的影响,运用导数可以对经济活动中的实际问题进行最优化讨论以及边际分析和弹性分析,从而为企业经营者做出科学决策提供量化依据.

2.6.1 经济函数的最优化分析

每一个企业家都会考虑用最低的成本获取最高的利润.在经济活动中,我们常常会遇到求“产量最大”“用料最省”“成本最低”“效率最高”等问题.这类问题在数学上就是求最大值和最小值问题,简称最优化问题.这类问题在市场经济中是广泛存在的,用数学解决这类问题是非常有实用价值的.

导数在经济分析中的应用(1)

如果在我们建立的经济函数中,只求得一个有效的驻点或一阶导数不存在的连续点,而问题的经济意义又告诉我们所求最值是客观存在的,那么我们所得到的点往往就是所求的最值点.

例 2.52(用料最省问题) 如果我们把易拉罐视为圆柱体,在不考虑美观、各种加工成本的情况下,对体积为定数 A 的易拉罐,应如何设计会使用料最省,即使圆柱体的表面积最小?

解 设圆柱的高为 h,底圆半径为 r,表面积为 S 则有:

$$A = \pi r^2 h$$

于是

$$h = \frac{A}{\pi r^2}$$

其表面积为:

$$S = 2\pi r^2 + 2\pi rh = 2\pi r^2 + \frac{2A}{r}$$

求导数得:

$$S' = 4\pi r - \frac{2A}{r^2}$$

令 $S' = 0$ 得唯一驻点:

$$r = \left(\frac{A}{2\pi}\right)^{\frac{1}{3}}$$

由于表面积的最小值是客观存在的,所以当 $r = \left(\frac{A}{2\pi}\right)^{\frac{1}{3}}$ 时,S 有最小值,并且此时我们还能算出 $h = \frac{A}{\pi r^2} = 2 \times \left(\frac{A}{2\pi}\right)^{\frac{1}{3}} = 2r$,所以易拉罐的高设计成与底圆直径相等时,整个圆柱体的用料最省.

例 2.53(房屋租赁问题) 某房屋租赁公司有 100 套房屋出租,若每套房屋租金定为 500 元时能够全部租出去,但是每套房屋的租金若增加 20 元就会有一套租不出去,并且每租出去一套房屋,租赁公司就要增加 40 元的管理费.问租金定为多少才能使租赁公司获取最大利润?

解 设出租的房屋租金为每套 p 元,则 $p \geqslant 500$.

据题意,出租的成本 $C(p)$ 为租出的房屋套数乘以每套的管理费,即:

$$C(p)=\left(100-\frac{p-500}{20}\right)\times 40=5\ 000-2p$$

于是收益函数为：

$$R(p)=\left(100-\frac{p-500}{20}\right)\times p=125p-\frac{p^2}{20}$$

故利润函数为：

$$L(p)=R(p)-C(p)=127p-\frac{p^2}{20}-5\ 000$$

求导数得：

$$L'(p)=127-\frac{p}{10}$$

令 $L'(p)=127-\dfrac{p}{10}=0$ 得唯一驻点 $p=1\ 270$(元).

由于该实际问题的最大值确实客观存在，因此利润函数在 $p=1\ 270$(元) 时有最大值. 所以当每套房屋的租金定为 1 270 元时，租赁公司能获取最大利润.

例 2.54(薄利多销模型)　某品牌童装，若定价为每件 120 元，一周可售出 1 000 件. 市场调查显示，每件售价每降低 5 元，一周的销量会增加 100 件. 问每件售价定为多少元时，能使商家的周销售额最大，最大的销售额是多少？

解　销售额最大，就是收益最大，故我们要建立的是总收益函数.

设在每件 120 元的基础上降价 x 元，则一周的销售量 q 为：

$$q=1\ 000+\frac{x}{5}\times 100=1\ 000+20x(0<x<120)$$

而价格函数为：

$$p=120-x$$

因此总收益函数 $R(x)$ 为：

$$R(x)=(120-x)(1\ 000+20x)=20(6\ 000+70x-x^2)$$

令 $R'(x)=20(70-2x)=0$，故得 $x=35$.

总收益函数 $R(x)$ 只有唯一的驻点，而该实际问题的最大值的确存在，

因此 $x=35$ 就是最大值点，所以当售价定为 $p=120-35=85$(元/件) 时，商家的周销售额最大，最大销售额为：

$$R(35)=(120-35)(1\ 000+20\times 35)=85\times 1\ 700=144\ 500(\text{元})$$

2.6.2　边际分析

边际是经济学中的一个重要概念，它通常是指经济函数的变化率. 在经济学中，我们把经济函数的导函数称为边际函数. 对某个经济问题的边际分析，是通过对该经济问题边际情况的认识和研究，科学地指导其经济活动. 在这里，我们仅就成本、收入与利润进行比较详细的分析，其他经济函数则不多做叙述，有兴趣的同学可查阅相关资料.

导数在经济分析中的应用(2)

2.6.2.1　边际成本

在经济学中,我们把总成本函数 $C(q)=C_0+C_1(q)$ 的导数

$$C'(q)=C'_1(q)$$

称为边际成本,记为 $MC=C'(q)$.其经济意义为:当产量为 q 时,再生产一单位产品所增加的总成本数.

从上面的计算可以看出,边际成本只与可变成本有关,因此,它直接反映出在产量为 q 时,再生产一个产品所增加的可变成本的多少.一般来说,如果边际成本小于平均成本,那么扩大再生产所得到的利润将增加.因而进行边际成本分析,有利于生产者对生产规模做出决策.

例 2.55　设某企业生产的产品的产量为 q(单位:吨)时,其总成本函数(单位:元)为:

$$C(q)=1\,000+7q+50\sqrt{q}$$

(1) 求产量为 100 吨时的总成本与平均成本;

(2) 当产量从 100 吨增加到 225 吨时,求总成本的平均变化率;

(3) 当产量为 100 吨时,求边际成本,并说明其经济意义,同时对该企业的生产规模做出决策.

解　(1) 当产量为 100 吨时总成本为:

$$C(100)=1\,000+7\times100+50\sqrt{100}=2\,200(\text{元})$$

平均成本为:

$$\bar{C}(100)=\frac{C(100)}{100}=22(\text{元/吨})$$

(2) 当产量从 100 吨增加到 225 吨时,总成本的平均变化率为:

$$\frac{\Delta C}{\Delta q}=\frac{C(225)-C(100)}{225-100}=\frac{3\,325-2\,200}{125}=9(\text{元/吨})$$

(3) 当产量为 100t 时,总成本的变化率,即边际成本为:

$$C'(100)=(1\,000+7q+50\sqrt{q})'\Big|_{q=100}=\left(7+\frac{25}{\sqrt{q}}\right)\Big|_{q=100}=9.5(\text{元})$$

其经济意义是:当产量为 100 吨时,再多生产一吨所增加的成本为 9.5 元.由于此时的边际成本小于平均成本,所以企业的规模可以再扩大,增加产量以获得更多的利润.

2.6.2.2　边际收益

在经济学中,我们把总收益函数 $R(q)=q\cdot P(q)$(其中 q 为销量,$P(q)$ 为价格函数)的导数 $R'(q)$ 称为边际收益,记为 $MR=R'(q)$.其经济意义为:在销量为 q 时,再多销售一单位产品所增加的总收入.

例 2.56　某企业对其生产的产品进行了大量的统计分析后,得出需求函数:

$$q=100-5p$$

其中 p 为价格,q 为销量.试求当销量 q 分别为 20、50 和 70 单位时的边际收益,并说明其经济意义.

解　先由需求函数 $q = 100 - 5p$ 求出价格函数为:

$$p = \frac{1}{5}(100 - q)$$

于是收益函数为:

$$R(q) = \frac{1}{5}(100 - q)q$$

边际收益函数为:

$$R'(q) = \frac{1}{5}(100 - 2q)$$

故

$$R'(20) = 12, R'(50) = 0, R'(70) = -8$$

其经济意义是:当销量为 20 单位时,再多销售一单位产品,总收入约增加 12 单位;当销量为 50 单位时,再增加销售,总收入也不会再增加;当销售量为 70 单位时,再多销售一单位产品,反而会使总收入减少约 8 单位.

2.6.2.3　边际利润

在经济学中,我们把总利润函数 $L(q) = R(q) - C(q)$ 的导数,

$$L'(q) = R'(q) - C'(q)$$

称为边际利润,记为 $ML = L'(q)$.其经济意义为:在销量(或产量)为 q 时,再多销售(或生产)一单位产品所增加(或减少)的总利润.

显然,边际利润等于边际收入减去边际成本.

例 2.57　某工厂对其生产的某产品进行市场调查后,得需求函数为:

$$q = 200 - 2p$$

其中 p 为价格,q 为产量,而工厂生产该产品的总成本函数为 $C(q) = 500 + 20q$.试求该工厂的产量分别为 50、80、100 单位时的边际利润,并说明其经济意义.

解　据题意可得总利润函数为:

$$L(q) = R(q) - C(q) = q \cdot P(q) - C(q) = 80q - \frac{1}{2}q^2 - 500$$

因此边际利润为 $L'(q) = 80 - q$. 于是:

$$L'(50) = 30, L'(80) = 0, L'(100) = -20$$

其经济意义是:$L'(50) = 30$ 表示当产量已达到 50 单位时,再生产一单位产品,总利润将增加 30 单位;$L'(80) = 0$ 表示当产量已达到 80 单位时,再生产一单位产品,总利润将不再增加;$L'(100) = -20$ 表示当产量已达到 100 单位时,再生产一单位产品,总利润将减少 20 单位.

2.6.3　弹性分析

弹性是经济学中另一个重要的概念.弹性分析是经济活动中常用的一种方法,是对价格的相对变化引起需求量相对变化的大小的分析,从而找到生产、供给、需求之间的关系,使生产者或营销者获得最佳效益.

函数$f(x)$在点x处的弹性$\frac{Ef}{Ex}=f'(x)\cdot\frac{x}{f(x)}$反映了随着$x$的变化，$f(x)$变化幅度的大小，也就是$f(x)$对$x$变化反应的灵敏度，即当$x$产生1%的改变时，$f(x)$近似地改变$\frac{Ef}{Ex}$%.在应用问题中解释弹性的经济意义时，我们经常会略去"近似"二字.

导数在经济分析中的应用(3)

2.6.3.1　需求弹性

在弹性分析中比较常见的就是**需求弹性**，为此我们将对需求弹性给出比较详细的分析.

设某商品的需求函数为$Q=Q(p)$，则需求弹性为：

$$\eta_p=Q'(p)\cdot\frac{p}{Q(p)}$$

需求弹性η_p表示某种商品的需求量Q对价格p的变化的敏感程度.因为需求函数是一个递减函数，所以需求弹性一般都为负值.其经济意义为：当某种商品的价格下降(或上涨)1%，其市场需求量将增加(或减少)η_p%.

(1) 当$|\eta_p|=1$时，称为单位弹性，即商品需求量的相对变化与价格的相对变化基本相等，此价格是最优价格.

(2) 当$|\eta_p|>1$时，称为高弹性(也叫富有弹性).此时，商品需求量的相对变化大于价格的相对变化，价格的变动对需求量的影响较大.商家在这种时候，往往会适当降价使需求量有较大幅度的上升，从而增加收入.

(3) 当$|\eta_p|<1$时，称为低弹性(也叫缺乏弹性)，即商品需求量的相对变化小于价格的相对变化.此时价格的变化对需求量的影响较小，适当的涨价，不会使需求量有太大的下降，收入也可增加.

需求弹性的大小反映了价格变化对市场需求量的影响程度.在市场经济中，企业经营者关心的是商品涨价(或降价)对总收入的影响程度.因此，利用弹性分析了解市场变化，制定行之有效的营销策略，是生产者与商家的必行之道.

例 2.58　设某商品的需求函数为$Q=75-p^2$，求价格$p=3$和$p=6$时的需求弹性，并解释其经济意义.

解　需求弹性为：

$$\eta_p=p\frac{Q'(p)}{Q(p)}=\frac{-2p^2}{75-p^2}$$

(1) 当$p=3$时，$\eta_{p=3}=\frac{-2\times 3^2}{75-3^2}=\frac{-18}{66}\approx-0.27$.

其经济意义为：该商品在价格为3的基础上若涨价(或降价)1%，则需求量会在66的基础上减少(或增加)约0.27%.此时为低弹性(即缺乏弹性)，商家可适当涨价以增加收益.

(2) 当$p=6$时，$\eta_{p=6}=\frac{-2\times 6^2}{75-6^2}=\frac{-72}{39}\approx-1.85$.

其经济意义为：该商品在价格为6的基础上若涨价(或降价)1%，则需求量会在

39 的基础上减少(或增加)约 1.85%.此时为高弹性(即富有弹性),商家可通过适当降价使需求量有较大幅度的上升,从而增加收益.

2.6.3.2　边际收益、需求函数与需求弹性的关系

设某商品的需求函数为 $Q=Q(p)$,p 为商品的价格,则相对于价格的收益函数为:

$$R(p)=p\cdot Q(p)$$

则有:

$$R'(p)=Q(p)+p\cdot Q'(p)=Q(p)\left(1+Q'(p)\frac{p}{Q(p)}\right)$$

即:

$$R'(p)=Q(p)(1+\eta_p)$$

这就是边际收益、需求函数与需求弹性的关系.我们通过这个关系式不难看出,当需求弹性 $\eta_p=-1$ 时(即 $|\eta_p|=1$),商家能达到最大收益.

例 2.59　设某产品的需求函数为 $Q=Q(p)$,其对应价格 p(单位:元)的弹性 $\eta_p=-0.3$,则当需求量为 10 000 件时,价格增加 1 元会使产品的收益增加多少元?

解　利用边际收益、需求函数与需求弹性的关系式可得:

$$R'(p)=Q(p)(1+\eta_p)=10\,000(1-0.3)=7\,000(\text{元})$$

所以在价格为 p 元的基础上,价格再增加 1 元会使产品的收益增加 7 000 元.

习题 2.6

1. 某设备公司有 50 套设备要出租,当租金定为每月每套 180 元时,设备可以全部租出去;当租金每月每套提高 10 元,租不出去的设备就会增加一套.若已租出的设备每月每套整修维护费为 20 元,问租金定价多少时,该设备公司可获取最大月收入?

2. 某商家以每台 350 元的价格每周可售出唱机 200 台,市场调查指出,当价格每降低 10 元时,一周的销售量可增加 20 台,求出价格函数和收益函数.此外,商家若要达到最大收益,应把价格降低多少元?

3. 设某产品的产量为 Q 千克时的总成本为 $C(Q)=200+2Q+6\sqrt{Q}$(元),当产量为 100 千克时,求总成本、平均成本、边际成本,并说明其经济意义.

4. 某企业的成本函数和收益函数分别为:

$$C(Q)=1\,000+5Q+\frac{Q^2}{10},R(Q)=200Q+\frac{Q^2}{20}$$

求:

(1) 生产并销售了 25 单位产品时的边际利润,并说明其经济意义.

(2) 生产多少单位产品时,企业可获得最大利润?

5. 某厂生产某种商品,每天生产 Q 单位,可变成本为 $80Q+0.4Q^2$ 元,若固定成本为每天 1 000 元,求:(1) 平均成本函数;(2) 边际成本函数;(3) 每天生产该商品多少单位,可使平均成本最低?

6. 商场在对某商品的销售市场进行统计分析后,得出其需求函数为 $Q(P)=45-P^2$,

其中 P 为价格，Q 为销量.

（1）求当价格分别为 $P=3$ 与 $P=5$ 时的需求弹性，并说明其经济意义.

（2）当价格分别为 $P=3$ 与 $P=5$ 时，若价格上涨 1%，总收益将如何变化，变化率为多少？

（3）当价格 P 为多少时，该商场的总收益最大？

习题 2.6　参考答案

复习题二

一、单选题

1. 已知 $f'(3)=2$，则 $\lim\limits_{x\to 3}\dfrac{f(x)-f(3)}{x-3}=$（　　）.

A. 3　　B. -3

C. 2　　D. -2

2. 下列函数中在 $x=1$ 处连续但不可导的函数是（　　）.

A. $y=\dfrac{3}{x-1}$　　B. $y=|x-1|$

C. $y=\ln(x^2-1)$　　D. $y=x^2-1$

3. 设 $y=\log_2 3x$，则 $\mathrm{d}y=$（　　）.

A. $\dfrac{1}{3x}\ln 2\mathrm{d}x$　　B. $\dfrac{1}{x\ln 2}\mathrm{d}x$

C. $\dfrac{1}{3x\ln 2}\mathrm{d}x$　　D. $\dfrac{1}{x}\ln 2\mathrm{d}x$

4. 曲线 $y=\dfrac{3}{2}x^2+1$ 在点 M 处的切线平行于直线 $y=-3x+1$，则点 M 的坐标是（　　）.

A. $\left(-1,\dfrac{5}{2}\right)$　　B. $\left(1,\dfrac{5}{2}\right)$

C. $(0,1)$　　D. $\left(-\dfrac{4}{3},\dfrac{11}{3}\right)$

5. 下列结论正确的是（　　）.

A. 若 x_0 为 $f(x)$ 的极值点,且 $f'(x)$ 存在,则必有 $f'(x_0)=0$

B.若 x_0 为 $f(x)$ 的极值点,则必有 $f'(x_0)=0$

C.若 $f'(x_0)=0$,则点 x_0 必是 $f(x)$ 的极值点

D.函数 $f(x)$ 在区间 (a,b) 内的极大值一定大于极小值

6. 设函数 $y=\dfrac{\ln x}{x}$,则下列结论正确的是(　　).

A. 在 $(e,+\infty)$ 内单调增加　　B.在 $(0,+\infty)$ 内单调减少

C.在 $(0,e)$ 内单调增加　　D. 在 $(0,e)$ 内单调减少

7. 若某函数 $f(x)$ 的 $f'(x)<0$,$f''(x)>0$,则该函数曲线(　　).

A.凹降　　B.凹增

C.凸降　　D.凸增

8. 某商品的需求函数为 $Q=80-3p$,当销量为40单位时,再多销售一单位商品,总收入约增加(　　)单位.

A.0　　B.1

C.10　　D.20

9. 已知需求函数为 $Q=\dfrac{20}{3}-\dfrac{2}{3}P$($P$ 为价格),则边际收益函数是(　　).

A.$10+3Q$　　B.$10-3Q$

C.$10+Q$　　D.$10-Q$

10. 下列函数的弹性与 x 无关的是(　　).

A. $y=\left(\dfrac{1}{2}\right)^x$　　B.$y=\lg x$

C.$y=x^\alpha$　　D. $3-2x$

二、填空题

1. 一物体的运动方程 $s(t)=t^3+20t$,则该物体在时刻 $t=2$ 的瞬时速度为__________.

2. $(x^3+\cos\dfrac{\pi}{4})'=$__________.

3. 如果 $f(x)$ 在点 x_0 可导,则在该点处 $\lim\limits_{\Delta x\to 0}\Delta y=$__________.

4. 当 $x=2$ 时,函数 $y=x^3+px+q$ 达到极小值,则 $p=$__________.

5. 设函数 $f(x)$ 的定义域为 R 且 $f''(x)=2x-3$,则该函数曲线的凸区间是__________,凹区间是__________.

6. 设 $f(x)=(e^x-1)(e^{2x}-2)(e^{3x}-3)\cdots(e^{2\,018x}-2\,018)$,则 $f'(0)=$__________.

7. 用微分近似计算公式求得 $e^{0.05}\approx$__________.

8. 函数 $y=x+2\cos x$ 在区间 $[0,\dfrac{\pi}{2}]$ 上的最大值为__________.

9. 若曲线 $y=(\alpha x-b)^3(\alpha\neq 0)$ 在点 $(1,(a-b)^3)$ 处有拐点,则 a 与 b 应满足关系__________.

10. 设需求函数 $Q=ae^{bp}$(a,b 均为常数),则需求弹性值 $\eta_p=$__________.

三、计算题

1. 讨论函数$f(x)\begin{cases}1, & x \leqslant 0\\ 2x+1, & 0<x\leqslant 1\\ x^2+2, & 1<x\leqslant 2\\ x, & x>2\end{cases}$分别在分段点$x=0,x=1,x=2$处的连续性与可导性.

2. 求下列函数的导数与微分：

(1) $y=(2x+3)^4$,求y'；　　(2)$y=\sqrt{x+\ln^2 x}$,求$y'(1)$；

(3)$y=xe^x$,求y''及$y''(0)$；　　(4)$y=e^{-2x}\tan x$,求dy.

3. 确定下列函数的单调区间：

(1)$y=\dfrac{2x}{1+x^2}$；　　(2)$y=e^x-x$.

4. 求下列函数的极值：

(1)$y=x^2e^{-x}$；　　(2)$y=2-(x+1)^{\frac{2}{3}}$.

5. 确定下列曲线的凹向与拐点：

(1)$y=(x-1)^{\frac{5}{3}}$；　　(2)$y=xe^{-x}$.

四、应用题

1. 设某厂家打算生产一批产品投放市场,已知该商品的需求函数为$P(Q)=10e^{-\frac{Q}{2}}$,且最大需求量为6,其中Q表示需求量,P表示价格.

(1) 求该商品的收益函数和边际收益函数；

(2) 求使收益最大时的产量、最大收益及相应的价格.

2. 某市公共汽车公司举办市内观光旅游活动,每人一张票.若票价为40元,则一周游客约为1 000人；若每张票降价10元,则一周游客约增加400人,即游客人数x与票价p呈线性关系.试求：

(1) 为了使得一周的收益最大,票价应该定为多少?

(2) 若举办此项观光旅游的一周成本(单位:元)为$C(x)=20\,000+10x$,为了使一周的利润最大,票价应该定为多少?

3. 某产品的平均成本$\bar{C}(Q)=2$,价格函数为$P(Q)=20-4Q$,Q为产品数量,国家向企业每件产品征税t元(但在企业投产初期,为鼓励企业生产,国家往往会对企业免征税).试求：

(1) 企业未纳税时要生产多少产品,才会使利润最大；

(2) 企业纳税后要生产多少产品,才会使利润最大；

(3) 在企业获得税后最大利润的情况下,t为何值时才能使得总税收最大.

复习题二参考答案

【人文数学】

数学家牛顿简介

牛顿(Newton,1642—1727),17世纪英国最伟大的科学家之一,是近代科学的象征.牛顿在数学上的成果主要有以下四个方面:发现二项式定理;创建微积分;引进极坐标,发展三次曲线理论;推进方程论,开拓变分法.

牛顿于1642年的圣诞节出生于英格兰林肯郡伍尔斯索普村.父亲在他出生前3个月就去世了,母亲改嫁后他只得由外祖母和舅舅抚养.幼年的牛顿,学习平平,但却非常喜欢手工制作.同时他还在绘画方面有着非凡的才华.

牛顿12岁开始上中学,这时他的爱好由手工制作转变为机械小制作.他从小制作中体会到学好功课,特别是学好数学,对动手做好制作大有益处.于是牛顿在学习中加倍努力,进步很大.

牛顿15岁时,由于家庭原因,被迫辍学务农.非常渴求知识的牛顿,仍然抓紧一切时间学习.牛顿这种勤奋好学的精神感动了他的舅舅,最后在舅舅的资助下又回到学校复读.

1661年,牛顿考入了著名的剑桥大学.在学习期间,牛顿的第一任教授伊萨克·巴鲁独具慧眼,发现了牛顿具有很强的观察力和理解力,于是将自己掌握的数学知识传授给了牛顿,并把他引向近代自然科学的研究.1664年,牛顿经考试被选为巴鲁的助手.1665年,牛顿大学毕业,获得学士学位.在他正准备留校继续深造的时候,严重的鼠疫席卷英国,剑桥大学被迫停学了.牛顿两次回到故乡避灾,而这恰恰是牛顿一生中最重要的转折点.牛顿在家乡安静的环境里,专心致志地思考数学、物理学和天文学问题,思想的火山终于爆发了.短短18个月,他就提出了流数术(微积分)、万有引力定律和光学分析的基本思想.牛顿于1684年通过计算彻底解决了1666年发现的万有引力.1687年,牛顿完成了人类科学史上少有的科学巨著《自然哲学的数学原理》,用数学方法建立起完整的经典力学体系,轰动了全世界.

牛顿的数学贡献,最突出的有三项,即作为特殊形式的微积分的"流数术"、二项式定理及"广义的算术"(代数学).

牛顿为了解决运动问题,创立了一种和物理概念直接联系的数学理论,即牛顿称之为"流数术"的理论,这实际上就是微积分理论.牛顿在1665年5月20日的一份手稿中提到"流数术",因此牛顿始创微积分的时间比现代微积分的创始人德国数学家莱布尼茨大约早10年,但从正式公开发表的时间上来说牛顿却比莱布尼茨要晚.事实上,他们二人是各自独立地建立了微积分,只不过牛顿的“流数术”还存在着一些缺陷.

牛顿开始对二项式进行研究是在他从剑桥大学回故乡避鼠疫的前夕.他在前人瓦里士的基础上进一步明确了负指数的含义.牛顿研究得出的二项式级数展开式是研究级数论、函数论、数学分析、方程理论的有力工具.《广义算术》则总结了符号代数学的成果,推动了初等数学的进一步发展.这本书关于方程论也有些突出的见解,其中比较著名的是“牛顿幂和公式”.

牛顿的数学贡献还远不止这些.他在解析几何中的成就也是令人瞩目的.他的“一般曲线直径”理论,引起了解析几何界的广泛重视.

牛顿在其他科学领域的研究,毫不逊色于他在数学上的贡献.牛顿曾经说过:我不过就像是一个在海边玩耍的小孩,会为不时发现的比寻常石头更为光滑的一块卵石或比寻常贝壳更为美丽的一个贝壳而沾沾自喜,而对于展现在我面前的浩瀚的真理海洋,却全然没有发现.我们从这里可以看出一代伟人的谦虚美德.这些美德和他的成就,都值得后人去继承,去学习.

第三章
积分学及其应用

前面我们学习了一元函数微分学及其应用,本章我们来学习微积分的另一个重要的组成部分积分学及其应用.在一元函数积分学中,有两个基本概念,即不定积分与定积分.真正能在实践中解决具体问题的是定积分,所以它在几何、物理、经济学等各学科中都有广泛的应用.定积分和不定积分的概念从表面上看似乎并不相同,但它们之间却有着密切的内在联系,并且定积分的计算主要是通过不定积分来完成的,这也正是牛顿、莱布尼茨的功劳.

在本章中,我们将主要学习不定积分的相关概念和计算,定积分的计算方法以及在几何、经济学中的各种应用.

§3.1　不定积分的概念及性质

3.1.1　不定积分的概念

3.1.1.1　原函数的概念

前面为了在物体运动方程 $s=s(t)$ 已知的情形下求得物体的运动速度,我们引入了导数这一概念.现在,若运动物体的速度 $v=v(t)$ 已知,即 $v=s'(t)$ 已知,要求得物体的运动方程 $s=s(t)$.这是与求导数相反的问题.类似地,若已知某产品的边际成本 $MC=C'(q)$,要求得总成本函数 $C=C(q)$,这也是一个与求导数相反的问题.

不定积分的概念

一般地,已知某函数的导数 $F'(x)=f(x)$,要求函数 $F(x)$,这就是我们要学的原函数和不定积分问题,于是我们引入定义 3.1.

定义 3.1　设函数 $f(x)$ 是定义在某区间的已知函数,若存在一个函数 $F(x)$,使得对于该区间的任意点 x 都满足

$$F'(x)=f(x) \quad 或 \quad dF(x)=f(x)dx$$

则称 $F(x)$ 为 $f(x)$ 在该区间上的一个原函数.

从原函数的定义不难看出,若一个函数是另一个函数在某区间上的原函数,那它必须在此区间上可导.

例如，由$(x^2)'=2x$可知，x^2是$2x$的一个原函数；由$(x^2+1)'=2x$可知，x^2+1也是$2x$的一个原函数.

由此可见，一个函数$f(x)$的原函数并不是唯一的.事实上，由于任意常数C的导数为零，因此，x^2+C应该都是$2x$的原函数.

一般地，若一个函数存在原函数，那么，它的不同原函数之间有何关系呢？

定理3.1 若$F(x)$、$G(x)$都是$f(x)$的一个原函数，则$F(x)$与$G(x)$之间只相差一个常数，即：

$$G(x)=F(x)+C(C\text{为任意常数})$$

定理3.1表明，若$F(x)$是$f(x)$的一个原函数，则函数$f(x)$的全体原函数可以表示为：

$$F(x)+C(C\text{为任意常数})$$

显然，$F(x)+C$是$f(x)$的原函数的一般表达式.为方便地表示$f(x)$的全体原函数，我们引入不定积分的概念.

3.1.1.2 不定积分的概念

定义3.2 设$F(x)$是$f(x)$的一个原函数，则$f(x)$的**全体原函数**$F(x)+C$称为$f(x)$的**不定积分**，记作：

$$\int f(x)\,dx=F(x)+C(\text{其中 }F'(x)=f(x))$$

上式中的"$\int$"称为积分号，x称为积分变量，$f(x)$称为被积函数，$f(x)dx$称为被积表达式，C称为积分常数.

因此，求一个函数的不定积分，就归结为求它的某一个原函数，再加上一个任意常数C.切记要"$+C$"，否则求出的只是$f(x)$的一个原函数，而不是$f(x)$的全体原函数（即不定积分）.

通常我们把一个原函数$F(x)$的图像称为$f(x)$的一条积分曲线，其方程为$y=F(x)$.因此，不定积分$\int f(x)dx$在几何上就表示全体积分曲线所组成的曲线族（见图3－1）.它们的方程是$y=F(x)+C$.

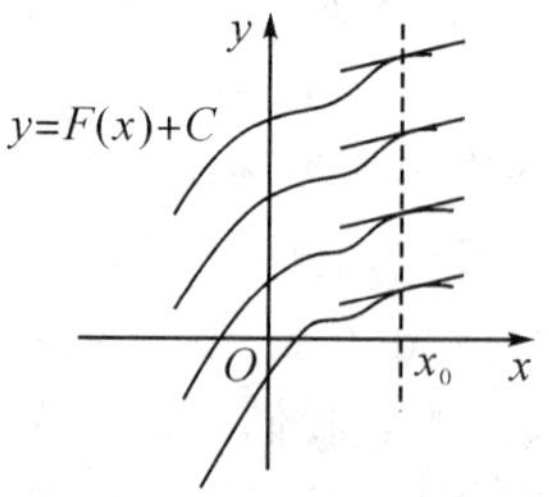

图3－1

例3.1 求下列不定积分：

(1)$\int\frac{1}{1+x^2}dx$；　(2)$\int\cos x dx$；　(3)$\int\frac{1}{x}dx$.

解　(1) 因为

$$(\arctan x)' = \frac{1}{1+x^2}$$

所以

$$\int \frac{1}{1+x^2}\mathrm{d}x = \arctan x + C$$

(2) 因为

$$(\sin x)' = \cos x$$

所以

$$\int \cos x \mathrm{d}x = \sin x + C$$

(3) 因为 $x > 0$ 时，$(\ln x)' = \frac{1}{x}$，$x < 0$ 时，$[\ln(-x)]' = \frac{-1}{-x} = \frac{1}{x}$，所以

$$\int \frac{1}{x}\mathrm{d}x = \ln|x| + C$$

3.1.2　不定积分的性质

性质 3.1　(1) $\left[\int f(x)\mathrm{d}x\right]' = f(x)$　或　$d\int f(x)\mathrm{d}x = f(x)\mathrm{d}x$；

(2) $\int F'(x)\mathrm{d}x = F(x) + C$　或　$\int \mathrm{d}F(x) = F(x) + C$.

不定积分的性质

性质 3.1 表明：不定积分的导数（或微分）等于被积函数（或被积表达式）. 从这个性质中我们可以看到两点：一是不定积分运算与求导数运算是互逆的；二是检验不定积分计算的结果是否正确，只需要对计算结果求导数，若导数结果可以还原成被积函数，则结果正确，否则结果就是错误的.

例 3.2　已知 x^2 是 $f(x)$ 的一个原函数，求函数 $f'(x)$.

解　依题意有：

$$\int f(x)\mathrm{d}x = x^2 + C$$

所以

$$f(x) = (x^2 + C)' = 2x$$

故

$$f'(x) = 2$$

性质 3.2　$\int kf(x)\mathrm{d}x = k\int f(x)\mathrm{d}x$（$k$ 是常数且 $k \neq 0$）.

即：被积函数中不为零的常数因子可以提到积分号外面.

性质 3.3　$\int [f(x) \pm g(x)]\mathrm{d}x = \int f(x)\mathrm{d}x \pm \int g(x)\mathrm{d}x$.

即：两个函数和差的积分等于函数积分的和差. 这个性质还可以推广到任意有限多个函数代数和的情形.

性质 3.2 与性质 3.3 也可以称为不定积分的运算性质.

3.1.3 不定积分的基本公式

因为求不定积分是求导数的逆运算,所以由基本初等函数的导数公式可以对应地得到不定积分的基本公式(见表 3 - 1).

表 3 - 1

基本初等函数导数公式	基本积分公式
(1) $(c)' = 0$	(1) $\int 0\mathrm{d}x = c$
(2) $(x^{\alpha+1})' = (\alpha+1)x^{\alpha}$	(2) $\int x^{\alpha}\mathrm{d}x = \frac{1}{\alpha+1}x^{\alpha+1} + c \quad (\alpha \neq 1)$
(3) $(\mathrm{e}^x)' = \mathrm{e}^x$	(3) $\int \mathrm{e}^x\mathrm{d}x = \mathrm{e}^x + c$
(4) $(a^x)' = a^x\ln a \quad (a > 0$ 且 $a \neq 1)$	(4) $\int a^x\mathrm{d}x = \frac{1}{\ln a}a^x + c(a > 0$ 且 $a \neq 1)$
(5) $(\ln\|x\|)' = \frac{1}{x} \quad (x \neq 0)$	(5) $\int \frac{1}{x}\mathrm{d}x = \ln\|x\| + c \quad (x \neq 0)$
(6) $(\sin x)' = \cos x$	(6) $\int \cos x\mathrm{d}x = \sin x + c$
(7) $(\cos x)' = -\sin x$	(7) $\int \sin x\mathrm{d}x = -\cos x + c$
(8) $(\tan x)' = \sec^2 x$	(8) $\int \sec^2 x\mathrm{d}x = \tan x + c$
(9) $(\cot x)' = -\csc^2 x$	(9) $\int \csc^2 x\mathrm{d}x = -\cot x + c$
(10) $(\sec x)' = \sec x\tan x$	(10) $\int \sec x\tan x\mathrm{d}x = \sec x + c$
(11) $(\csc x)' = -\csc x\cot x$	(11) $\int \csc x\cot x\mathrm{d}x = -\csc x + c$
(12) $(\arcsin x)' = \frac{1}{\sqrt{1-x^2}}$	(12) $\int \frac{1}{\sqrt{1-x^2}}\mathrm{d}x = \arcsin x + c$
(13) $(\arctan x)' = \frac{1}{1+x^2}$	(13) $\int \frac{1}{1+x^2}\mathrm{d}x = \arctan x + c$

不定积分的基本公式还不止这些.下面我们将利用不定积分的性质和目前这些基本积分公式,来求一些简单函数的不定积分.

例 3.3 求积分 $\int(\mathrm{e}^x - 3\cos x)\mathrm{d}x$.

解
$$\begin{aligned}\int(\mathrm{e}^x - 3\cos x)\mathrm{d}x &= \int\mathrm{e}^x\mathrm{d}x - 3\int\cos x\mathrm{d}x \\ &= \mathrm{e}^x + c_1 - 3\sin x + c_2 \\ &= \mathrm{e}^x - 3\sin x + c \quad (\text{其中 } c = c_1 + c_2)\end{aligned}$$

例 3.4　求积分$\int \frac{1}{x^3\sqrt{x}}\mathrm{d}x$.

解　把被积函数化为 x^μ 的形式,然后利用公式求解得:

$$\begin{aligned}\int \frac{1}{x^3\sqrt{x}}\mathrm{d}x &= \int x^{-3-\frac{1}{2}}\mathrm{d}x \\ &= \int x^{-\frac{7}{2}}\mathrm{d}x \\ &= \frac{1}{-\frac{7}{2}+1}x^{-\frac{7}{2}+1} + c \\ &= -\frac{2}{5}x^{-\frac{5}{2}} + c\end{aligned}$$

例 3.5　求积分$\int \frac{x^4}{1+x^2}\mathrm{d}x$.

解　$$\begin{aligned}\int \frac{x^4}{1+x^2}\mathrm{d}x &= \int \frac{x^4-1+1}{1+x^2}\mathrm{d}x = \int \frac{(x^2-1)(x^2+1)+1}{1+x^2}\mathrm{d}x \\ &= \int\left(x^2-1+\frac{1}{1+x^2}\right)\mathrm{d}x = \int x^2\mathrm{d}x - \int \mathrm{d}x + \int \frac{1}{1+x^2}\mathrm{d}x \\ &= \frac{1}{3}x^3 - x + \arctan x + c\end{aligned}$$

例 3.6　求积分$\int \cos^2 \frac{x}{2}\mathrm{d}x$.

解　$$\begin{aligned}\int \cos^2 \frac{x}{2}\mathrm{d}x &= \int \frac{1+\cos x}{2}\mathrm{d}x \\ &= \frac{1}{2}\int \mathrm{d}x + \frac{1}{2}\int \cos x\mathrm{d}x \\ &= \frac{1}{2}x + \frac{1}{2}\sin x + c\end{aligned}$$

例 3.7　求积分$\int 2^x\mathrm{e}^x\mathrm{d}x$.

解　$$\begin{aligned}\int 2^x\mathrm{e}^x\mathrm{d}x &= \int (2\mathrm{e})^x\mathrm{d}x = \frac{1}{\ln 2\mathrm{e}}(2\mathrm{e})^x + c \\ &= \frac{2^x\mathrm{e}^x}{1+\ln 2} + c\end{aligned}$$

注意:(1) 分项积分后,按理每个积分都有一个任意常数,但由于任意常数的和仍为任意常数,所以只要总的写出一个任意常数即可.

(2) 要想检验结果是否正确,只要将结果求导,看它的导数是否等于被积函数即可.

习题 3.1

1. 填空题.

(1) $\int d(x^3+1)=$ __________;

(2) $\int (\sqrt{x})'dx=$ __________;

(3) 若 $\int f(x)dx=x^5+\cos x+C$,则 $f(x)=$ __________.

2. 求下列不定积分:

(1) $\int (2x+3)dx$;

(2) $\int \sqrt{x}(x-3)dx$;

(3) $\int \dfrac{x^2}{x^2+1}dx$;

(4) $\int \dfrac{1}{x^2(x^2+1)}dx$;

(5) $\int \dfrac{e^{2t}-1}{e^t-1}dt$;

(6) $\int \cot^2 x dx$;

(7) $\int \dfrac{\sin 2x}{\sin x}dx$;

(8) $\int \sec x(\sec x-\tan x)dx$.

3. 已知动点在时刻 t 的速度为 $v=3t-2$,且 $t=0$ 时 $s=5$,求此动点的运动方程.

4. 已知曲线 $y=f(x)$ 过原点,且在点 (x,y) 处的切线斜率为 $k=4x+1$,求该曲线方程.

习题 3.1　参考答案

§3.2　不定积分的换元与分部积分法

利用不定积分的基本积分公式,只能求解一些简单函数的积分.我们注意到,由于积分运算缺少乘、除运算法则以及复合函数运算法则的支持,所以积分运算的难度要比求导运算难得多,即积分运算更强调公式与方法的运用.下面我们就来介绍不定积分运算的两种主要计算方法:换元积分法与分部积分法.

不定积分的换元(凑微分法 1)　　不定积分的换元(凑微分法 2)

3.2.1　换元积分法

换元积分法的指导思想就是通过改变积分变量来研究不定积分的求法,在这里我们要用到复合函数的求导法则和微分形式不变性,把复合函数的微分法反过来用于不定积分的计算.换元积分法通常分为两种形式,即第一类换元积分法和第二类换元积分法,然而不论是哪一类换元法,其根本都是变换积分变量.

3.2.1.1　第一类换元积分法(凑微分法)

首先,我们要认识到,对于每一个积分公式(或积分等式)

$$\int f(x)\mathrm{d}x = F(x) + C$$

都可以利用微分形式不变性推出一个相应的复合函数积分计算模型:

$$\int f(u)\mathrm{d}u = F(u) + C \quad (\text{其中 } u = u(x) \text{ 是 } x \text{ 的可微函数})$$

比如,我们知道 $\int \sin x\mathrm{d}x = -\cos x + C$,于是我们就有了一个关于正玄函数的复合函数积分计算模型:

$$\int \sin u\mathrm{d}u = -\cos u + C$$

有了这个计算模型,我们就能得到:

$$\int \sin 2x\mathrm{d}2x = -\cos 2x + C$$

$$\int \sin(\ln x)\mathrm{d}(\ln x) = -\cos(\ln x) + C$$

也就是说,利用一个可微的 u 函数来替代积分公式中的积分变量 x 后,其等式仍然成立,并能由此获取一个复合函数的积分计算模型.意识到这一点,是我们学会积分计算的关键.因此,我们所给出的每一个积分计算公式以及我们所得到的每一个积分结果,其实都能由此推出一个相应的不定积分计算模型.

接下来的训练就是我们如何来选定新的积分变量 u,并且用凑微分的技巧凑出 $\mathrm{d}u$,同时能够找到一个相应的积分计算模型去计算复合函数的不定积分.

定理 3.2(第一类换元积分法)　设 $f(u)$ 有原函数 $F(u)$,$u = u(x)$ 可导,则有换元积分公式:

$$\int f[u(x)]\cdot u'(x)\mathrm{d}x = \int f(u)\mathrm{d}u = F(u) + C$$

例 3.8　求积分 $\int (1+2x)^{2018}\mathrm{d}x$.

解 令 $u = 1 + 2x$,则被积函数变为 $(1+2x)^{2\,018} = u^{2\,018}$,现在只是缺少 $\mathrm{d}u$ 了.

因为 $\mathrm{d}u = \mathrm{d}(1+2x) = (1+2x)'\mathrm{d}x = 2\mathrm{d}x$,于是便有:

$$\begin{aligned}\int (1+2x)^{2\,018}\mathrm{d}x &= \frac{2}{2}\int (1+2x)^{2\,018}\mathrm{d}x = \frac{1}{2}\int (1+2x)^{2\,018}\mathrm{d}2x \\ &= \frac{1}{2}\int (1+2x)^{2\,018}\mathrm{d}(1+2x) \\ &= \frac{1}{2}\cdot\frac{1}{2\,019}(1+2x)^{2\,019} + C \\ &= \frac{1}{4\,038}(1+2x)^{2\,019} + C\end{aligned}$$

本例用到的积分计算模型是:$\int u^{\alpha}\mathrm{d}u = \frac{1}{\alpha+1}u^{\alpha+1} + C(\alpha \neq -1)$.

例 3.9 求积分 $\int \tan x\mathrm{d}x$.

解 $\int \tan x\mathrm{d}x = \int \frac{\sin x}{\cos x}\mathrm{d}x = -\int \frac{1}{\cos x}\mathrm{d}\cos x = -\ln|\cos x| + C$

本例用到的积分计算模型是:$\int \frac{1}{u}\mathrm{d}u = \ln|u| + C$. 类似还可以得到:

$$\int \cot x\mathrm{d}x = \int \frac{\cos x}{\sin x}\mathrm{d}x = \int \frac{1}{\sin x}\mathrm{d}\sin x = \ln|\sin x| + C$$

例 3.10 求积分 $\int \frac{1}{\sqrt{4-x^2}}\mathrm{d}x$.

解 $$\begin{aligned}\int \frac{1}{\sqrt{4-x^2}}\mathrm{d}x &= \int \frac{1}{2\sqrt{1-\left(\frac{x}{2}\right)^2}}\mathrm{d}x = \int \frac{1}{\sqrt{1-\left(\frac{x}{2}\right)^2}}\mathrm{d}\left(\frac{x}{2}\right) \\ &= \arcsin\frac{x}{2} + C\end{aligned}$$

本例用到的积分计算模型是:$\int \frac{1}{\sqrt{1-u^2}}\mathrm{d}u = \arcsin u + C$. 通过本例我们还可以得到如下积分计算模型:

$$\int \frac{1}{\sqrt{a^2-u^2}}\mathrm{d}u = \arcsin\frac{u}{a} + C(a \neq 0)$$

例 3.11 求积分 $\int \frac{1}{\sqrt{4x-x^2}}\mathrm{d}x$.

解 $$\begin{aligned}\int \frac{1}{\sqrt{4x-x^2}}\mathrm{d}x &= \int \frac{1}{\sqrt{4-4+4x-x^2}}\mathrm{d}x = \int \frac{1}{\sqrt{2^2-(x-2)^2}}\mathrm{d}x \\ &= \int \frac{1}{\sqrt{2^2-(x-2)^2}}\mathrm{d}(x-2) = \arcsin\frac{x-2}{2} + C\end{aligned}$$

例 3.12 求积分 $\int \frac{1}{a^2+x^2}\mathrm{d}x(a \neq 0)$.

解　$\int \frac{1}{a^2+x^2}dx = \frac{1}{a}\int \frac{1}{1+\left(\frac{x}{a}\right)^2}\cdot\frac{1}{a}dx = \frac{1}{a}\int \frac{1}{1+\left(\frac{x}{a}\right)^2}d\left(\frac{x}{a}\right)$

$$= \frac{1}{a}\arctan\frac{u}{a} + C(a \neq 0)$$

本例用到的积分计算模型是：$\int \frac{1}{1+u^2}du = \arctan u + C$.

例 3.13　求积分$\int xe^{x^2}dx$.

解　因为 $d(x^2) = 2xdx$，所以 $xdx = \frac{1}{2}d(x^2)$.

参照基本积分公式(3)的相应积分计算模型有：

$$\int xe^{x^2}dx = \frac{1}{2}\int e^{x^2}d(x^2) = \frac{1}{2}e^{x^2} + C$$

从以上几例可见，第一类换元积分法是一种非常有效的积分方法，其换元的主要手法就是凑微分，所以我们常把第一类换元积分法称为**凑微分法**. 因此，把微分公式反过来用就显得尤为重要.

下面介绍一些常会用到的凑微分的技巧.

(1) $d(u) = d(u + C)$　（其中 $u = u(x)$ 是任意可微函数，C 可以是任意常数）；

(2) $dx = \frac{1}{a}d(ax) = \frac{1}{a}d(ax+b)$　（其中 a、b 可以是任意不为零的常数）；

(3) $\frac{1}{\sqrt{x}}dx = 2d(\sqrt{x})$；

(4) $\frac{1}{x}dx = d(\ln x)$；

(5) $x^{n-1}dx = \frac{1}{n}d(x^n)$；

(6) $\sin x dx = -d(\cos x)$；

(7) $\cos x dx = d(\sin x)$；

(8) $\sec^2 x dx = d(\tan x)$；

(9) $\csc^2 x dx = -d(\cot x)$；

(10) $\sec x \tan x dx = d(\sec x)$；

(11) $\csc x \cot x dx = -d(\csc x)$；

(12) $e^x dx = d(e^x)$；

(13) $e^{-x}dx = -d(e^{-x})$；

(14) $e^{kx}dx = \frac{1}{k}d(e^{kx})$；

(15) $\frac{1}{\sqrt{1-x^2}}dx = d(\arcsin x) = -d(\arccos x)$；

(16) $\frac{1}{1+x^2}dx = d(\arctan x) = -d(\text{arccot}\, x)$.

例 3.14　求积分$\int \frac{1+\ln x}{x}dx$.

解　$\int \frac{1+\ln x}{x}dx = \int(1+\ln x)d(\ln x) = \int(1+\ln x)d(1+\ln x)$

$$= \frac{1}{2}(1+\ln x)^2 + C$$

例 3.15 求积分$\int \frac{1}{x^2 - a^2}dx (a \neq 0)$.

解 因为

$$\frac{1}{x^2 - a^2} = \frac{1}{(x-a)(x+a)} = \frac{1}{2a}\left(\frac{1}{x-a} - \frac{1}{x+a}\right)$$

所以

$$\begin{aligned}\int \frac{1}{x^2 - a^2}dx &= \frac{1}{2a}\int\left(\frac{1}{x-a} - \frac{1}{x+a}\right)dx \\ &= \frac{1}{2a}\left[\int \frac{1}{x-a}d(x-a) - \int \frac{1}{x+a}d(x+a)\right] \\ &= \frac{1}{2a}(\ln|x-a| - \ln|x+a|) + C = \frac{1}{2a}\ln\left|\frac{x-a}{x+a}\right| + C\end{aligned}$$

例 3.16 求积分$\int \frac{1}{x(1+x^6)}dx$.

解
$$\begin{aligned}\int \frac{1}{x(1+x^6)}dx &= \int \frac{x^5}{x^6(1+x^6)}dx = \frac{1}{6}\int \frac{1}{x^6(1+x^6)}dx^6 \\ &= \frac{1}{6}\int\left(\frac{1}{x^6} - \frac{1}{1+x^6}\right)dx^6 = \frac{1}{6}\left(\int \frac{1}{x^6}dx^6 - \int \frac{1}{1+x^6}d(1+x^6)\right) \\ &= \frac{1}{6}[\ln x^6 - \ln(1+x^6)] + C = \frac{1}{6}\ln\frac{x^6}{1+x^6} + C\end{aligned}$$

例 3.17 求积分$\int \csc x dx$.

解
$$\begin{aligned}\int \csc x dx &= \int \frac{1}{\sin x}dx = \int \frac{1}{2\sin\frac{x}{2}\cos\frac{x}{2}}dx = \int \frac{1}{\tan\frac{x}{2}\cos^2\frac{x}{2}}d\left(\frac{x}{2}\right) \\ &= \int \frac{1}{\tan\frac{x}{2}} \cdot \sec^2\frac{x}{2}d\left(\frac{x}{2}\right) = \int \frac{1}{\tan\frac{x}{2}}d\left(\tan\frac{x}{2}\right) = \ln\left|\tan\frac{x}{2}\right| + C\end{aligned}$$

由于

$$\tan\frac{x}{2} = \frac{\sin\frac{x}{2}}{\cos\frac{x}{2}} = \frac{2\sin^2\frac{x}{2}}{2\sin\frac{x}{2}\cos\frac{x}{2}} = \frac{1-\cos x}{\sin x} = \csc x - \cot x$$

所以

$$\int \csc x dx = \ln|\csc x - \cot x| + C$$

同理可得:

$$\int \sec x dx = \ln|\sec x + \tan x| + C$$

3.2.1.2　第二类换元积分法

第一类换元积分法能解决许多复合函数不定积分的计算，其关键是根据具体的被积函数，进行适当的凑微分后，再依托于由某一个基本积分公式所得到的积分计算模型进行积分计算. 但是，有一些被积函数是不容易凑微分的，因此就要尝试做另外一种变量替换来改变被积表达式的结构，使之变成基本积分公式表中的某一个积分形式.这就产生了第二类换元积分法.

不定积分的换元
（第二类换元积分法）

定理 3.3（第二类换元积分法）

设函数 $x=\varphi(t)$ 单调可导，且 $\varphi'(t)\neq 0$，$f[\varphi(t)]\varphi'(t)$ 的原函数 $F(t)$ 存在，则有换元积分公式：

$$\int f(x)\,\mathrm{d}x \xlongequal{\text{令 } x=\varphi(t)} \int f[\varphi(t)]\varphi'(t)\,\mathrm{d}t = F(t)+C$$

在积分结束后要回代 $t=\varphi^{-1}(x)$.

第二类换元积分法在运用的过程中是非常灵活的，下面介绍其中的几种代换技巧.

（1）根式代换法.

在被积函数含有一次函数的根式时，为暂时让根式消失，可直接设根式等于 t 进行变换，在求出对新变量 t 的原函数后，再代回原积分变量 x 得到所求的不定积分.

例 3.18　求积分 $\int \frac{1}{1-\sqrt{2x+1}}\mathrm{d}x$.

解　设 $\sqrt{2x+1}=t$，则 $x=\frac{1}{2}(t^2-1)$，$\mathrm{d}x=t\mathrm{d}t$，可得：

$$\begin{aligned}\int \frac{1}{1-\sqrt{2x+1}}\mathrm{d}x &= \int \frac{1}{1-t}t\mathrm{d}t = \int \frac{t-1+1}{1-t}\mathrm{d}t \\ &= -\int \mathrm{d}t + \int \frac{1}{1-t}\mathrm{d}t = -\int \mathrm{d}t + \int \frac{1}{1-t}\mathrm{d}t \\ &= -t - \int \frac{1}{1-t}\mathrm{d}(1-t) = -t-\ln|1-t|+C \\ &= -\sqrt{2x+1}-\ln\left|1-\sqrt{2x+1}\right|+C\end{aligned}$$

例 3.19　求积分 $\int \frac{1}{x+\sqrt[3]{x}}\mathrm{d}x$.

解　设 $\sqrt[3]{x}=t$，则 $x=t^3$，$\mathrm{d}x=3t^2\mathrm{d}t$，可得：

$$\begin{aligned}\int \frac{1}{x+\sqrt[3]{x}}\mathrm{d}x &= \int \frac{1}{t^3+t}\cdot 3t^2\mathrm{d}t = 3\int \frac{t}{t^2+1}\mathrm{d}t = \frac{3}{2}\int \frac{1}{t^2+1}\mathrm{d}(t^2+1) \\ &= \frac{3}{2}\ln|t^2+1|+C = \frac{3}{2}\ln\left|\sqrt[3]{x^2}+1\right|+C\end{aligned}$$

（2）转移代换法.

例 3.20　求积分 $\int x^2(x+3)^{50}\mathrm{d}x$.

解　在本例中，如果想要直接套用基本积分公式，就必须展开 50 次方的多项式，显然这么做非常麻烦,因此我们可用第二类换元积分的转移代换法解决.

令 $x+3=t$,,则 $x=t-3$,$\mathrm{d}x=\mathrm{d}t$,可得:

$$\begin{aligned}\int x^2(x+3)^{50}\mathrm{d}x&=\int(t-3)^2t^{50}\mathrm{d}t=\int(t^2-6t+9)t^{50}\mathrm{d}t\\&=\int(t^{52}-6t^{51}+9t^{50})\mathrm{d}t=\frac{1}{53}t^{53}-\frac{6}{52}t^{52}+\frac{9}{51}t^{51}+C\\&=\frac{1}{53}(x+3)^{53}-\frac{3}{26}(x+3)^{52}+\frac{3}{17}(x+3)^{51}+C\end{aligned}$$

例 3.21 求积分 $\int\frac{x^2}{(x+1)^5}\mathrm{d}x$.

解 令 $x+1=t$,,则 $x=t-1$,$\mathrm{d}x=\mathrm{d}t$,可得:

$$\begin{aligned}\int\frac{x^2}{(x+1)^5}\mathrm{d}x&=\int\frac{(t-1)^2}{t^5}\mathrm{d}t=\int\frac{t^2-2t+1}{t^5}\mathrm{d}t\\&=\int(t^{-3}-2t^{-4}+t^{-5})\mathrm{d}x=-\frac{1}{2}t^{-2}+\frac{2}{3}t^{-3}-\frac{1}{4}t^{-4}+C\\&=-\frac{1}{2}(x+1)^{-2}+\frac{2}{3}(x+1)^{-3}-\frac{1}{4}(x+1)^{-4}+C\end{aligned}$$

(3)倒代法.

例 3.22 求积分 $\int\frac{1}{x\sqrt{x^2-1}}\mathrm{d}x$.

解 令 $x=\frac{1}{t}$,则 $\mathrm{d}x=-\frac{1}{t^2}\mathrm{d}t$,可得:

$$\begin{aligned}\int\frac{1}{x\sqrt{x^2-1}}\mathrm{d}x&=\int\frac{t}{\sqrt{\left(\frac{1}{t}\right)^2-1}}\left(-\frac{1}{t^2}\right)\mathrm{d}t\\&=-\int\frac{1}{\sqrt{1-t^2}}\mathrm{d}t\\&=\arccos t+C\\&=\arccos\frac{1}{x}+C\end{aligned}$$

3.2.2 分部积分法

虽然说积分运算缺少乘法运算法则的支持,但是我们可以借助两个函数的微分运算法则来推导积分运算的另一种基本方法——分部积分法.

不定积分的分部积分法

设 $u=u(x)$,$v=v(x)$ 均是 x 的连续可微函数,则有如下微分运算法则:

$$\mathrm{d}[u(x)v(x)]=v(x)\mathrm{d}u(x)+u(x)\mathrm{d}v(x)$$

移项得:

$$u(x)dv(x) = d[u(x)v(x)] - v(x)du(x)$$

在这个等式两边同时求不定积分便可得到如下分部积分公式：

$$\int u(x)dv(x) = u(x)v(x) - \int v(x)du(x)$$

分部积分法是不定积分的一种基本方法，它是通过分部积分公式，巧妙地把积分$\int u(x)dv(x)$的运算转化成积分$\int v(x)du(x)$的运算，而这种转化有时可以起到"柳暗花明又一村"的效果.

例 3.23　求积分$\int \ln x dx$.

解　本例中，我们无法用换元积分法来运算，但如果设 $u(x) = \ln x, v = x$，

则利用分部积分公式可得：

$$\int \ln x dx = x\ln x - \int x d(\ln x) = x\ln x - \int x(\ln x)'dx$$

$$= x\ln x - \int x \frac{1}{x}dx = x\ln x - \int dx = x\ln x - x + C$$

从例 3.23 中我们可以看出，分部积分法的指导思想就是通过 u 函数与 v 函数的换位，然后对 u 函数求导数以达到改变原被积表达式的结构的目的，因此这个方法的**亮点**就是公式右边的 $du(x) = u'(x)dx$. 为此，有时为了达到这个目的，我们还要用凑微分方法去凑出一个 v 函数.

例 3.24　求积分$\int x^{15}\ln x dx$.

解　$\int x^{15}\ln x dx = \frac{1}{16}\int \ln x dx^{16} = \frac{1}{16}[x^{16}\ln x - \int x^{16}d(\ln x)]$

$$= \frac{1}{16}(x^{16}\ln x - \int x^{16}\frac{1}{x}dx) = \frac{1}{16}(x^{16}\ln x - \int x^{15}dx)$$

$$= \frac{1}{16}(x^{16}\ln x - \frac{1}{16}x^{16}) + C = \frac{x^{16}}{16}(\ln x - \frac{1}{16}) + C$$

通过例 3.24 我们可以体会到，凑 v 函数只是手段，而通过求导改变 u 函数的结构或使其更简单才是目的.

例 3.25　求积分$\int xe^x dx$.

解　$\int xe^x dx = \int x de^x = xe^x - \int e^x dx = xe^x - e^x + C$

例 3.26　求积分$\int x^2 \sin x dx$.

解　$\int x^2\sin x dx = -\int x^2 d\cos x = -(x^2\cos x - \int \cos x dx^2)$

$$= -x^2\cos x + 2\int x\cos x dx = -x^2\cos x + 2\int x d\sin x$$

$$= -x^2\cos x + 2(x\sin x - \int \sin x dx)$$

$$= -x^2\cos x + 2x\sin x + 2\cos x + C$$

例 3.27　求积分$\int \arcsin x \mathrm{d}x$.

解　同例 3.23 一样,把积分变量 x 看成 v 函数,可得:

$$\begin{aligned}\int \arcsin x \mathrm{d}x &= x\arcsin x - \int x \mathrm{d}(\arcsin x)\\ &= x\arcsin x - \int \frac{x}{\sqrt{1-x^2}}\mathrm{d}x\\ &= x\arcsin x + \frac{1}{2}\int \frac{1}{\sqrt{1-x^2}}\mathrm{d}(1-x^2)\\ &= x\arcsin x + \sqrt{1-x^2} + C\end{aligned}$$

同理我们还可以求出:

$$\int \arccos x \mathrm{d}x = x\arccos x - \sqrt{1-x^2} + C$$

$$\int \arctan x \mathrm{d}x = x\arctan x - \frac{1}{2}\ln(1+x^2) + C$$

$$\int \mathrm{arccot}\, x \mathrm{d}x = x\,\mathrm{arccot}\, x + \frac{1}{2}\ln(1+x^2) + C$$

通过以上各例可以看到,由于分部积分法是通过求导数来改变 u 函数的结构或使其更简单,所以我们必须对基本初等函数的导数公式要有一个更深层次的认识,即哪些函数可以通过求导数改变其函数的结构或使其更简单,而哪些函数根本做不到这点.显然,前者更适合选为 u 函数.为此,我们总结如下:

更适合选为 u 函数的有:对数函数、反三角函数、幂函数(当指数大于零时).而指数函数、三角函数以及幂函数(当指数小于零时)凑微分比较方便,更适合用来凑成 v 函数.

在积分的计算中,往往需要兼用换元积分法与分部积分法,这也是我们计算积分时常用的两种主要的方法.

例 3.28　求积分$\int \mathrm{e}^{\sqrt{x}}\mathrm{d}x$.

解　令$\sqrt{x}=t$,则 $x=t^2$,$\mathrm{d}x=2t\mathrm{d}t$,可得:

$$\begin{aligned}\int \mathrm{e}^{\sqrt{x}}\mathrm{d}x &= 2\int t\mathrm{e}^t\mathrm{d}t = 2\int t\mathrm{d}\mathrm{e}^t = 2\left(t\mathrm{e}^t - \int \mathrm{e}^t\mathrm{d}t\right)\\ &= 2(t\mathrm{e}^t - \mathrm{e}^t) + C = 2(\sqrt{x}-1)\mathrm{e}^{\sqrt{x}} + C\end{aligned}$$

最后给大家介绍分部积分法中的一种常用技巧 —— 还原法.有些不定积分在求解过程中,经过若干次分部后会还原成所求的不定积分,这样我们就能获取所求不定积分满足的一个简单方程,然后通过方程求解所要计算的不定积分,这就是还原法.

例 3.29　求积分$\int \mathrm{e}^x\sin x\mathrm{d}x$.

解　因为

$$\begin{aligned}\int \mathrm{e}^x\sin x\mathrm{d}x &= \int \sin x\mathrm{d}\mathrm{e}^x = \mathrm{e}^x\sin x - \int \mathrm{e}^x\mathrm{d}\sin x\\ &= \mathrm{e}^x\sin x - \int \mathrm{e}^x\cos x\mathrm{d}x\end{aligned}$$

$$= e^x\sin x - \int\cos x\mathrm{d}e^x$$

$$= e^x\sin x - [e^x\cos x - \int e^x(-\sin x)\mathrm{d}x]$$

$$= e^x(\sin x - \cos x) - \int e^x\sin x\mathrm{d}x$$

所以

$$\int e^x\sin x\mathrm{d}x = \frac{1}{2}e^x(\sin x - \cos x) + C$$

例 3.30　求积分$\int\sec^3 x\mathrm{d}x$.

解　因为

$$\int\sec^3 x\mathrm{d}x = \int\sec x\sec^2 x\mathrm{d}x = \int\sec x\mathrm{d}\tan x$$

$$= \sec x\tan x - \int\tan x\sec x\tan x\mathrm{d}x$$

$$= \sec x\tan x - \int\tan^2 x\sec x\mathrm{d}x$$

$$= \sec x\tan x - \int(\sec^2 x - 1)\sec x\mathrm{d}x$$

$$= \sec x\tan x - \int\sec^3 x\mathrm{d}x + \int\sec x\mathrm{d}x$$

所以,我们通过移项后再合并同类项便可得到:

$$\int\sec^3 x\mathrm{d}x = \frac{1}{2}(\sec x\tan x + \int\sec x\mathrm{d}x)$$

$$= \frac{1}{2}(\sec x\tan x + \ln|\sec x + \tan x|) + C$$

在本节例题中我们还可以得到如下基本积分公式:

(14) $\int\tan x\mathrm{d}x = -\ln|\cos x| + C$;

(15) $\int\cot x\mathrm{d}x = \ln|\sin x| + C$;

(16) $\int\sec x\mathrm{d}x = \ln|\sec x + \tan x| + C$;

(17) $\int\csc x\mathrm{d}x = \ln|\csc x - \cot x| + C$;

(18) $\int\frac{1}{x^2 + a^2}\mathrm{d}x = \frac{1}{a}\arctan\frac{x}{a} + C(a \neq 0)$;

(19) $\int\frac{1}{x^2 - a^2}\mathrm{d}x = \frac{1}{2a}\ln\left|\frac{x - a}{x + a}\right| + C(a \neq 0)$;

(20) $\int\frac{1}{\sqrt{a^2 - x^2}}\mathrm{d}x = \arcsin\frac{x}{a} + C(a \neq 0)$;

(21) $\int\ln x\mathrm{d}x = x\ln x - x + C$;

(22) $\int \arcsin x \mathrm{d}x = x\arcsin x + \sqrt{1-x^2} + C$;

(23) $\int \arccos x \mathrm{d}x = x\arccos x - \sqrt{1-x^2} + C$;

(24) $\int \arctan x \mathrm{d}x = x\arctan x - \frac{1}{2}\ln(1+x^2) + C$;

(25) $\int \mathrm{arccot} x \mathrm{d}x = x\mathrm{arccot} x + \frac{1}{2}\ln(1+x^2) + C$.

3.2.3 不定积分的应用

例 3.31 设某产品产量为 Q 时，其边际成本为 $C'(Q)=2Q+6$(千元/单位)，且已知生产的固定成本为 9(千元)，求生产成本 $C(Q)$.

解 据题意可知：

$$C(Q)=\int C'(Q)dQ=\int(2Q+6)dQ=Q^2+6Q+C$$

因为固定成本为 9(千元)，即 $C(0)=9$，代入上式可得 $C=9$.

因此所求生产成本为：

$$C(Q)=Q^2+6Q+9$$

例 3.32 某投资集团准备用现有资金投资一个项目，经过反复论证，其资本形成速度为 $v(t)=8t^{\frac{1}{3}}$(万元/年). 如果原始资本积累为 100(万元)，试求资本总量函数以及 8 年后的资本积累总量.

解 设资本积累的总量函数为 $S(t)$，则 $v(t)=S'(t)$，从而可得：

$$S(t)=\int S'(t)\mathrm{d}t=\int v(t)\mathrm{d}t=\int 8t^{\frac{1}{3}}\mathrm{d}t=6t^{\frac{4}{3}}+C$$

将 $S(0)=100$ 代入 $S(t)=6t^{\frac{4}{3}}+C$，得 $C=100$. 因此所求资本总量函数为：

$$S(t)=6t^{\frac{4}{3}}+100$$

8 年后的资本积累的总量为：

$$S(8)=6\times 8^{\frac{4}{3}}+100=196(\text{万元})$$

例 3.33 已知某企业产品的边际成本为 5(元/件)，生产该产品的固定成本为 200 元，如果边际收益 $R'(x)=10-0.02x$，求企业生产该产品 x 件时的利润函数.

解 设利润函数为 $L(x)$，总成本函数为 $C(x)$，总收益函数为 $R(x)$，则有：

$$C(x)=\int C'(x)\mathrm{d}x=\int 5\mathrm{d}x=5x+C_1$$

$$R(x)=\int R'(x)\mathrm{d}x=\int(10-0.02x)\mathrm{d}x=10x-0.01x^2+C_2$$

据题意可知 $C(0)=200$，$R(0)=0$，分别代入以上各式可得：

$$C_1=200,\quad C_2=0$$

所以

$$C(x)=5x+200,\quad R(x)=10x-0.01x^2$$

因此，所求利润函数为：

$$L(x)=R(x)-C(x)=5x-0.01x^2-200$$

不定积分的计算是微积分学中各种计算技能中的难点，同时也是计算定积分的基础.熟练掌握基本积分公式及其相应的积分计算模型，是我们学好不定积分的基础.学习时大家要善于根据被积函数的特点选用适当的积分方法，用类比、归纳的思维方式，总结所解习题的规律来达到解题的目的.

最后，我们要告诉大家的是：不是所有的初等函数的积分都能积出来.对于有些简单的初等函数，由于其原函数往往不能用初等函数来表示，因此，这些函数的积分无法用目前的方法来计算，而需要用其他数学方法去解决，$\int e^{x^2}dx$，$\int \frac{\sin x}{x}dx$，$\int \frac{1}{\ln x}dx$，$\int \sin x^2dx$，等等，所以积分的计算更强调公式的运用与技能的掌握.

习题 3.2

1. 请在下列括号中填写正确的内容：

(1) $x dx = (\quad) d(3x^2+1)$；　(2) $dx = (\quad) d(3-2x)$；

(3) $e^{-5x}dx = (\quad) d(e^{-5x})$；　(4) $\frac{1}{x^2}dx = d(\quad)$；

(5) $\sin 3x dx = (\quad) d(\cos 3x)$；　(6) $\sec^2\frac{x}{2}dx = (\quad) d(\tan\frac{x}{2})$；

(7) $\frac{1}{x}dx = (\quad) d(1-3\ln x)$；　(8) $\frac{1}{\sqrt{x}}dx = (\quad) d(7\sqrt{x}+3)$；

(9) $\frac{1}{3x+1}dx = (\quad) d[\ln(3x+1)]$；

(10) $\frac{1}{\sqrt{2-3x}}dx = (\quad) d(\sqrt{2-3x})$.

2. 用换元积分法求下列不定积分：

(1) $\int (2-3x)^5dx$；　(2) $\int x\sqrt{1+x^2}dx$；

(3) $\int \frac{1}{2-3x}dx$；　(4) $\int 10^{2x}dx$；

(5) $\int \frac{1}{1+4x^2}dx$；　(6) $\int xe^{-x^2}dx$；

(7) $\int \frac{(\ln x)^3}{x}dx$；　(8) $\int \frac{1}{x\ln x}dx$；

(9) $\int \sec^2 x\tan x dx$；　(10) $\int \sin^2 x dx$；

(11) $\int \frac{e^x}{1+e^x}dx$；　(12) $\int \frac{1}{1+e^x}dx$；

(13) $\int \frac{1}{\sqrt{x}(1+\sqrt{x})}dx$；　(14) $\int \frac{1}{\sqrt{x}(1+x)}dx$；

(15) $\int \frac{1}{1+\cos x}\mathrm{d}x$;　　(16) $\int \frac{1}{x(1+x^3)}\mathrm{d}x$;

(17) $\int \frac{\arcsin x}{\sqrt{1-x^2}}\mathrm{d}x$;　　(18) $\int \frac{(\arctan x)^2}{1+x^2}\mathrm{d}x$;

(19) $\int \frac{\sqrt{x}}{1+x}\mathrm{d}x$;　　(20) $\int \frac{x}{\sqrt{x-1}}\mathrm{d}x$;

(21) $\int x(3x+1)^{20}\mathrm{d}x$;　　(22) $\int \frac{x^2}{(1-x)^3}\mathrm{d}x$.

3. 用分部积分法求下列不定积分:

(1) $\int x\cos 3x\mathrm{d}x$;　　(2) $\int \frac{x}{\sin^2 x}\mathrm{d}x$;

(3) $\int x\mathrm{e}^{-2x}\mathrm{d}x$;　　(4) $\int \arctan 2x\mathrm{d}x$;

(5) $\int \frac{\ln x}{\sqrt{x}}\mathrm{d}x$;　　(6) $\int \ln(x+\sqrt{1+x^2})\mathrm{d}x$;

(7) $\int \sqrt{1+\mathrm{e}^x}\mathrm{d}x$;　　(8) $\int \mathrm{e}^x\cos x\mathrm{d}x$.

4. 已知某产品产量$f(x)$的变化率为时间t的函数,且$f'(t)=2t+1(t\geqslant 0)$,求产量函数$f(t)$.

5. 已知某厂生产x单位商品的边际成本为$C'(x)=5+0.02x$(元/单位),又固定成本$C_0=200$元,求总成本函数$C(x)$.

习题 3.2　参考答案

§3.3　定积分的概念与性质

定积分是积分学中的一个重要概念. 它是一种特定和式的极限问题,是处理不均匀量"求和"的一个有力工具. 定积分不论在理论上还是在实际应用中都有着十分重要的意义.

3.3.1　定积分概念的两个引例

3.3.1.1　曲边梯形的面积计算

曲边梯形是指这样的图形,它有三条边是直线段,其中两条是平行的,第三条与前两条垂直,叫作底边,第四条边是一条曲线弧,叫作曲边,这条曲边与任意一条垂直于底边的直线至多只交于一点(见图 3 - 2).

设连续函数 $y = f(x) \geqslant 0 (x \in [a,b])$,求由曲边 $y = f(x)$,直线 $x = a$,$x = b$ 及 x 轴所围成的曲边梯形的面积 A.

定积分的概念

(1) 分割.

在区间$[a,b]$上任意插入 $n-1$ 个分点:

$$a = x_0 < x_1 < x_2 < \cdots < x_{i-1} < x_i < \cdots < x_{n-1} < x_n = b$$

区间$[a,b]$分划成 n 个小区间 $I_i = [x_{i-1}, x_i]$,且记小区间的长度为:

$$\Delta x_i = x_i - x_{i-1} \quad (i = 1,2,\cdots,n)$$

过每个分点做平行于 y 轴的直线段,这些直线段将曲边梯形分划成 n 个窄小的曲边梯形,将 ΔA_i 记为第 i 个窄小的曲边梯形的面积.

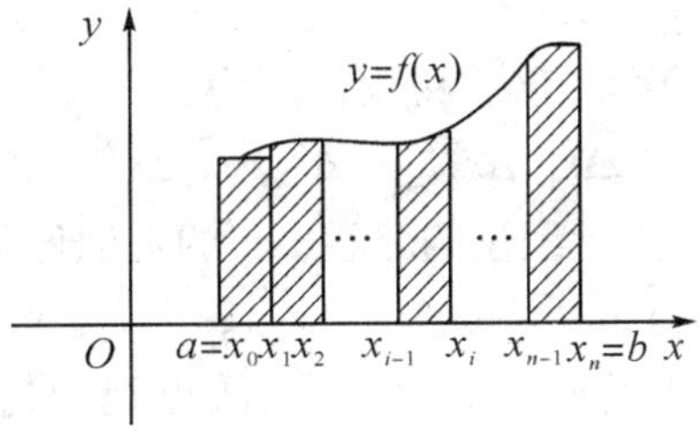

图 3 - 2

(2) 近似替代.

由于曲边梯形的高在$[a,b]$上是连续变化的,在很短小的一段区间上它的变化也很小,而连续函数在自变量变化很小时,函数值的变化也很小.因此,在每个小区间上,可用其中某一点的高来近似代替该小区间上小曲边梯形的变化高,并用相应的小矩形面积来近似替代小曲边梯形的面积.具体地有:

对第 i 个窄小曲边梯形,在其对应区间 $I_i = [x_{i-1}, x_i]$ 上任意地取一点 ξ_i,以 $f(\xi_i)$ 作为近似高,以矩形面积 $f(\xi_i)\Delta x_i$ 近似替代 ΔA_i.

即:

$$\Delta A_i \approx f(\xi_i)\Delta x_i (\forall \xi_i \in [x_{i-1}, x_i], i = 1,2,\cdots,n)$$

(3) 求和.

由上述步骤可得:

$$A = \sum_{i=1}^{n} \Delta A_i \approx \sum_{i=1}^{n} f(\xi_i)\Delta x_i$$

(4) 取极限.

很明显地,小区间 $I_i = [x_{i-1}, x_i]$ 的长度 Δx_i 越小,$\Delta A_i \approx f(\xi_i)\Delta x_i$ 近似替代的程度就越好;要使得 $A \approx \sum_{i=1}^{n} f(\xi_i)\Delta x_i$ 的近似程度越好,只需 $\Delta x_1, \Delta x_2, \cdots, \Delta x_n$ 都越来越小.因此,为了得到面积 A 的精确值,我们只需将区间$[a,b]$无限地细分,使得每个小区间的长度都趋向于零.

若记 $\lambda = \max\{\Delta x_1, \Delta x_2, \cdots, \Delta x_n\}$,则当 $\lambda \to 0$ 时,每个小区间的长度都会趋向于零,从而得到:

$$A=\lim_{\lambda\to 0}\sum_{i=1}^{n}f(\xi_i)\Delta x_i$$

3.3.1.2　变速直线运动的路程

设某物体做直线运动，已知速度 $v=v(t)$ 是时间间隔 $[T_1,T_2]$ 上的连续函数，且 $v(t)\geqslant 0$，求物体在时间间隔内的运动方程(即路程函数).

我们先在时间间隔 $[T_1,T_2]$ 内任意插入 $n-1$ 个分点：

$$T_1=t_0<t_1<t_2<\cdots<t_{i-1}<t_i<\cdots<t_{n-1}<t_n=T_2$$

这样就将时间间隔区间 $[T_1,T_2]$ 划分成了 n 个小时间区间：

$$[t_0,t_1]\quad[t_1,t_2]\quad\cdots\quad[t_{i-1},t_i]\quad\cdots\quad[t_{n-1},t_n]$$

各时间区间的长度依次为：

$$\Delta t_1=t_1-t_0,\Delta t_2=t_2-t_1,\cdots,\Delta t_i=t_i-t_{i-1},\cdots,\Delta t_n=t_n-t_{n-1}$$

记各时间区间内物体运动所经过的路程依次为：

$$\Delta s_1,\Delta s_2,\cdots,\Delta s_i,\cdots,\Delta s_n$$

在时间间隔 $[t_{i-1},t_i]$ 内物体所经过的路程 Δs_i 的近似值为：

$$\Delta s_i\approx v(\xi_i)\Delta t_i\quad(\forall\xi_i\in[t_{i-1},t_i],i=1,2,\cdots,n)$$

即：由于物体在 $[t_{i-1},t_i]$ 上的速度变化不大，故可视为匀速的，并以 $v(\xi_i)$ 来近似代替.很自然地，当 $[t_{i-1},t_i]$ 这一时间间隔段很短时，这种近似是合理的.

于是便可得到 s 的近似值：

$$s=\sum_{i=1}^{n}\Delta s_i\approx\sum_{i=1}^{n}v(\xi_i)\Delta t_i$$

为得到 s 的精确值，只需让每个小时间间隔段的长 $\Delta t_1,\Delta t_2,\cdots,\Delta t_i,\cdots,\Delta t_n$ 均趋向于零.若记 $\lambda=\max\{\Delta t_1,\Delta t_2,\cdots,\Delta t_i,\cdots,\Delta t_n\}$，则：

$$s=\lim_{\lambda\to 0}\sum_{i=1}^{n}v(\xi_i)\Delta t_i$$

上述两例，尽管其实际意义不同，但有两点是一致的：

(1) 曲边梯形的面积值 A 由高 $y=f(x)$ 及 x 的变化区间 $[a,b]$ 来决定；变速直线运动的路程 s 由速度 $v=v(t)$ 及 t 的变化区间 $[T_1,T_2]$ 来决定.

(2) 计算 A 与 s 的方法、步骤相同，且均可归结到一种结构完全相同的和式极限：

$$A=\lim_{\lambda\to 0}\sum_{i=1}^{n}f(\xi_i)\Delta x_i;\qquad s=\lim_{\lambda\to 0}\sum_{i=1}^{n}v(\xi_i)\Delta t_i$$

这种特定和式的极限问题，在许多实际问题的讨论中具有广泛的代表性.我们如果抛开这些问题的具体实际意义，抓住它们在数量关系上共同的本质加以概括，便可给出定积分的定义.

3.3.2　定积分的定义

定义 3.3　设函数 $f(x)$ 是定义在区间 $[a,b]$ 上的有界函数，用分点

$$a=x_0<x_1<x_2<\cdots<x_{i-1}<x_i<\cdots<x_{n-1}<x_n=b$$

把区间 $[a,b]$ 划分成 n 个小区间：

$$[x_0,x_1]\quad[x_1,x_2]\cdots[x_{i-1},x_i]\cdots[x_{n-1},x_n]$$

各区间的长度依次记为：

$$\Delta x_1=x_1-x_0,\Delta x_2=x_2-x_1,\cdots,\Delta x_i=x_i-x_{i-1},\cdots,\Delta x_n=x_n-x_{n-1}$$

在每个小区间$[x_{i-1},x_i]$上任取一点$\xi_i(x_{i-1}\leqslant\xi_i\leqslant x_i)$，做和式：

$$s=\sum_{i=1}^{n}f(\xi_i)\Delta x_i$$

记$\lambda=\max\{\Delta x_1,\Delta x_2,\cdots,\Delta x_n\}$，如果不论对如何划分区间$[a,b]$，也不论在小区间$[x_{i-1},x_i]$上如何选取点$\xi_i$，只要当$\lambda\to 0$时，和$s_n$总趋于确定的极限$I$，我们就称这个极限$I$为函数$f(x)$在区间$[a,b]$上的定积分，记为：

$$\int_a^b f(x)\,\mathrm{d}x=I=\lim_{\lambda\to 0}\sum_{i=1}^{n}f(\xi_i)\Delta x_i$$

其中$f(x)$叫作被积函数，$f(x)\,\mathrm{d}x$叫作被积表达式，x叫作积分变量，$[a,b]$叫作积分区间，a叫作积分下限，b叫作积分上限.

注意：

(1) 如果积分和式的极限存在，则定积分是个常量；

(2) 定积分只与被积函数和积分区间有关，而与积分变量的记号无关，即：

$$\int_a^b f(x)\,\mathrm{d}x=\int_a^b f(t)\,\mathrm{d}t=\int_a^b f(u)\,\mathrm{d}u$$

(3) 如果$f(x)$在$[a,b]$上的定积分存在，我们就说$f(x)$在$[a,b]$上可积，并且约定：

①$\int_a^b f(x)\,\mathrm{d}x=-\int_b^a f(x)\,\mathrm{d}x$；　　　②$\int_a^a f(x)\,\mathrm{d}x=0$.

3.3.3　定积分的性质与几何意义

3.3.3.1　定积分的性质

定积分的性质
与几何意义

设函数$f(x)$，$g(x)$在$[a,b]$上可积，则有：

性质 3.4　两个函数代数和的定积分等于它们定积分的代数和，即：

$$\int_a^b[f(x)\pm g(x)]\,\mathrm{d}x=\int_a^b f(x)\,\mathrm{d}x\pm\int_a^b g(x)\,\mathrm{d}x$$

性质 3.5　被积函数的常数因子可以提到积分号外，即：

$$\int_a^b kf(x)\,\mathrm{d}x=k\int_a^b f(x)\,\mathrm{d}x\quad(k\text{ 是常数})$$

性质 3.6　如果积分区间$[a,b]$被分点c分成区间$[a,c]$和$[c,b]$，则：

$$\int_a^b f(x)\,\mathrm{d}x=\int_a^c f(x)\,\mathrm{d}x+\int_c^b f(x)\,\mathrm{d}x$$

当点c在区间$[a,b]$外时，上面表达式也成立. 性质3.6又称为积分区间的可加性，每当我们无法确定被积函数时可用此性质.

性质 3.7(定积分的保号性)　如果在区间$[a,b]$上恒有$f(x)\geqslant 0$，则：

$$\int_a^b f(x)\,\mathrm{d}x\geqslant 0$$

特别地有：如果在区间$[a,b]$上恒有$f(x) \geqslant g(x)$，则有$\int f(x)\,dx \geqslant \int g(x)\,dx$.

性质 3.8(定积分估值定理)

设M及m分别是函数$f(x)$在区间$[a,b]$上的最大值及最小值，则：

$$m(b-a) \leqslant \int_a^b f(x)\,dx \leqslant M(b-a)\ (a<b)$$

性质 3.9(定积分中值定理)

如果函数$f(x)$在闭区间$[a,b]$上连续，则在积分区间$[a,b]$上至少存在一个点ξ(见图 3 - 3)，使得：

$$\int_a^b f(x)\,dx = f(\xi)(b-a) \quad (a \leqslant \xi \leqslant b)$$

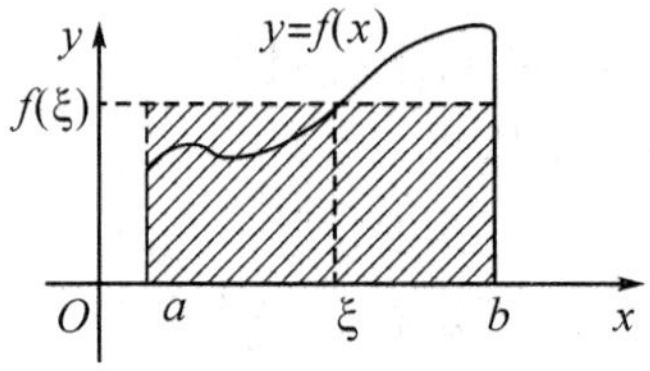

图 3 - 3

如果函数$f(x)$在闭区间$[a,b]$上连续，我们又称$\frac{1}{b-a}\int_a^b f(x)\,dx$为函数$f(x)$在$[a,b]$上的平均值.

3.3.3.2　定积分的几何意义

(1) 在$[a,b]$上，$f(x) \geqslant 0$时，$\int_a^b f(x)\,dx$表示由曲线$y=f(x)$，直线$x=a$、$x=b$与x轴所围成的曲边梯形的面积(见图 3 - 4).

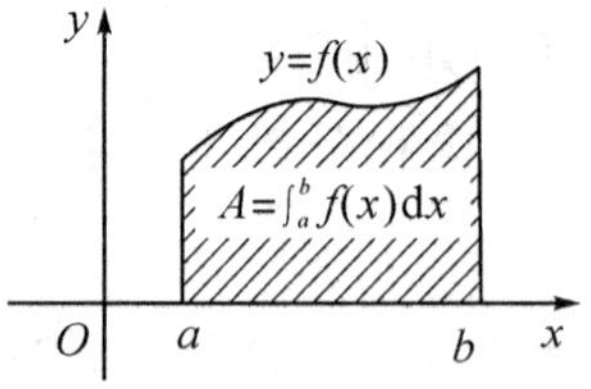

图 3 - 4

(2) 在$[a,b]$上，$f(x) \leqslant 0$时，$\int_a^b f(x)\,dx$表示该曲边梯形面积的负值(见图 3 - 5).

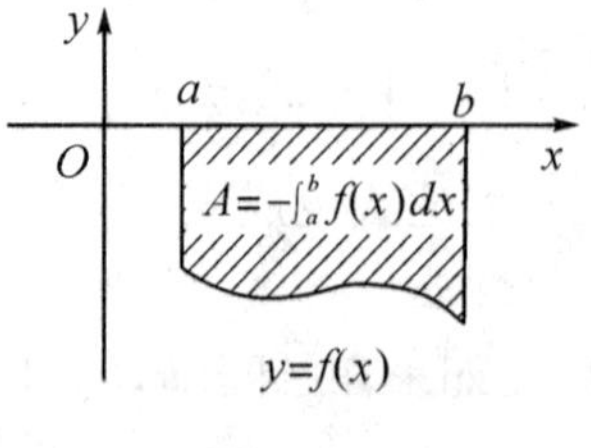

图 3 - 5

(3) 在$[a,b]$上,$f(x)$既有正值又有负值时,定积分$\int_a^b f(x)\mathrm{d}x$表示由曲线$y=f(x)$,直线$x=a$、$x=b$与x轴所围成的曲边梯形的面积的代数和(见图3-6).

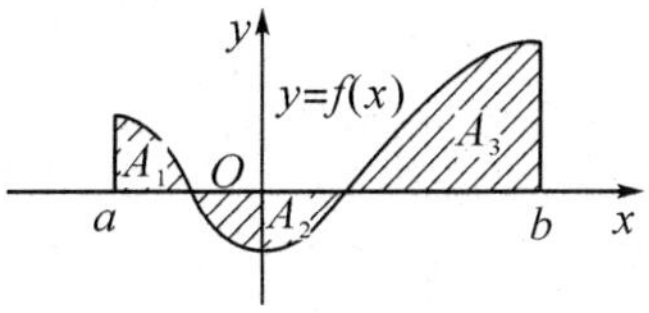

图 3-6

定积分$\int_a^b f(x)\mathrm{d}x = A_1 - A_2 + A_3$.

例 3.34 已知$f(x)=\begin{cases}1+x, & x<0\\ 1-\dfrac{x}{2}, & x\geqslant 0\end{cases}$,求$\int_{-1}^2 f(x)\mathrm{d}x$.

解 $\int_{-1}^2 f(x)\mathrm{d}x = \int_{-1}^0 (1+x)\mathrm{d}x + \int_0^2 \left(1-\frac{x}{2}\right)\mathrm{d}x$

利用定积分的几何意义,可分别求出:

$$\int_{-1}^0 (1+x)\mathrm{d}x = \frac{1}{2},\ \int_0^2 \left(1-\frac{x}{2}\right)\mathrm{d}x = 1$$

所以

$$\int_{-1}^2 f(x)\mathrm{d}x = \frac{1}{2} + 1 = \frac{3}{2}$$

例 3.35 试估计定积分$\int_{\frac{\pi}{6}}^{\frac{\pi}{3}} \sin x\mathrm{d}x$的值.

解 在$\left[\frac{\pi}{6},\frac{\pi}{3}\right]$上,最大值$f\left(\frac{\pi}{3}\right)=\sin\frac{\pi}{3}=\frac{\sqrt{3}}{2}$,最小值$f\left(\frac{\pi}{6}\right)=\sin\frac{\pi}{6}=\frac{1}{2}$,则:

$$\frac{1}{2}\left(\frac{\pi}{3}-\frac{\pi}{6}\right) \leqslant \int_{\frac{\pi}{6}}^{\frac{\pi}{3}} \sin x\mathrm{d}x \leqslant \frac{\sqrt{3}}{2}\left(\frac{\pi}{3}-\frac{\pi}{6}\right)$$

即:

$$\frac{\pi}{12} \leqslant \int_{\frac{\pi}{6}}^{\frac{\pi}{3}} \sin x\mathrm{d}x \leqslant \frac{\sqrt{3}\pi}{12}$$

习题 3.3

1. 在定积分$\int_0^4 (2x+3)\mathrm{d}x$中,积分上限是________,积分下限是________,积分区间为________,被积函数$f(x)=$________,积分变量是________.

2. 利用定积分的几何意义说明下列各式成立:

(1) $\int_0^{2\pi} \sin x\mathrm{d}x = 0$;　　　　(2) $\int_0^{\pi} \sin x\mathrm{d}x = 2\int_0^{\frac{\pi}{2}} \sin x\mathrm{d}x$;

3. 定积分$\int_{2}^{2}\frac{1}{1+x^2}\mathrm{d}x =$ ________.

4. 用定积分表示下列阴影部分面积：

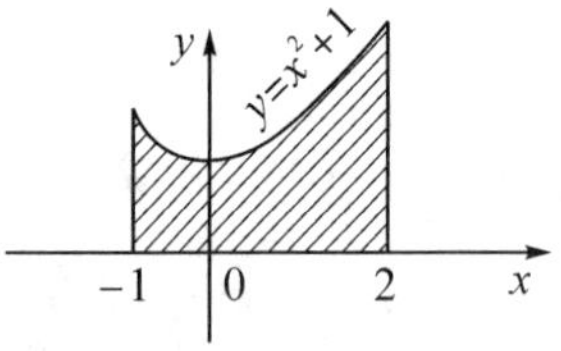

(1)

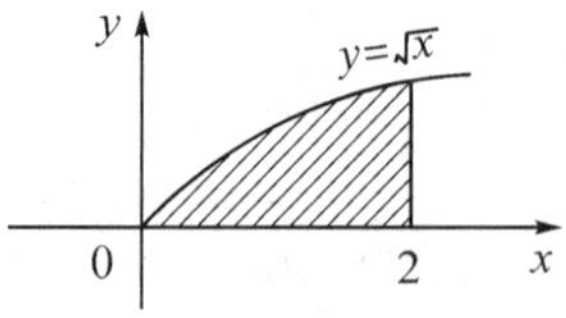

(2)

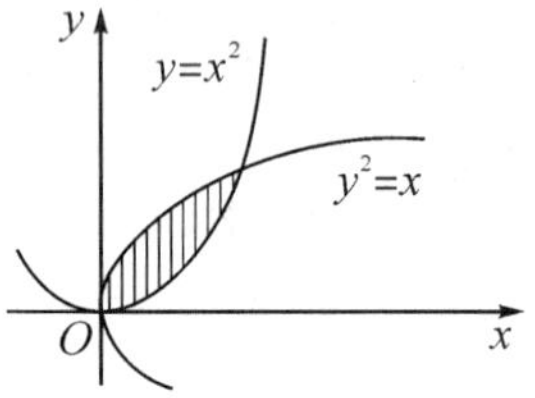

(3)

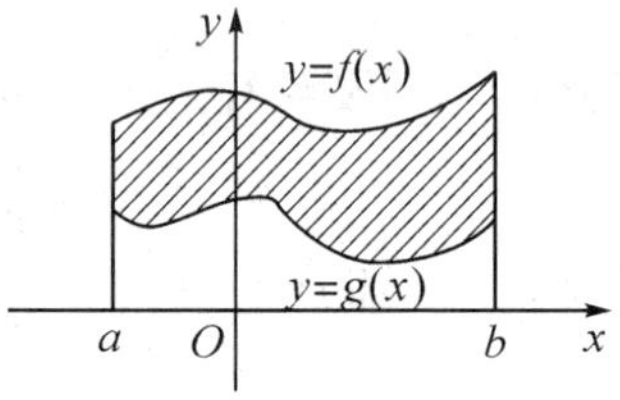

(4)

5. 已知$\int_{a}^{b}f(x)\,\mathrm{d}x = p$，$\int_{a}^{b}[f(x)]^2\mathrm{d}x = q$，求下列定积分的值：

(1) $\int_{a}^{b}[2f(x)+3]\,\mathrm{d}x$；　　(2) $\int_{a}^{b}[2f(x)+3]^2\mathrm{d}x$.

6. 设$f(x)$是连续函数，且$f(x) = x^2 + 2\int_{0}^{1}f(t)\,\mathrm{d}t$，$\int_{0}^{1}x^2\mathrm{d}x = \frac{1}{3}$，求$f(x)$.

习题 3.3　参考答案

§ 3.4　定积分的计算

定积分是一种特定和式的极限，直接用定义来计算会相当繁杂.本节将在揭示定积分与原函数关系的基础上，讨论两者之间的内在联系，即微积分基本定理，从而得到定积分的一种简便有效的计算方法——牛顿－莱布尼茨公式.

3.4.1　变上限积分函数及其导数

定积分的计算(1)

变上限积分函数又称积分上限函数，它的一般表达式为：

$$\varphi(x) = \int_{a}^{x}f(t)\,\mathrm{d}t \quad (a\text{ 为常数})$$

从表达式中可以看出：该函数的变量出现在积分上限中，为避免混淆,我们把积分变量改用其他字母如 t 表示,故定积分$\int_a^x f(t)\mathrm{d}t$ 的值随上限 x 的变化而变化(见图 3 - 7).我们称其为**变上限积分函数**.

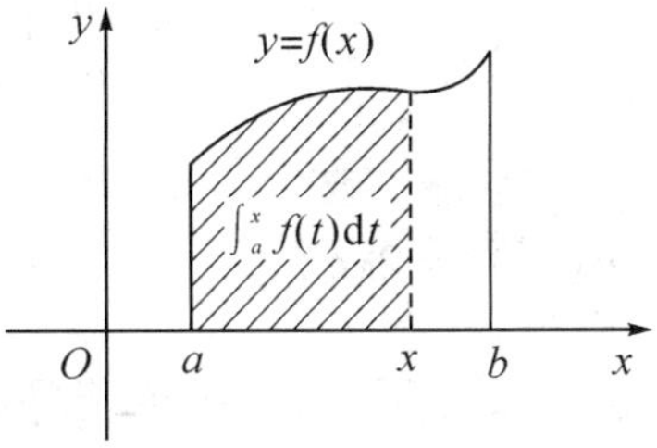

图 3 - 7

关于变上限积分函数有如下定理:

定理 3.4(变上限积分函数对上限的求导定理)　设$f(x)$ 在区间$[a,b]$ 上连续,则函数 $\varphi(x)=\int_a^x f(t)\mathrm{d}t$ 在区间$[a,b]$ 上可导,其导数就是$f(x)$,即:

$$\varphi'(x)=\frac{\mathrm{d}}{\mathrm{d}x}\int_a^x f(t)\mathrm{d}t=f(x)$$

定理 3.4 把原函数与定积分这两个表面上似乎不相关的概念联系在了一起.它告诉我们,在某区间$[a,b]$ 上连续的函数$f(x)$,其变上限积分$\int_a^x f(t)\mathrm{d}t$ 就是$f(x)$ 的一个原函数.于是我们又有了原函数存在定理.

定理 3.5(原函数存在定理)　若函数$f(x)$ 在区间$[a,b]$ 上连续,则在该区间内,$f(x)$ 的原函数一定存在,且

$$\varphi(x)=\int_a^x f(t)\mathrm{d}t$$

就是$f(x)$ 的一个原函数.

函数$\varphi(x)=\int_a^x f(t)\mathrm{d}t$ 是一个神奇的函数.在该表达式中既出现了原函数$\varphi(x)$ 的表达式,同时也能看到$\varphi(x)$ 的导函数$f(x)$ 的表达式.它揭示了定积分与被积函数的原函数之间的关系,而正是这种关系为我们寻找定积分的有效计算方法指明了方向.

例 3.36　求极限$\lim\limits_{x\to 0}\frac{1}{x^3}\int_0^x \sin^2 t\mathrm{d}t$.

解　因为$\lim\limits_{x\to 0}\int_0^x \sin^2 t\mathrm{d}t=0$,所以这是一个$\frac{0}{0}$ 型不定式极限,运用洛必达法则可得:

$$\lim_{x\to 0}\frac{1}{x^3}\int_0^x \sin^2 t\mathrm{d}t=\lim_{x\to 0}\frac{\int_0^x \sin^2 t\mathrm{d}t}{x^3}=\lim_{x\to 0}\frac{\sin^2 x}{3x^2}=\frac{1}{3}$$

关于变上限积分函数的导数,可做如下推广:

设 $u=u(x)$,$v=v(x)$ 均是 x 的可微函数,则有:

(1) 若 $\varphi(x)=\int_a^{u(x)} f(t)\mathrm{d}t$,则 $\varphi'(x)=f(u)\cdot u'(x)$;

(2) 若 $\varphi(x)=\int_{v(x)}^b f(t)\mathrm{d}t$,则 $\varphi'(x)=-f(v)\cdot v'(x)$;

(3) 若 $\varphi(x)=\int_{v(x)}^{u(x)}f(t)\mathrm{d}t$,则 $\varphi'(x)=f(u)\cdot u'(x)-f(v)\cdot v'(x)$.

例 3.37 求下列变上限积分函数的导数:

(1) $\dfrac{\mathrm{d}}{\mathrm{d}x}\int_0^{x^2}\mathrm{e}^{-t}\mathrm{d}t$; (2) $\dfrac{\mathrm{d}}{\mathrm{d}x}\int_{2x}^{x^5}\sqrt{1-t^2}\,\mathrm{d}t$.

解 据题意有:

(1) $\dfrac{\mathrm{d}}{\mathrm{d}x}\int_0^{x^2}\mathrm{e}^{-t}\mathrm{d}t=\mathrm{e}^{-x^2}\cdot(x^2)'=2x\mathrm{e}^{-x^2}$;

(2) $$\begin{aligned}\frac{\mathrm{d}}{\mathrm{d}x}\int_{2x}^{x^5}\sqrt{1-t^2}\,\mathrm{d}t&=\sqrt{1-(x^5)^2}\cdot(x^5)'-\sqrt{1-(2x)^2}\cdot(2x)'\\&=5x^4\sqrt{1-x^{10}}-2\sqrt{1-4x^2}.\end{aligned}$$

3.4.2 牛顿 - 莱布尼茨公式

定理3.6(微积分基本定理) 设函数$f(x)$在区间$[a,b]$上连续,且$F(x)$是$f(x)$在$[a,b]$上的任一原函数,则有:

$$\int_a^b f(x)\mathrm{d}x=F(b)-F(a)$$

定积分的计算(2)

证明 根据定理3.5可知变上限积分$\int_a^x f(t)\mathrm{d}t$就是$f(x)$的一个原函数,而定理3.6的已知条件告诉我们,$F(x)$也是函数$f(x)$的原函数,所以由定理3.1可知它们之间相差一个常数C_0,即:

$$\int_a^x f(t)\mathrm{d}t=F(x)+C_0$$

代入$x=a$可得:

$$C_0=\int_a^a f(t)\mathrm{d}t-F(a)=-F(a)$$

所以有:

$$\int_a^x f(t)\mathrm{d}t=F(x)-F(a)$$

代入$x=b$,便可得到:

$$\int_a^b f(t)\mathrm{d}t=F(b)-F(a)$$

由于定积分的值与积分变量的记号无关,我们仍用x来表示积分的变量,可得:

$$\int_a^b f(x)\mathrm{d}x=F(b)-F(a)$$

我们将其称为**牛顿 - 莱布尼茨公式**,也叫**微积分基本公式**. 为方便运用,我们也常将其写成:

$$\int_a^b f(x)\mathrm{d}x=F(x)\Big|_a^b=F(b)-F(a)$$

牛顿 - 莱布尼茨公式是微积分中的一个非常重要的公式,它为我们提供了计算定积分的一种非常有效的方法,即在计算定积分时,只要求出被积函数$f(x)$的一个原函数$F(x)$,然后计算原函数在区间$[a,b]$上的增量$F(b)-F(a)$即可.该公式把计算定积分问题归结为求原函数的问题，揭示了定积分与不定积分之间的内在联系.

例 3.38　求积分$\int_0^1 x^2\mathrm{d}x$.

解　因为$\frac{x^3}{3}$是被积函数 x^2 的一个原函数，根据牛顿 - 莱布尼茨公式，有：

$$\int_0^1 x^2\mathrm{d}x = \frac{x^3}{3}\Big|_0^1 = \frac{1^3}{3} - \frac{0^3}{3} = \frac{1}{3}$$

例 3.39　求积分$\int_{-1}^1 \frac{1}{1+x^2}\mathrm{d}x$.

解　因为 $\arctan x$ 是被积函数$\frac{1}{1+x^2}$的一个原函数，根据牛顿 - 莱布尼茨公式，有：

$$\int_{-1}^1 \frac{1}{1+x^2}\mathrm{d}x = \arctan x\Big|_{-1}^1 = \arctan 1 - \arctan(-1)$$

$$= \frac{\pi}{4} - \left(-\frac{\pi}{4}\right) = \frac{\pi}{2}$$

例 3.40　求积分$\int_0^{2\pi} |\sin x|\mathrm{d}x$.

解　$\int_0^{2\pi} |\sin x|\mathrm{d}x = \int_0^{\pi}\sin x\mathrm{d}x + \int_{\pi}^{2\pi}(-\sin x)\mathrm{d}x$

$= [-\cos x]_0^{\pi} + [\cos x]_{\pi}^{2\pi}$

$= 4$

3.4.3　定积分的换元积分法

定理 3.7　设函数$f(x)$ 在区间$[a,b]$ 上连续，而 $x=\varphi(t)$ 满足下列条件：

(1)$\varphi(\alpha)=a,\varphi(\beta)=b$.

(2) 当 t 在 α 与 β 之间变化时，$\varphi(t)$ 单调变化且 $\varphi'(t)$ 连续，则：

$$\int_a^b f(x)\mathrm{d}x = \int_{\alpha}^{\beta} f[\varphi(t)]\varphi'(t)\mathrm{d}t$$

定积分的计算(3)

我们将该公式称为定积分的换元积分公式，简称换元公式.

这里要注意两点：

(1) 定积分的换元法在换元后，积分上、下限往往也要做出相应的变换，即"换元又换限"；

(2) 在定积分的换元中，对于何时换限问题，我们一般掌握的原则是：如果换元会让原积分变量 x 的符号消失，则应立即换上新的积分变量 t 的积分限，这样在换元之后，可按新的积分变量进行定积分运算，不必再还原为原变量.

例 3.41　求积分 $\int_0^{\frac{\pi}{2}} \sin^4 x\cos x\mathrm{d}x$.

解　方法一：令 $\sin x = t$，则 $\cos x\mathrm{d}x = \mathrm{d}t$，当 $x=0$ 时，$t=0$，当 $x=\frac{\pi}{2}$ 时，$t=1$，则：

$$\int_0^{\frac{\pi}{2}} \sin^4 x\cos x\mathrm{d}x = \int_0^1 t^4 \mathrm{d}t = \frac{1}{5}t^5 \Big|_0^1 = \frac{1}{5}$$

方法二：$\int_0^{\frac{\pi}{2}} \sin^4 x\cos x\mathrm{d}x = \int_0^{\frac{\pi}{2}} \sin^4 x\mathrm{d}(\sin x)$

$$= \frac{1}{5}\sin^5 x \Big|_0^{\frac{\pi}{2}} = \frac{1}{5}\left[\left(\sin\frac{\pi}{2}\right)^5 - (\sin 0)^5\right] = \frac{1}{5}$$

例 3.42 计算$\int_1^e \frac{1}{x(1+\ln x)}\mathrm{d}x$.

解 $\int_1^e \frac{1}{x(1+\ln x)}\mathrm{d}x = \int_1^e \frac{1}{1+\ln x}\mathrm{d}(1+\ln x)$

$$= \ln|1+\ln x| \Big|_1^e = \ln 2$$

例 3.43 设函数$f(x)=\begin{cases}1+x^2, & x\leqslant 0\\ e^x, & x>0\end{cases}$,求积分$\int_1^3 f(x-2)\mathrm{d}x$.

解 令 $x-2=t$,则 $x=t+2,\mathrm{d}x=\mathrm{d}t$,

当 $x=1$ 时,$t=-1$;当 $x=3$ 时,$t=1$. 则:

$$\begin{aligned}\int_1^3 f(x-2)\mathrm{d}x &= \int_{-1}^1 f(t)\mathrm{d}t = \int_{-1}^0 f(t)\mathrm{d}t + \int_0^1 f(t)\mathrm{d}t\\ &= \int_{-1}^0 (1+t^2)\mathrm{d}t + \int_0^1 e^t\mathrm{d}t\\ &= \left(t+\frac{1}{3}t^3\right)\Big|_{-1}^0 + (e^t)\Big|_0^1\\ &= \frac{1}{3}+e\end{aligned}$$

3.4.4 定积分的分部积分法

定理 3.8 设函数 $u(x)$、$v(x)$ 在区间$[a,b]$上具有连续导数 $u'(x)$、$v'(x)$,则有:

$$\int_a^b u\mathrm{d}v = uv\Big|_a^b - \int_a^b v\mathrm{d}u$$

定积分的计算(4)

注意:应用分部积分公式计算定积分时,只要注意"积一部,算一部"就行了,也就是及时地把先积分出来的那一部分函数在积分上、下限函数值的差计算完.这样做的好处有两点:一是能使后续的表达式更简单,二是这样做不会产生计算上的遗漏.

例 3.44 求积分$\int_0^1 xe^{2x}\mathrm{d}x$.

解 令 $u=x,\mathrm{d}v=e^{2x}\mathrm{d}x$,则 $\mathrm{d}u=\mathrm{d}x,v=\frac{1}{2}e^{2x}$.

代入分部积分公式,得:

$$\int_0^1 xe^{2x}\mathrm{d}x = \frac{1}{2}xe^{2x}\Big|_0^1 - \frac{1}{2}\int_0^1 e^{2x}\mathrm{d}x$$

$$= \frac{1}{2}e^2 - \frac{1}{4}e^{2x}\Big|_0^1$$

$$= \frac{1}{4}(e^2 + 1)$$

例 3.45　求积分$\int_{\frac{1}{e}}^{e}|\ln x|dx$.

解　先去掉绝对值符号,再用分部积分公式,即:

$$\int_{\frac{1}{e}}^{e}|\ln x|dx = \int_{\frac{1}{e}}^{1}(-\ln x)dx + \int_{1}^{e}\ln x dx$$

$$= (-x\ln x)\Big|_{\frac{1}{e}}^{1} - \int_{\frac{1}{e}}^{1}x\left(-\frac{1}{x}\right)dx + (x\ln x)\Big|_1^e - \int_1^e x\cdot\frac{1}{x}dx$$

$$= -\frac{1}{e} + \int_{\frac{1}{x}}^{e}dx + e - \int_1^e dx = 2\left(1 - \frac{1}{e}\right)$$

3.4.5　定积分的几个常用公式

3.4.5.1　关于原点对称区间[- a , a] 上的定积分

定理 3.9　设函数$f(x)$ 在区间$[-a,a]$ 上连续可导,则:

(1) 当函数$f(x)$ 为奇函数时,有$\int_{-a}^{a}f(x)dx = 0$;

(2) 当函数$f(x)$ 为偶函数时,有$\int_{-a}^{a}f(x)dx = 2\int_0^a f(x)dx$.

定理 3.9 从图形上看是很直观的,这是因为奇函数的图形关于原点对称,偶函数的图形关于 y 轴对称,故而由定积分的几何意义便能得出上述结果.利用这个公式,奇、偶函数在关于原点对称区间上的定积分计算可以得到简化,甚至不经计算便能得出结果.

例 3.46　求积分$\int_{-\frac{\pi}{4}}^{\frac{\pi}{4}}\frac{x^3 - x + 1}{\cos^2 x}dx$.

解　$\int_{-\frac{\pi}{4}}^{\frac{\pi}{4}}\frac{x^3 - x + 1}{\cos^2 x}dx = \int_{-\frac{\pi}{4}}^{\frac{\pi}{4}}\frac{x^3 - x}{\cos^2 x}dx + \int_{-\frac{\pi}{4}}^{\frac{\pi}{4}}\frac{1}{\cos^2 x}dx$

$$= 0 + 2\int_0^{\frac{\pi}{4}}\sec^2 x dx = 2(\tan x)\Big|_0^{\frac{\pi}{4}} = 2$$

例 3.47　求积分$\int_0^4 x(x-1)(x-2)(x-3)(x-4)dx$.

解　令 $x - 2 = t$,则 $dx = dt$,并有:

$x = (t+2),(x-1) = (t+1),(x-3) = (t-1),(x-4) = (t-2)$

当 $x = 0$ 时,$t = -2$;当 $x = 4$ 时,$t = 2$,可得:

$$\int_0^4 x(x-1)(x-2)(x-3)(x-4)dx = \int_{-2}^{2}t(t^2-1)(t^2-4)dt = 0$$

3.4.5.2　瓦里士(Wallis) 递推公式

用定积分的换元积分法能很容易推出:

$$\int_0^{\frac{\pi}{2}} f(\sin x)\mathrm{d}x = \int_0^{\frac{\pi}{2}} f(\cos x)\mathrm{d}x$$

若设 $I_n = \int_0^{\frac{\pi}{2}} \sin^n x\mathrm{d}x = \int_0^{\frac{\pi}{2}} \cos^n x\mathrm{d}x$（其中 n 为正整数），则有：

$$I_n = \frac{n-1}{n} I_{n-2}$$

我们将该式称为积分 I_n 关于下标的递推公式，其中 $I_0 = \int_0^{\frac{\pi}{2}} \mathrm{d}x = \frac{\pi}{2}$，$I_1 = \int_0^{\frac{\pi}{2}} \sin x\mathrm{d}x = 1$.

例 3.48 求下列定积分：

（1）$\int_0^{\frac{\pi}{2}} \cos^5 x\mathrm{d}x$；（2）$\int_0^{\frac{\pi}{2}} \sin^8 x\mathrm{d}x$.

解 据题意运用瓦里士递推公式可得：

（1）$\int_0^{\frac{\pi}{2}} \cos^5 x\mathrm{d}x = \frac{4}{5} \times \frac{2}{3} \times I_1 = \frac{4}{5} \times \frac{2}{3} \times 1 = \frac{8}{15}$；

（2）$\int_0^{\frac{\pi}{2}} \sin^8 x\mathrm{d}x = \frac{7}{8} \times \frac{5}{6} \times \frac{3}{4} \times \frac{1}{2} \times I_0 = \frac{105}{384} \times \frac{\pi}{2} = \frac{105\pi}{768}$.

习题 3.4

1. 填空题.

（1）$\int_0^2 \sqrt{4-x^2}\mathrm{d}x =$ ________；

（2）$\int_{-1}^1 (x^3+1)\sqrt{1-x^2}\mathrm{d}x =$ ________；

（3）$\int_{-\frac{\pi}{2}}^{\frac{\pi}{2}} (x^3-x+1)\cos^5 x\mathrm{d}x =$ ________；

（4）设 $f(x) = \int_0^x \sqrt{1+t^2}\mathrm{d}t$，则 $f'(2) =$ ________；

（5）设 $\varphi(x) = \int_0^{x^3} \ln(t^2+3)\mathrm{d}t$，则 $\varphi'(x) =$ ________.

2. 用换元积分法求下列定积分：

（1）$\int_0^1 \mathrm{e}^{2x+3}\mathrm{d}x$；（2）$\int_0^2 \frac{2x}{\sqrt{1+x^2}}\mathrm{d}x$；

（3）$\int_{\mathrm{e}}^{\mathrm{e}^2} \frac{(\ln x)^2}{x}\mathrm{d}x$；（4）$\int_{-1}^1 \frac{x}{\sqrt{5-4x}}\mathrm{d}x$；

（5）$\int_4^9 \frac{\sqrt{x}}{\sqrt{x}-1}\mathrm{d}x$；（6）$\int_0^1 \frac{1}{\sqrt{4+5x}-1}\mathrm{d}x$；

（7）$\int_0^{\frac{\pi}{2}} \sin^3 x\cos x\mathrm{d}x$；（8）$\int_0^{\ln 2} \sqrt{\mathrm{e}^x-1}\,\mathrm{d}x$.

3. 用分部积分法求下列定积分：

(1) $\int_0^{\pi} x\cos x\mathrm{d}x$;　　(2) $\int_0^1 x\mathrm{e}^x\mathrm{d}x$;

(3) $\int_1^{\mathrm{e}} (x-1)\ln x\mathrm{d}x$;　　(4) $\int_1^4 \frac{\ln x}{\sqrt{x}}\mathrm{d}x$;

(5) $\int_0^{\frac{\pi}{2}} \mathrm{e}^x\sin x\mathrm{d}x$;　　(6) $\int_0^{\frac{\pi}{4}} \frac{x}{\cos^2 x}\mathrm{d}x$.

4. 求极限 $\lim\limits_{x\to 0}\frac{1}{1-\cos x}\int_0^x 2t\cos t\mathrm{d}t$.

习题 3.4　参考答案

§3.5　定积分的应用

3.5.1　利用定积分求平面图形的面积

定积分的应用(1)

从定积分的几何意义可知,由函数曲线 $y=f(x)$ 与直线 $x=a,x=b$ 以及 x 轴所围成的曲边梯形的面积 A 可以用定积分 $\int_a^b f(x)\mathrm{d}x$ 来表示,即:

$$A=\begin{cases}\int_a^b f(x)\mathrm{d}x, & f(x)\geqslant 0\\ -\int_a^b f(x)\mathrm{d}x, & f(x)<0\end{cases}$$

由此可见,曲边梯形面积的计算可用定积分来完成. 然而由平面曲线所围成的平面图形的面积,往往可以归结为曲边梯形的面积,所以,我们可以利用定积分来计算平面图形的面积.

在建立平面图形面积的定积分计算模型时,我们面对围成平面图形的曲线方程 $F(x,y)=0$,存在一个积分变量的选择问题,为此,我们将分别进行讨论.

3.5.1.1　选择 x 为积分变量

我们如果选择 x 为积分变量,那么首先要做的就是把围成平面图形的曲线方程 $F(x,y)=0$ 转化成函数 $y=f(x)$ 的形式,然后再利用上限函数减去下限函数的模型构造被积函数,从而建立求面积的定积分计算模型.

如图 3-8 所示,设上限函数为 $y=f_1(x)$,下限函数为 $y=f_2(x)$,则无论是图中的哪一种情况,其阴影部分的面积 A 都可以用如下模型来计算:

$$A=\int_a^b[f_1(x)-f_2(x)]\mathrm{d}x \quad (\text{其中} f_1(x)\geqslant f_2(x))$$

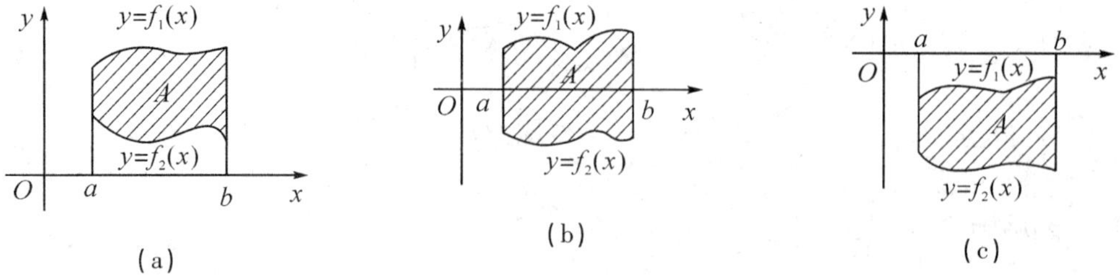

图 3 - 8

例 3.49 求由抛物线 $y=x^2$ 与直线 $y=2x$ 围成的平面图形的面积.

解 画出图形(见图3-9),解方程组可求出两条线的交点分别为 $O(0,0)$,$P(2,4)$. 选择 x 为积分变量,则积分区间为$[0,2]$,上线函数为 $y=2x$,下线函数为 $y=x^2$. 于是所求面积为:

$$A=\int_0^2(2x-x^2)\mathrm{d}x=\left(x^2-\frac{1}{3}x^3\right)\Big|_0^2=\frac{4}{3}(\text{面积单位})$$

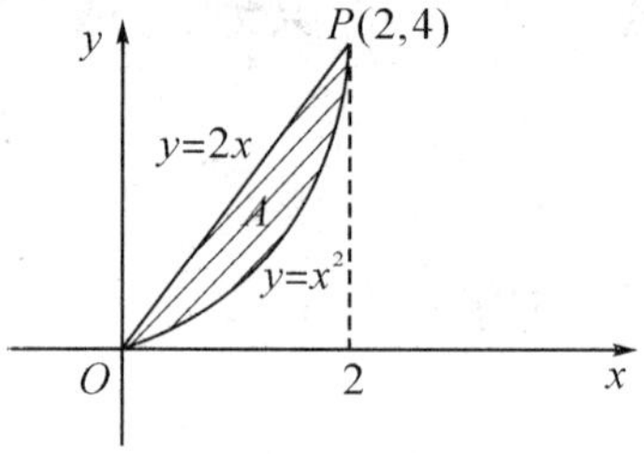

图 3 - 9

3.5.1.2 选择 y 为积分变量

我们如果选择 y 为积分变量,那么首先要做的就是把围成平面图形的曲线方程 $F(x,y)=0$ 转化成函数 $x=\varphi(y)$ 的形式,然后再利用右线函数减去左线函数的模型构造被积函数,从而建立求面积的定积分计算模型.

如图3-10所示,设右线函数为 $x=\varphi_1(y)$,左线函数为 $x=\varphi_2(y)$,则无论是图中的哪一种情况,其阴影部分的面积 B 都可以用如下模型来计算:

$$B=\int_c^d[\varphi_1(y)-\varphi_2(y)]\mathrm{d}y \quad (\text{其中 } \varphi_1(y)\geqslant\varphi_2(y))$$

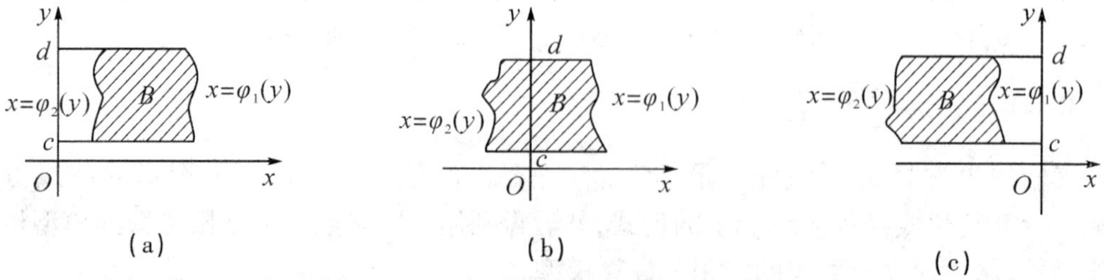

图 3 - 10

例 3.50 求由对数曲线 $y = \ln x$ 与直线 $y = 1$ 以及 $x = 0, y = 0$ 所围成的平面图形的面积.

解 画出图形(见图 3 - 11,本例选择 y 为积分变量较为方便),从图中不难看出:

积分区间为[0,2],右线函数为 $x = e^y$,左线函数为 $x = 0$(即 y 轴).

于是所求平面图形面积为:

$$A = \int_0^1 (e^y - 0)\,dy = (e^y)\Big|_0^1 = e - 1\text{(面积单位)}$$

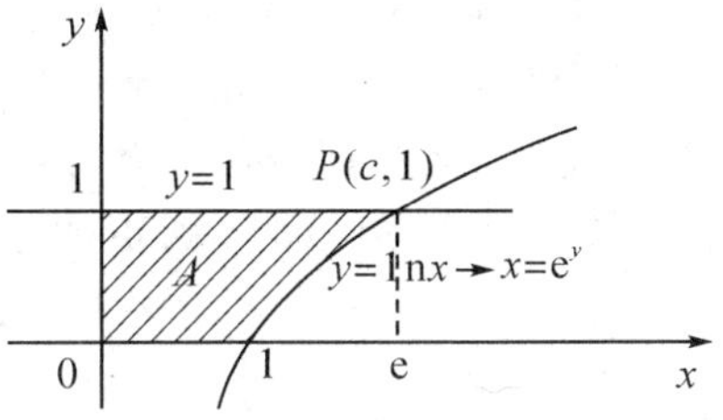

图 3 - 11

注意:在用定积分计算平面图形的面积时,选择好一个适当的积分变量会使我们建立的积分计算模型更加简便.

3.5.2 定积分在经济分析中的应用

定积分在经济分析中有着广泛的应用,下面我们就常用的经济总量模型的讨论,来看定积分的应用.

定积分的应用(2)

由边际函数可求经济总量及其增量,当已知边际函数,要求总量函数或总量函数在某个范围内的总量时,经常要应用定积分来计算.若已知边际成本 $C'(Q)$,固定成本 C_0,边际收益 $R'(Q)$ 时,则可得到如下常用**经济总量模型**:

(1) 总成本函数:$C(Q) = \int_0^Q C'(x)\,dx + C_0$;

(2) 总收益函数:$R(Q) = \int_0^Q R'(x)\,dx$(一般来说 $R(0) = 0$);

(3) 总利润函数:$L(Q) = \int_0^Q [R'(x) - C'(x)]\,dx + C_0$.

通过以上这些模型,我们还能得到这些经济总量的增量计算模型:

(1) 当产量(或销量)由 a 变到 b 时,总成本的增量为:

$$\Delta C = \int_a^b C'(Q)\,dQ$$

(2) 当产量(或销量)由 a 变到 b 时,总收益的增量为:

$$\Delta R = \int_a^b R'(Q)\,dQ$$

(3) 当产量(或销量)由 a 变到 b 时,总利润的增量为:

$$\Delta L = \int_a^b [R'(Q) - C'(Q)]\,dQ$$

注意:以上这些模型还可以推广到其他经济总量的情形.

例 3.51 设在时刻 t 某产品总产量 $Q(t)$ 的变化率为：

$$Q'(t) = 100 + 12t - 0.6t^2 \text{(单位 / 小时)}$$

求从 $t = 2$ 到 $t = 4$ 这两个小时的总产量.

解 据题意有：

$$\begin{aligned}\Delta Q &= \int_2^4 (100 + 12t - 0.6t^2)\,\mathrm{d}t \\ &= (100t + 6t^2 - 0.2t^3)\Big|_2^4 \\ &= 260.8\text{(生产单位)}\end{aligned}$$

即这两个小时的总产量为 260.8 生产单位.

例 3.52 某企业每天生产某产品 Q 单位时，固定成本为 20 元，边际成本函数为 $C'(Q) = 0.4Q + 2$(元 / 单位).

(1) 求总成本函数 $C(Q)$；

(2) 如果这种产品的售价为18元 / 单位，且产品可以全部售出，求总利润函数 $L(Q)$；

(3) 每天生产多少单位产品，才能获得最大利润？

解 (1) 已知固定成本 $C_0 = 20$，根据总成本函数模型可得：

$$\begin{aligned}C(Q) &= \int_0^Q C'(x)\,\mathrm{d}x + C_0 = \int_0^Q (0.4x + 2)\,\mathrm{d}x + 20 \\ &= (0.2x^2 + 2x)\Big|_0^Q + 20 = 0.2Q^2 + 2Q + 20\end{aligned}$$

(2) 据题意可知，总收益函数为 $R(Q) = 18Q$，于是总利润函数为：

$$\begin{aligned}L(Q) &= R(Q) - C(Q) = 18Q - (0.2Q^2 + 2Q + 20) \\ &= 16Q - 0.2Q^2 - 20\end{aligned}$$

(3) 令 $L'(Q) = 16 - 0.4Q = 0$，得唯一驻点 $Q = 40$.

因为 $L''(Q) = -0.4 < 0$，所以当 $Q = 40$ 时，$L(Q)$ 有最大值，即每天生产 40 单位产品时，利润最大，且最大利润为：

$$L(40) = 16 \times 40 - 0.2 \times 40^2 - 20 = 300\ \text{(元)}$$

例 3.53 已知生产某产品 Q 单位(单位：百台)的边际成本 $C'(Q) = 5 + \frac{1}{6}Q$，边际收益 $R'(Q) = 12 - Q$，其中 $C(Q)$(单位：万元)和 $R(Q)$(单位：万元)分别是总成本函数和总收益函数.求：

(1) 产量从 1(百台)增加到 7(百台)时总成本与总收益增加了多少？

(2) 当产量达到多少时，总利润 $L(Q)$(单位：万元)最大？

(3) 在利润最大的情况下，若再生产 6(百台)，总利润有何变化？

解 (1) 根据经济总量的增量计算模型可得，产量从 1(百台)增加到 7(百台)时的总成本与总收益分别为：

$$\Delta C = \int_1^7 (5 + \frac{1}{6}Q)\,\mathrm{d}Q = (5Q + \frac{1}{12}Q^2)\Big|_1^7 = 34\text{(万元)}$$

$$\Delta R = \int_1^7 (12 - Q)\,\mathrm{d}Q = (12Q - \frac{1}{2}Q^2)\Big|_1^7 = 48\text{(万元)}$$

(2) 由于总利润 $L(Q) = R(Q) - C(Q)$，因而可得：

$$L'(Q) = R'(Q) - C'(Q) = (12 - Q) - (5 + \frac{1}{6}Q) = 7 - \frac{7}{6}Q$$

令 $L'(Q)=0$，得唯一驻点 $Q=6$（百台），所以当产量为 6（百台）时总利润最大.

（3）在利润最大的情况下，若再生产 6（百台），总利润的改变量为：

$$\Delta L=\int_{6}^{12}L'(Q)\,\mathrm{d}Q=\int_{6}^{12}\left(7-\frac{7}{6}Q\right)\mathrm{d}Q=\left(7Q-\frac{7}{12}Q^{2}\right)\Big|_{6}^{12}=-21\text{（万元）}$$

即在最大利润时的产量 6（百台）的基础上，若再生产 6（百台），利润将会减少 21 万元.

习题 3.5

1. 求由下列各组曲线所围成的平面图形的面积：

（1）由曲线 $xy=1$ 与直线 $y=x$，$x=2$ 所围成图形.

（2）由曲线 $y=\mathrm{e}^{x}$，$y=\mathrm{e}^{-x}$ 以及 $x=1$ 围成的图形.

（3）由立方抛物线 $y=x^{3}$ 与直线 $y=1$，$y=2$ 以及 y 轴围成的图形.

（4）由抛物线 $y=x^{2}$ 与直线 $x+y=2$ 所围成的平面图形.

2. 已知某产品总产量的变化率是时间 t（单位：年）的函数：

$$f(t)=2t+5\ (t\geqslant 0)$$

求第一个五年和第二个五年的总产量各为多少？

3. 生产某产品 x 单位时，边际成本为 $C'(x)=20$ 元/单位，固定成本为 10 000 元，试求生产 100 单位该产品时的总成本和平均成本.

4. 已知生产某产品 x 单位时，收益 R 的变化率（边际收益）为：

$$R'(x)=200-\frac{x}{100}$$

（1）求生产 50 单位该产品时的总收益；

（2）如果已经生产了 100 单位该产品，求再生产 100 单位该产品时的总收益.

5. 某产品的边际成本为 $C'(Q)=1+0.2Q$（单位：万元/百台），边际收益为产量 Q（单位：百台）的函数 $R'(Q)=5-0.8Q$（单位：万元/百台）.

（1）问产量为多少时，利润最大？

（2）在利润最大的情况下，若再生产 3（百台），总利润有何变化？

习题 3.5　参考答案

复习题三

一、单选题

1. 若$f(x)$的导数是$\sin x$,则$f(x)$可能是( ).

A.$2+\cos x$ B.$1-\sin x$

C. $5+\sin x$ D.$1-\cos x$

2. x^2+1为$f(x)$的原函数,则( )也为$f(x)$的原函数.

A.x^2+100 B.$2(x^2+1)$

C.$\ln(x^2+1)$ D.$(x^2+1)^3$

3. 若$(\int f(x)\mathrm{d}x)'=$( ).

A. $f(x)+C$ B.$f(x)$

C.$f'(x)$ D.$f'(x)+C$

4. 下列积分值不为零的是( ).

A.$\int_{-2}^{2}x^2\mathrm{d}x$ B.$\int_{-1}^{1}x\mathrm{d}x$

C.$\int_{-\frac{\pi}{2}}^{\frac{\pi}{2}}\sin x\mathrm{d}x$ D.$\int_{3}^{3}\sin x^2\mathrm{d}x$

5. $\int_{-1}^{3}|2-x|\mathrm{d}x=$( ).

A. -1 B.5

C. -5 D. 3

6. 在区间$[0,\frac{\pi}{2}]$上,曲线$y=\sin x$与直线$x=0,y=1$所围成的图形的面积是( ).

A.$\frac{\pi}{2}-1$ B.$1-\frac{\pi}{2}$

C.$2-\pi$ D.$\pi-\frac{1}{2}$

7. 若某产品的总产量的变化率为$f(t)=10t-t^2$,那么t从$t_0=1$到$t_1=3$这段时间内的总产量为( ).

A.36 B.$\frac{94}{3}$

C.$\frac{122}{3}$ D.$\frac{92}{3}$

8. 已知总利润函数为$L(x)=\int(4-\frac{4x}{3})\mathrm{d}x+C$,其中$C=-1$,则它的最大利润为( ).

A.6　　B.3

C.5　　D.0

二、填空题

1. 设 $f(x)$ 是连续函数，则 $\int df(x) =$ ＿＿＿＿＿＿.

2. 若 $\int f(x)dx = \sin x + C$，则 $df(x) =$ ＿＿＿＿＿＿.

3. $\int_0^a \sqrt{a^2 - x^2}dx =$ ＿＿＿＿＿＿.

4. 设 $f(x)$ 为连续函数，则 $\int_{-a}^{a} x^2[f(x) - f(-x)]dx =$ ＿＿＿＿＿＿.

5. $\int_0^1 (2x + k)dx = 2$，则 $k =$ ＿＿＿＿＿＿.

6. 设 $f(x) = e^{-x}$，则 $\int \frac{f'(\ln x)}{x}dx =$ ＿＿＿＿＿＿.

7. 若 $\int f(x)dx = \sqrt{1 + x^2} + C$，则 $\int \cos x f(\sin x)dx =$ ＿＿＿＿＿＿.

8. $\int_0^{\frac{\pi}{2}} \sin^7 x dx$ ＿＿＿＿＿＿.

三、计算题

1. 计算下列不定积分：

(1) $\int x\sqrt{2x^2 + 1}dx$；

(2) $\int \frac{x^3}{x^2 + 1}dx$；

(3) $\int \frac{\sin\sqrt{x}}{\sqrt{x}}dx$；

(4) $\int \ln(x + 1)dx$；

(5) $\int x^2 \arctan x dx$；

(6) $\int x^{2\,018}\ln x dx$.

2. 计算下列定积分：

(1) $\int_{-1}^{1} (x + \sqrt{1 - x^2})dx$

(2) $\int_0^{\frac{\pi}{2}} \cos^3 x \sin 2x dx$；

(3) $\int_0^{\pi} \sqrt{\sin^3 x - \sin^5 x}dx$；

(4) $\int_1^{e} \frac{1 + \ln x}{x}dx$.

四、应用题

1. 求由曲线 $y = 2 - x^2$ 与直线 $y - 2x = 2$ 所围成的平面图形的面积.

2. 设某种商品的固定成本为 9 800 元，边际成本 $C'(Q) = Q + 36$，其中 Q 为产量，求使平均成本最低的产量.

3. 已知某产品的边际成本函数和边际收益函数分别为 $C'(Q)=Q+6$ 与 $R'(Q)=33-8Q$,且固定成本为 100,Q 表示产量，试求：

(1) 总成本函数与总收益函数；

(2) 使总利润最大的产量；

(3) 产量由 2 单位减少到 1 单位时,总成本与总收益各自的改变量.

4. 某种商品的需求量 Q 是价格 p 的函数,该商品的最大需求量为 2 000(即 $Q(0)=2\ 000$),且需求量关于价格的变化率(即边际需求)为：

$$Q'(p)=-2\ 000(\ln 5)\left(\frac{1}{5}\right)^{p}$$

(1) 求需求量 Q 关于价格 p 的函数关系式；

(2) 求当价格从 $p=1$ 上涨到 $p=2$ 时,需求量减少的数量.

复习题三参考答案

【人文数学】

数学家莱布尼茨简介

戈特弗里德·威廉·莱布尼茨(Gottfried Wilhelm Leibniz,1646—1716),德国哲学家、数学家.出生于书香门第的莱布尼茨是德国一位博学多才的学者.他的学识涉及哲学、历史、语言、数学、生物、地质、物理、机械、神学、法学、外交等领域,并在每个领域中都有杰出的成就.然而,由于他独立创建了微积分,并精心设计了非常巧妙而简洁的微积分符号,从而使他以伟大数学家的称号闻名于世.莱布尼茨对微积分的研究始于他 31 岁那年,那时他在巴黎任外交官,结识了数学家、物理学家惠更斯等人.他在名师的指导下系统研究了大量数学著作.1673 年,他在伦敦结识了巴罗和牛顿等人,从此,他以非凡的理解力和创造力进入了数学前沿阵地.

牛顿从运动学角度出发,以“瞬”(无穷小的“0”)的观点创建了微积分.他说 dx 和 x,如同点和地球,或地球半径与宇宙半径.在其积分法论文中,他从求曲线所围面积积分概念,把积分看作无穷小的和,并引入积分符号“$\int$”.这个积分符号是把拉丁文 Summa 的字头 S 拉长.他提出的这个符号以及关于微积分的一些要领和法则一直保留到当今的教材中.

莱布尼茨也发现了微分和积分是一对互逆的运算,并提出了联系微分与积分的微积分基本定理,从而使原本各自独立的微分学和积分学成为统一的微积分学.

莱布尼茨是数学史上最伟大的符号学者之一,堪称符号大师.他曾说:要发明,就要挑选恰当的符号,而要做到这一点,就要用含义简明的少量符号来表达和比较忠实地描绘事物的内在本质，从而最大限度地减少人的思维劳动.正像阿拉伯数字促进了算术和代数的发展一样，莱布尼茨所创造的这些数学符号对微积分的发展也起了很大的促进作用.欧洲大陆的数学得以迅速发展，莱布尼茨的符号功不可没.除积分、微分符号外，他创设的符号还有商“/”，比“:”，相似“∽”，全等“≌”，并“∪”，交“∩”以及函数和行列式等符号.

牛顿和莱布尼茨对微积分的创建都做出了巨大的贡献，但两人的方法和途径是不同的.牛顿是在力学研究的基础上，运用几何方法研究微积分的；莱布尼茨主要是在研究曲线的切线和面积的问题上，运用分析学方法引进微积分要领的.牛顿在微积分的应用上结合了运动学，造诣精深，而莱布尼茨的表达形式更加简洁准确.在对微积分具体内容的研究上，牛顿先有导数概念，后有积分概念；莱布尼茨则先有求积概念，后有导数概念.除此之外，牛顿与莱布尼茨的治学风格也迥然不同.作为科学家的牛顿，治学严谨.他迟迟不发表微积分著作《流数术》的原因，很可能是他没有找到合理的逻辑基础，也可能是出于“害怕别人反对”的心理.而作为哲学家的莱布尼茨富于想象，勇于推广，结果造成在创作时间上牛顿先于莱布尼茨10年，而在发表的时间上，莱布尼茨却早于牛顿3年.

虽然牛顿和莱布尼茨研究微积分的方法各异，但两人殊途同归.他们各自独立地完成了创建微积分的盛业，荣誉应由他们两人共享.然而在历史上曾出现过一场围绕微积分发明优先权的激烈争论.牛顿的支持者，包括数学家泰勒和麦克劳林，认为莱布尼茨剽窃了牛顿的成果.那场争论把欧洲科学家分成誓不两立的两派：英国和欧洲其他国家.争论双方停止了学术交流，而这不仅影响了数学的正常发展，也波及自然科学领域，以致发展成英德两国之间的政治摩擦.自尊心很强的英国民族抱住牛顿的概念和记号不放，拒绝使用更为合理的莱布尼茨的微积分符号和技巧，从而使英国在数学发展上大大落后于欧洲其他国家.

莱布尼茨的科研成果大部分出自青年时代，随着这些成果的广泛传播，荣誉纷纷而来，他却变得越来越保守.到了晚年，他在科学方面已无所作为.他开始为宫廷唱赞歌，为上帝唱赞歌，沉醉于研究神学和公爵家族.莱布尼茨生命中的最后7年，是在关于他和牛顿谁拥有微积分发明权的争论中痛苦地度过的.他和牛顿一样，都终生未娶.1716年11月14日，莱布尼茨默默地离开了人世，被葬在宫廷教堂的墓地里.

第四章
常微分方程初步

在经济管理中,一个重要的任务就是要找到实际问题中所蕴含的各种经济变量之间存在的函数关系.然而在实际工作中这些变量之间的函数关系往往很难直接找到,但通过某些经济现象却能比较容易得到关于这些未知函数的变化率(即导数)或微分的方程,这样的方程就是微分方程.本章将给大家介绍微分方程的相关概念,一些简单一阶微分方程的解法以及其在经济管理中的应用.

§4.1 微分方程概述

4.1.1 引例

我们先来看两个引例,并通过这两个引例来了解微分方程的相关概念.

引例4.1 某企业生产一种产品,总利润 $L(Q)$(单位:万元)是产量 Q(单位:吨)的函数,已知边际利润 $L'(Q)=2Q-18$,且生产20吨产品时的利润为10万元,要求总利润函数.

解 据题意已知:

$$L'(Q)=2Q-18 \tag{4.1}$$

且有:

$$L(20)=10 \tag{4.2}$$

所以由微积分知识可得:

$$L(Q)=\int L'(Q)dQ=\int(2Q-18)\mathrm{d}Q$$

$$=Q^2-18Q+C\quad(\text{其中 } C \text{ 为任意常数}) \tag{4.3}$$

将 $L(20)=10$ 代入式(4.3)可得:

$$C=-30$$

故所求总利润函数为:

$$L(Q)=Q^2-18Q-30 \tag{4.4}$$

引例4.2 将质量为 m 的物体在离地面高度 h 处以初速度 v_0 向上抛出,试求物体的运动规律(不考虑空气阻力).

解　过上抛点做一垂直向上的直线，并以该直线与地面的交点为原点，垂直向上为正轴方向建立坐标系（见图 4 - 1），从物体上抛的时刻开始计时.

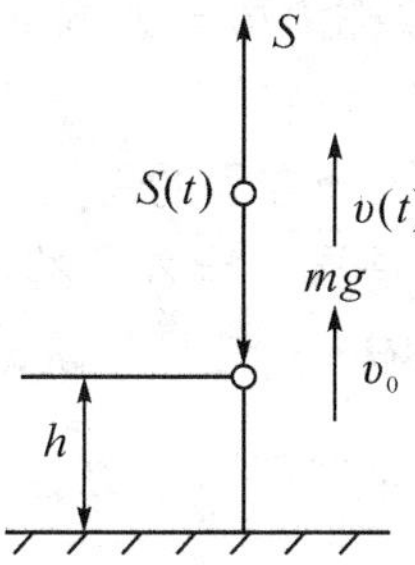

图 4 - 1

设在 t 时刻该物体的位置为 $S=S(t)$，由导数的物理意义可知，物体在 t 时刻的速度与加速度分别为：

$$v=S'(t)=\frac{\mathrm{d}S}{\mathrm{d}t},a=v'(t)=S''(t)=\frac{\mathrm{d}^2S}{\mathrm{d}t^2}$$

由于不考虑空气阻力，则有 $a=-g$（g 为重力加速度），即得到：

$$S''(t)=-g\quad（即\ v'(t)=-g）\tag{4.5}$$

据题意可知未知函数 $S=S(t)$ 满足下列条件：

$$S(0)=h\ ,\quad v(0)=S'(0)=v_0\tag{4.6}$$

对式(4.5) 两边积分一次即可得到：

$$v(t)=\int(-g)\mathrm{d}t=-gt+C_1,即\ S'(t)=-gt+C_1\tag{4.7}$$

然后同样对式(4.7) 再积分一次便可得：

$$S(t)=-\frac{1}{2}gt^2+C_1t+C_2\tag{4.8}$$

其中 C_1、C_2 是任意常数.

最后把式(4.6) 的各项条件代入式(4.7) 与式(4.8) 便可求出任意常数：

$$C_1=v_0,C_2=h$$

于是，所求运动方程为：

$$S(t)=-\frac{1}{2}gt^2+v_0t+h\tag{4.9}$$

上面的两个引例表明，在许多实际问题中，揭示某些客观事物的函数关系往往只能用含其导数（或微分）的方程来表示，其函数关系也只能通过这类方程去寻求，像这样的一种方程，我们称其为微分方程.

4.1.2　微分方程的基本概念

定义 4.1　含有未知函数的导数（或微分）的方程称为**微分方程**. 未知函数是一元函数的微分方程称为**常微分方程**；未知函数是多元函数的微分方程称为**偏微分方程**.

本章只讨论一些简单的常微分方程.

微分方程中所含未知函数导数的最高阶数，我们称之为**微分方程的阶**. 例如，引例 1

中建立的微分方程 $L'(Q)=2Q-18$ 就是一阶微分方程；引例 2 中建立的微分方程 $S''(t)=-g$ 就是二阶微分方程.

定义 4.2 满足微分方程的函数称为**微分方程的解**.如果是含任意常数的解，且所含相互独立的任意常数的个数与微分方程的阶数相等，则这类解我们称其为**微分方程的通解**.而不含任意常数的解我们称其为**微分方程的特解**.

注意：所谓相互独立的任意常数是指不能合并的任意常数.

例如，引例 1 中的 $L(Q)=Q^2-18Q+C$ 就是一阶微分方程 $L'(Q)=2Q-18$ 的通解；引例 2 中的 $S(t)=-\frac{1}{2}gt^2+C_1t+C_2$ 就是二阶微分方程 $S''(t)=-g$ 的通解，其中的任意常数 C_1、C_2 是不能合并的. 而这两个引例最后求出的结果就是它们的特解.

定义 4.3 用来确定微分方程通解中任意常数的附加条件我们称之为**初值条件**（也称**初始条件**）.

例如，引例 1 中的条件 $L(20)=10$，引例 2 中的条件 $S(0)=h$、$S'(0)=v_0$，都是初值条件. 初值条件我们也常写成：

$$L\Big|_{Q=20}=10, S\Big|_{t=0}=h, S'\Big|_{t=0}=v_0$$

例 4.1 求经过指定点 $(1,3)$ 且斜率为 $2x$ 的曲线方程.

解 设所求曲线方程为 $y=y(x)$，按题意，有：

$$\frac{\mathrm{d}y}{\mathrm{d}x}=2x \Rightarrow \mathrm{d}y=2x\mathrm{d}x$$

两边积分可得：

$$y=\int 2x\mathrm{d}x=x^2+C$$

因为曲线过点 $(1,3)$，即 $y\Big|_{x=1}=3$，所以将其代入式 $y=x^2+C$ 可得 $C=2$.

于是所求曲线方程为：

$$y=x^2+2$$

在微分方程中，我们把二阶（含二阶）以上的微分方程统称为**高阶微分方程**，如引例 2 所建立的方程就属于高阶微分方程.这类高阶微分方程可归纳为：

$$y^{(n)}=f(x) \text{ 型}$$

对于这种类型的高阶微分方程，我们只需在方程两边连续积分降阶，直至求出未知函数 $y=f(x)$ 即可.

例 4.2 求三阶微分方程 $y'''=x+1$ 的通解.

解 在方程 $y'''=x+1$ 两边连续积分三次可得：

$$y''=\int(x+1)\mathrm{d}x=\frac{1}{2}x^2+x+C_1$$

$$y'=\int\left(\frac{1}{2}x^2+x+C_1\right)\mathrm{d}x=\frac{1}{6}x^3+\frac{1}{2}x^2+C_1x+C_2$$

$$y=\int\left(\frac{1}{6}x^3+\frac{1}{2}x^2+C_1x+C_2\right)\mathrm{d}x$$

$$=\frac{1}{24}x^4+\frac{1}{6}x^3+\frac{C_1}{2}x^2+C_2x+C_3$$

例 4.3　验证函数 $y=c_1e^{2x}+c_2e^{-2x}$（c_1,c_2 为任意常数）是二阶微分方程

$$y''-4y=0 \tag{4.10}$$

的通解，并求此微分方程满足初值条件 $y\big|_{x=0}=0, y'\big|_{x=0}=1$ 的特解.

解　将函数 $y=c_1e^{2x}+c_2e^{-2x}$ 分别求一阶及二阶导数，得：

$$y'=2c_1e^{2x}-2c_2e^{-2x}$$

$$y''=4c_1e^{2x}+4c_2e^{-2x}$$

把它们代入微分方程(4.10)的左端，得：

$$y''-4y=4c_1e^{2x}+4c_2e^{-2x}-4c_1e^{2x}-4c_2e^{-2x}=0$$

所以函数 $y=c_1e^{2x}+c_2e^{-2x}$ 是所给微分方程 $y''-4y=0$ 的解.

又因这个解中含有两个独立的任意常数，

而任意常数的个数与微分方程 $y''-4y=0$ 的阶数相同，

所以它是该二阶微分方程的通解.

现把初值条件 $y\big|_{x=0}=0, y'\big|_{x=0}=1$ 分别代入：

$$y=c_1e^{2x}+c_2e^{-2x}, y'=2c_1e^{2x}-2c_2e^{-2x}$$

得方程组：

$$\begin{cases}c_1+c_2=0\\2c_1-2c_2=1\end{cases}$$

解得：

$$c_1=\frac{1}{4}, c_2=-\frac{1}{4}$$

于是所求微分方程的特解为：

$$y=\frac{1}{4}(e^{2x}-e^{-2x})$$

习题 4.1

1. 指出下列微分方程的阶数：

(1) $dy-3ydx=0$；　　(2) $x(y')^2-2xy'+x=0$；

(3) $(7x-6y)dx+(x+y)dy=0$；　　(4) $\left(\frac{dy}{dx}\right)^3+y^{(4)}=x^2$；

(5) $y''+2x(y')^3-x^4=0$；　　(6) $y'''+2xy''-y=0$.

2. 验证函数 $y=Cx+\frac{1}{C}$（C 是任意常数）是方程 $x(y')^2-yy'+1=0$ 的通解，并求出满足初值条件 $y\big|_{x=0}=2$ 的特解.

3. 验证函数 $y=C_1e^{2x}+C_2e^{-2x}$（C_1 及 C_2 均为任意常数）是二阶微分方程 $y''-4y=0$ 的通解，并求出满足初值条件 $y(0)=0, y'(0)=1$ 的特解.

4. 已知曲线过点(1,2)，且在该曲线上任一点 $P(x,y)$ 处的切线斜率为 $3x^2$，求此曲线方程.

5. 求三阶微分方程 $y''' = e^{2x} + 1$ 的通解.

习题 4.1　参考答案

§4.2　可分离变量的一阶微分方程

一阶微分方程有许多种表达方式,就一般形式而言可概括为如下形式:

$$F(x,y,y') = 0 \quad 或 \quad y' = f(x,y)$$

本章只给大家介绍众多一阶微分方程中常会遇到的两种形式,即可分离变量的一阶微分方程与一阶线性微分方程,本节先介绍可分离变量的一阶微分方程.

4.2.1　可分离变量的一阶微分方程解法

定义 4.4　形如

$$\frac{dy}{dx} = f(x) \cdot g(y) \quad (其中\ g(y) \neq 0)$$

的微分方程,我们称为**可分离变量的一阶微分方程**.

对于这种形式的微分方程,我们可以通过变量分离的方法组成两个微分表达式,然后通过两边的积分运算,找到 y 与 x 的某种对应关系(即我们要求的函数关系),这种对应关系可以是显函数,也可以是隐函数,即:

(1) 分离变量:$\frac{1}{g(y)}dy = f(x)dx$.

(2) 两边同时积分:$\int \frac{1}{g(y)}dy = \int f(x)dx$.

(3) 求出对应关系:$G(y) = F(x) + C$,其中的 $G(y)$、$F(x)$ 分别是函数 $\frac{1}{g(y)}$ 和 $f(x)$ 的一个原函数,C 是任意常数.

例 4.4　求一阶微分方程 $\frac{dy}{dx} = 2xy$ 的通解.

解　原方程分离变量得:

$$\frac{dy}{y} = 2x dx$$

两端再同时积分得:

$$\ln|y| = x^2 + c_1$$

即：

$$|y| = e^{x^2+c_1} = e^{c_1}e^{x^2}$$

或记作：

$$y = \pm e^{c_1}e^{x^2}$$

若记 $c = \pm e^{c_1}$，则通解为：

$$y = ce^{x^2}$$

例 4.5　解方程 $(1+x^2)ydy - x(1+y^2)dx = 0$.

解　移项得：

$$(1+x^2)ydy = x(1+y^2)dx$$

两端同时除以 $(1+x^2)(1+y^2)$ 进行分离变量，得：

$$\frac{y}{1+y^2}dy = \frac{x}{1+x^2}dx$$

两边求积分得：

$$\int\frac{y}{1+y^2}dy = \int\frac{x}{1+x^2}dx$$

积分后得：

$$\frac{1}{2}\ln(1+y^2) = \frac{1}{2}\ln(1+x^2) + c_1$$

把任意常数 c_1 表示为 $\frac{1}{2}\ln c$，即：

$$\frac{1}{2}\ln(1+y^2) = \frac{1}{2}\ln(1+x^2) + \frac{1}{2}\ln c\ (c > 0)$$

化简得：

$$1 + y^2 = c(1+x^2)$$

注意：本例求出来的未知函数是一个隐函数.

*4.2.2　可化成可分离变量的一阶微分方程

定义 4.5　形如

$$\frac{dy}{dx} = \varphi\left(\frac{y}{x}\right)$$

的微分方程，我们称为**可化成可分离变量的一阶微分方程（又叫齐次方程）**.

对于这种微分方程，我们可以通过变量代换将原方程转化成一个可分离变量的一阶微分方程.

令 $\frac{y}{x} = u$，则有 $y = xu$，于是两边对 x 求导得：

$$\frac{dy}{dx} = u + x\frac{du}{dx}$$

这样方程 $\frac{dy}{dx} = \varphi\left(\frac{y}{x}\right)$ 就变成：

$$u+x\frac{\mathrm{d}u}{\mathrm{d}x}=\varphi(u)$$

然后分离变量得：

$$\frac{1}{\varphi(u)-u}\mathrm{d}u=\frac{1}{x}\mathrm{d}x$$

这样就把微分方程$\frac{\mathrm{d}y}{\mathrm{d}x}=\varphi\left(\frac{y}{x}\right)$也变成了一个可分离变量的一阶微分方程.

例 4.6 求微分方程$\frac{\mathrm{d}y}{\mathrm{d}x}=\frac{y^2}{xy-x^2}$的通解.

解 原方程可化成：

$$\frac{\mathrm{d}y}{\mathrm{d}x}=\frac{\left(\frac{y}{x}\right)^2}{\frac{y}{x}-1}$$

于是令$\frac{y}{x}=u$,则方程变为：

$$u+x\frac{\mathrm{d}u}{\mathrm{d}x}=\frac{u^2}{u-1}$$

然后分离变量得：

$$\frac{u-1}{u}\mathrm{d}u=\frac{1}{x}\mathrm{d}x$$

在方程两边积分后可求出方程的通解为：

$$\frac{y}{x}-\ln y=C$$

注意:本例求出来的未知函数是一个隐函数.

习题 4.2

1. 求下列微分方程的通解：

(1)$y'=\mathrm{e}^{x+y}$ (2)$\mathrm{d}y-\sqrt{y}\,\mathrm{d}x=0$;

(3)$x(y^2-1)\mathrm{d}x+y(x^2-1)\mathrm{d}y=0$; (4)$xy'-y\ln y=0$;

(5)$x\ln y\mathrm{d}y+y\ln x\mathrm{d}x=0$; (6)$\frac{\mathrm{d}y}{\mathrm{d}x}=\frac{y}{x}+\tan\frac{y}{x}$.

2. 求下列微分方程满足所给初值条件的特解：

(1)$y'\sin x=y\ln y$, $y\Big|_{x=\frac{\pi}{2}}=\mathrm{e}$;

(2)$\sqrt{1-x^2}\,y'=x$, $y\Big|_{x=0}=0$;

(3)$y'=\mathrm{e}^{2x-y}$,$y\Big|_{x=0}=0$.

3. 已知一曲线上任意一点处的切线垂直于该点与原点的连线,求此曲线方程.

习题 4.2　参考答案

§4.3　一阶线性微分方程

在微分方程的概念中,线性微分方程是一个系列,从一阶到 n 阶不等,本章我们只介绍一阶线性微分方程.

定义 4.6　形如

$$y' = p(x)y = Q(x)$$

的方程称为**一阶线性微分方程**. 其中 $p(x)$ 叫作**系数函数**,$Q(x)$ 是**自由项**,并且它们都是连续函数.此方程也被称为**关于 y、y' 的一阶线性微分方程**.

在线性微分方程中,如果自由项 $Q(x) = 0$,则称方程是齐次的;如果自由项 $Q(x) \neq 0$,则称方程是非齐次的.

例如,当 $Q(x) = 0$ 时,$y' + p(x)y = 0$ 为**一阶齐次线性微分方程**;而当 $Q(x) \neq 0$ 时,$y' + p(x)y = Q(x)$ 为**一阶非齐次线性微分方程**.

4.3.1　一阶齐次线性微分方程的解法

很显然,一阶齐次线性微分方程 $y' + p(x)y = 0$ 是一个可分离变量的微分方程,其通解可以利用分离变量法得到,即有如下通解公式:

$$y = Ce^{-\int p(x)\mathrm{d}x}\quad（其中 C 是任意常数）\tag{4.11}$$

注意:这里约定 $\int p(x)\mathrm{d}x$ 只取 $p(x)$ 的一个原函数,它不含积分常数.

例 4.7　求微分方程 $y' + y\sin x = 0$ 的通解.

解　这是一个一阶齐次线性微分方程,且 $p(x) = \sin x$.利用通解公式(4.11)可得:

$$y = Ce^{-\int \sin x\mathrm{d}x} = Ce^{\cos x}$$

例 4.8　解方程 $(y - 2xy)\mathrm{d}x + x^2\mathrm{d}y = 0$.

解　原微分方程经过变形整理得:

$$\frac{\mathrm{d}y}{\mathrm{d}x} + \frac{1 - 2x}{x^2}y = 0$$

或写成:

$$y' + \frac{1 - 2x}{x^2}y = 0$$

显然,这是一个一阶齐次线性微分方程,且

$$p(x)=\frac{1-2x}{x^2}$$

因为

$$-\int p(x)\mathrm{d}x=\int\left(\frac{2}{x}-\frac{1}{x^2}\right)\mathrm{d}x=\ln x^2+\frac{1}{x}$$

所以利用通解公式(4.11)可得方程的通解为:

$$y=C\mathrm{e}^{\ln x^2+\frac{1}{x}}$$

4.3.2　一阶非齐次线性微分方程的解法

对于每个一阶非齐次线性微分方程 $y'+p(x)y=Q(x)$ 来说,它都会有一个与之对应的一阶齐次线性微分方程 $y'+p(x)y=0$. 这两个方程的等式的左边是完全一样的,不同之处在于方程等式右边,一个不为零,一个等于零.

事实上,要求一阶非齐次线性微分方程的通解,可以利用它所对应的一阶齐次线性微分方程通解中的任意常数 C,经过常数变易法来推出它的通解公式,在这里我们省略推导过程,直接给出一阶非齐次线性微分方程的通解公式为:

$$y=\mathrm{e}^{-\int p(x)\mathrm{d}x}\left(\int Q(x)\mathrm{e}^{\int p(x)\mathrm{d}x}\mathrm{d}x+C\right)\text{(其中 }C\text{ 是任意常数)}\tag{4.12}$$

注意:这里也是约定 $\int p(x)\mathrm{d}x$ 只取 $p(x)$ 的一个原函数,它不含积分常数.

例 4.9　求微分方程 $\frac{\mathrm{d}y}{\mathrm{d}x}+2xy=2x\mathrm{e}^{-x^2}$ 的通解.

解　这是一阶非齐次线性微分方程,且

$$p(x)=2x,\ Q(x)=2x\mathrm{e}^{-x^2}$$

所以我们利用通解公式(4.12)可得:

$$\begin{aligned}y&=\mathrm{e}^{-\int 2x\mathrm{d}x}\left(\int 2x\mathrm{e}^{-x^2}\mathrm{e}^{\int 2x\mathrm{d}x}\mathrm{d}x+C\right)\\&=\mathrm{e}^{-x^2}\left(\int 2x\mathrm{d}x+C\right)\\&=\mathrm{e}^{-x^2}(x^2+C)\end{aligned}$$

故得原方程的通解为:

$$y=(x^2+C)\mathrm{e}^{-x^2}$$

例 4.10　求方程 $\begin{cases}y'+y-x=0\\y(0)=1\end{cases}$ 的解.

解　据题意可知,本例是求微分方程的特解.在解微分方程时,要求特解,往往需要先求出通解,然后再根据所给的初值条件去求出特解.

原方程可化为:

$$y'+y=x$$

这是一个 $p(x)=1,Q(x)=x$ 的一阶非齐次线性微分方程.

由通解公式(4.12)可得:

$$y=\mathrm{e}^{-\int\mathrm{d}x}\left(\int x\mathrm{e}^{\int\mathrm{d}x}\mathrm{d}x+C\right)=\mathrm{e}^{-x}\left(\int x\mathrm{e}^{x}\mathrm{d}x+C\right)$$

$$= e^{-x}(xe^{x} - e^{x} + C) = x - 1 + Ce^{-x}$$

将初值条件 $y\big|_{x=0} = 1$ 代入可得 $C = 2$，因此所求特解为：

$$y = 2e^{-x} + x - 1$$

在微分方程中，变量 y 与 x 的未知函数关系往往总是相互依存的，也就是说 y 与 x 都可以作为因变量（即函数）或自变量而存在，所以一阶非齐次线性微分方程还可以写成：

$$x' + p(y)x = Q(y)$$

这个方程我们称之为**关于 x、x' 的一阶线性微分方程**. 于是我们同样可以得到这个方程的通解公式，即：

$$x = e^{-\int p(y)dy}\left(\int Q(y)e^{\int p(y)dy}dy + C\right)\text{（其中 } C \text{ 是任意常数）} \tag{4.13}$$

在这里 x 成了因变量（即函数），而 y 却成了自变量. 同样在这里我们也约定 $\int p(y)dy$ 只取 $p(y)$ 的一个原函数，它不含积分常数.

例 4.11　求微分方程 $\dfrac{dy}{dx} = \dfrac{y}{x + y^3}$ 的通解.

解　这个方程显然不是关于 y、y' 的一阶线性微分方程，因此公式（4.12）在这是不能用，但是这个方程经过变形可转化成：

$$\frac{dx}{dy} - \frac{1}{y}x = y^2 \quad \left(\text{即 } x' - \frac{1}{y}x = y^2\right)$$

于是方程就变成了关于 x、x' 的一阶线性微分方程，且

$$p(y) = -\frac{1}{y}, Q(y) = y^2$$

因此利用公式（4.13）有：

$$x = e^{\int \frac{1}{y}dy}\left(\int y^2 e^{-\int \frac{1}{y}dy}dy + C\right)$$

$$= y\left(\int y dy + C\right)$$

$$= y\left(\frac{1}{2}y^2 + C\right)$$

习题 4.3

1. 求下列微分方程的通解：

(1) $y' + 2y = 1$；

(2) $x^2dy + (2xy - x^2)dx = 0$；

(3) $y' - \dfrac{2}{x+1}y = (x + 1)^2$；

(4) $\dfrac{dy}{dx} + y = e^{-x}$；

(5) $\dfrac{dx}{dy} - 2xy = 2y$；

(6) $(x^2 + 1)y' + 2xy - \cos x = 0$.

2. 求下列微分方程满足所给初值条件的特解：

(1) $(x - 2)\dfrac{dy}{dx} = y + 2(x - 2)^3$，　$y\big|_{x=1} = 0$；

(2) $y' + y\cos x = e^{-\sin x}, \quad y\Big|_{x=0} = 0.$

3. 设一曲线经过原点，且在点 (x, y) 处的切线斜率等于 $2x + y$，求此曲线方程.

习题 4.3　参考答案

§4.4　微分方程的应用举例——固定资产折旧模型

微分方程理论在经济管理学中有着广泛的应用，特别是建立微分方程数学模型能够为经济分析提供有力的工具. 本节介绍一个微分方程在经济管理中的应用范例——通过微分方程来建立固定资产折旧模型.

问题背景：企业在进行成本核算的时候，经常要计算固定资产的折旧，一般来说，固定资产在任一时刻的折旧额与当时固定资产的价值是成正比的. 试研究建立固定资产价值 P 与时间 t 的函数关系.

问题求解：设时刻 t 该固定资产的价值为 $P = P(t)$，则该时刻资产的折旧就是 $\dfrac{dP}{dt}$，由于固定资产的价值 P 是随时间 t 的增加而减少的，因此 $P = P(t)$ 是递减函数，即 $\dfrac{dP}{dt} < 0$.

据题意可知：

$$\frac{dP}{dt} = -kP \quad (\text{其中 } k \text{ 为比例系数}, k > 0)$$

这是一个一阶齐次线性微分方程，利用通解公式(4.11)可得通解为：

$$P = Ce^{-\int k dt} = Ce^{-kt}$$

下面利用初值条件来求出参数 C 与 k. 假设从某一时刻开始计算，记此时刻的时间为 $t = 0$，资产价值为 $P(0) = P_0$，n 年后该资产的价值为 $P(n) = P_n$.

将条件 $P(0) = P_0$ 代入通解，得 $C_0 = P_0$，故原方程的特解为 $P = P_0 e^{-kt}$. 再将条件代入特解 $P(n) = P_n$，得 $P_n = P_0 e^{-kn}$，由此求出：

$$k = \frac{1}{n}\ln\frac{P_0}{P_n}$$

因此原方程的特解可以表示为：

$$P = P_0 e^{-\frac{t}{n}\ln\frac{P_0}{P_n}} = P_0\left(\frac{P_0}{P_n}\right)^{-\frac{t}{n}} = P_0\left(\frac{P_n}{P_0}\right)^{\frac{t}{n}}$$

从而得到固定资产价值 P 与时间 t 的函数关系为：

$$P(t)=P_0\left(\frac{P_n}{P_0}\right)^{\frac{t}{n}}$$

这就是**资产折旧模型**.其中 P_0 表示最初资产价值,P_n 表示经过 n 年后资产的价值.根据这两个已知的资产价值,我们就可以利用折旧模型,计算该资产在今后的某一时刻的价值.

显然,$P_n < P_0$,即$\frac{P_n}{P_0} < 1$. 所以我们观察资产折旧模型可以发现,当时间无限延长时可以认为 $t\to+\infty$,这时 $P(t)=P_0\left(\frac{P_n}{P_0}\right)^{\frac{t}{n}}\to 0$,也就是说资产的价值趋近于零,这同我们现实中的认知是非常贴切的.

例 4.12　假设某固定资产 5 年前购买时价值为 10 000 元,而现在的价值为 6 000 元,试估算该固定资产再过 10 年的价值大约是多少?

解　据题意可知 $P_0 = 10\ 000, P_5 = 6\ 000\ P_0$.

再过 10 年的价值,应该是 $t = 15$ 时刻的固定资产价值 $P(15)$.

因此,我们利用固定资产折旧模型可得:

$$P(15)=P_0\left(\frac{P_5}{P_0}\right)^{\frac{15}{5}}=10\ 000\times\left(\frac{6\ 000}{10\ 000}\right)^3=2\ 160(\text{元})$$

所以,该固定资产再过 10 年后的价值为 2 160 元.

习题 4.4

1. 若某仪器设备 5 年前购买时的价格为 10 000 元,而现在的价值为 5 000 元,试利用资产折旧模型估算该仪器设备再过 6 年的价值.

2. 请你根据资产价值折旧模型对身边的某项资产进行价值估算,并说明运用此模型有什么实际意义.

习题 4.4　参考答案

复习题四

一、单选题

1. 微分方程 $y'' + (y')^3 + 2x = 0$ 的阶数是(　　).

A.1　　B.2

C.3　　D.4

2. 微分方程 $xy'' + y''' = 0$ 的通解中应含的独立任意常数的个数为(　　).

A.1　　B.2

C.3　　D.4

3. 指出下列哪个方程不是微分方程(　　).

A. $y^2 = 2y + x$　　B. $2x(y')^3 + 2x = 0$

C. $dy - \sqrt{y}dx = 0$　　D. $\dfrac{d^2y}{dx^2} = 3$

4. 微分方程 $xy' + 3y = 0$ 的通解是(　　)

A. $y = x^{-3}$　　B. $y = Cxe^x$

C. $y = Ce^x$　　D. $y = Cx^{-3}$

5. 微分方程 $xdy = y\ln ydx$ 的一个特解是(　　).

A. $y = \ln x$　　B. $y = \sin x$

C. $y = e^x$　　D. $(\ln y)^2 = x$

6. 微分方程 $x^2ydx - dy = x^2dx$ 是(　　).

A.可分离变量的微分方程　　B.一阶线性微分方程

C.二阶微分方程　　D. 以上都不正确

7. 微分方程 $(x + y)dx + xdy = 0$ 是(　　).

A.可分离变量的微分方程　　B.一阶线性微分方程

C.二阶微分方程　　D. 以上都不正确

8. 下列函数是微分方程 $y'' = x^2$ 的解的是(　　).

A. $y = \dfrac{1}{x}$　　B. $y = \dfrac{x^3}{3} + 1$

C. $y = \dfrac{x^4}{6}$　　D. $y = \dfrac{x^4}{12}$

二、计算题

1. 根据已给的初始条件,确定下列函数关系式中的任意常数:

(1) $e^x + e^{-y} = C, y\big|_{x=1} = -2$;

(2) $y=(C_1+C_2x)e^{2x}, y\big|_{x=0}=0, y'\big|_{x=0}=1$.

2. 求下列微分方程的解：

(1) $y'=xy$;　　(2) $(y+1)dx+(x-1)dy=0$;

(3) $y\ln x dx+x\ln y dy=0$;　　(4) $xyy'=1-x^2$;

(5) $\dfrac{dy}{dx}=5^{x+y}, y\big|_{x=1}=0$;　　(6) $\dfrac{dx}{y}+\dfrac{dy}{x}=0, y\big|_{x=3}=4$;

(7) $\dfrac{x}{1+y}dx-\dfrac{y}{1+x}dy=0, y\big|_{x=1}=0$;　　(8) $xdy-3ydx=0, y\big|_{x=1}=1$.

3. 求下列微分方程的解：

(1) $y'+2y=e^{-x}$;　　(2) $y'+\dfrac{2}{x}y-\dfrac{x}{a}=0$;

(3) $y'-3xy=2x$;　　(4) $y'-\dfrac{2}{x}y=x^2\sin 3x$;

(5) $\dfrac{dy}{dx}+\dfrac{y}{x}=\dfrac{\sin x}{x}, y\big|_{x=\pi}=1$;　　(6) $\dfrac{dy}{dx}-y\tan x=\sec x, y\big|_{x=0}=0$;

(7) $y'-\dfrac{2}{x}y=\dfrac{1}{2}x, y\big|_{x=1}=2$;　　(8) $xy'+y-e^x=0, y\big|_{x=0}=b$.

三、应用题

1. 一曲线通过点(1,1)，且曲线上任意点 $M(x,y)$ 处的切线与直线 OM 垂直，求此曲线的方程.

2. 某商品需求量 Q 对价格 P 的弹性为 $-P\ln 2$，已知该商品的最大需求量(即价格为零时的需求量)为 200，求需求量 Q 与价格 P 的函数关系.

3. 某产品的利润 L 与广告费 x 的函数关系 $L=L(x)$ 满足微分方程：

$$L'=b-a(x+L)$$

其中 a,b 为已知正常数，且 $L(0)=L_0>0$，试求 $L(x)$.

复习题四参考答案

【人文数学】

数学家欧拉简介

欧拉(L. Euler,1707—1783)是瑞士数学家，出生于瑞士的巴塞尔，卒于圣彼得堡.欧拉的父亲保罗·欧拉是位牧师，喜欢数学，所以欧拉从小就受到家庭的熏陶.但父亲却执意让他攻读神学，以便将来接他的班.幸运的是，欧拉并没有走父亲为他安排的路.父亲曾

在巴塞尔大学上过学，与当时著名数学家约翰·伯努利(Johann Bernoulli,1667—1748)及雅各布·伯努利(Jacob Bernoulli,1654—1705)有几分情谊.由于这种关系，欧拉结识了约翰的两个儿子:擅长数学的尼古拉(Nicolaus Bernoulli,1695—1726)及丹尼尔(Daniel Bernoulli,1700—1782)兄弟二人(这二人后来都成了数学家).他俩经常给小欧拉讲生动的数学故事和有趣的数学知识.这些都使欧拉受益匪浅.1720年，由约翰保举，才13岁的欧拉成了巴塞尔大学的学生，而且约翰精心培养着聪明伶俐的欧拉.当约翰发现课堂上的知识已满足不了欧拉的求知欲望时，他就决定每周六下午单独给他授课.约翰的心血没有白费，在他的严格训练下，欧拉终于成长起来.欧拉17岁的时候，成为巴塞尔有史以来最年轻的硕士，并成为约翰的助手.在约翰的指导下，欧拉从一开始就选择了通过解决实际问题进行数学研究的道路.1726年，19岁的欧拉由于撰写了《论桅杆配置的船舶问题》而获得巴黎科学院的资助奖金.

欧拉的成长与他这段经历是分不开的.当然，欧拉的成才还有另一个重要的因素，就是他那惊人的记忆力！他能背诵前100个质数的前十次幂，能背诵罗马诗人维吉尔(Virgil)的史诗*Aeneil*，能背诵全部的数学公式.直至晚年，他还能复述年轻时的笔记的全部内容.高等数学的计算他可以用心算来完成.

尽管他的天赋很高，但如果没有约翰的教育，结果也很难想象.约翰·伯努利以其丰富的阅历和对数学发展状况的深刻了解，指点欧拉一开始就学习那些虽然难学却十分必要的书，使欧拉少走了不少弯路.这段经历对欧拉的影响极大，以至于欧拉成为大科学家之后仍不忘记培养新人，这主要体现在欧拉一直致力于编写教科书和培养有才华的数学工作者，其中包括后来成为大数学家的拉格朗日(J. L. Lagrange,1736—1813).

欧拉本人虽不是教师，但他对教学的影响很大.他身为世界一流的学者、教授，肩负着解决高深课题的重担，却能无视"名流"的非议，热心于数学的普及工作.他编写的《无穷小分析引论》《微分法》和《积分法》均产生了深远的影响.有的学者认为，自从1784年以后，初等微积分和高等微积分教科书基本上都是在抄袭欧拉的书，或者抄袭那些抄袭欧拉的书.

欧拉在这方面与其他数学家如高斯、牛顿等都不同.他们所写的书一是数量少，二是艰涩难明，别人很难读懂.而欧拉的文字既轻松又明了，堪称教科书的典范.欧拉从来不压缩字句，总是津津有味地把他那丰富的思想和广泛的兴趣写得有声有色.他用德、俄、英文发表过大量通俗文章，还编写过大量中小学教科书.他编写的关于初等代数和算术的教科书考虑细致，叙述有条有理.他用许多新的思想和叙述方法，使得这些书既严谨又易于理解.欧拉最先把对数定义为乘方的逆运算，并且最先发现了对数是无穷多值的.他证明了任一非零实数R有无穷个对数.欧拉使三角学成为一门系统的科学，用比值来给出了三角函数的定义，而在他以前学界一直以线段的长作为三角函数的定义.欧拉的定义使三角学跳出只研究三角表这个圈子，并对整个三角学做了分析性的研究.在这以前，三角学的每个公式仅从图中推出，大部分以文字叙述来表达.欧拉却从最初的几个公式推导出了全部三角公式，还获得了许多新的公式.欧拉用a、b、c表示三角形的三条边，用A、B、C表示各边所对的角，从而使叙述大大得到简化.

在普及教育和科研中，欧拉意识到符号的简化和规则化既有助于学生的学习，又有助于数学的发展,所以欧拉创立了许多新的符号.如用 sin、cos 等表示三角函数,用 e 表示自然对数的底,用 $f(x)$ 表示函数,用 $\sum$ 表示求和,用 i 表示虚数,等等.圆周率 π 虽然不是欧拉首创,但却是经过欧拉的倡导才得到广泛推广的.而且,欧拉还把 e、π、i 统一在一个令人叫绝的关系式 $e^{\pi i}+1=0$ 中.

欧拉不但重视教育,而且重视人才.当时法国的拉格朗日只有 19 岁,而欧拉已 48 岁.拉格朗日与欧拉通信讨论"等周问题",而欧拉也在研究这个问题.后来拉格朗日获得成果,欧拉就压下自己的论文,让拉格朗日首先发表,使他一举成名.

作为这样一位科学巨人,欧拉在生活中却并不是一个呆板的人.他性情温和,性格开朗,也喜欢交际.欧拉结过两次婚,有 13 个孩子.他热爱家庭生活,常常和孩子们一起做科学游戏,讲故事.欧拉旺盛的精力和钻研精神一直坚持到他生命的最后一刻.1783 年 9 月 18 日下午,欧拉一边和小孙女逗着玩,一边思考着如何计算天王星的轨迹,突然,他从椅子上滑下来,嘴里轻声说:"我死了."一位科学巨匠就这样约束了他的生命.历史上,能跟欧拉比肩的人不多,有的历史学家把欧拉和阿基米德、牛顿、高斯列为有史以来贡献最大的四位数学家,依据是他们都有一个共同点,就是在创建纯粹理论的同时,还应用这些数学工具去解决大量天文、物理和力学等方面的实际问题.他们的工作是跨学科的,并且他们不断地从实践中吸取丰富的营养,但又不满足于具体问题的解决,而是把宇宙看作一个有机的整体,力图揭示它的奥秘和内在规律.

由于欧拉出色的工作,后世的著名数学家都极度推崇欧拉.大数学家拉普拉斯曾说过:读读欧拉,这是我们一切人的老师.被誉为数学王子的高斯也曾说过:对于欧拉工作的研究,将仍旧是对于数学的不同范围的最好的学校,并且没有别的可以替代它.

第五章
数学建模简介

由教育部高教司和中国工业与应用数学学会共同举办的一年一度的全国大学生数学建模竞赛已经在全国高校蔚然成风,已成为高校中规模最大的大学生课外科技活动之一,而作为培养大学生应用创新能力最有效的课程——数学建模课程,从20世纪80年代初以来,已逐渐进入我国大学课堂.

本章将对数学模型、数学建模及建模的方法、中国大学生数学建模竞赛做简单介绍.

§5.1　数学模型、数学建模的概念及类型

世界上的一切事物都按照一定的客观规律运动、变化着,事物间彼此相互联系和制约着,从浩瀚的宇宙到微小的粒子,从自然科学到社会科学,都是如此.事物的变化规律和事物之间的联系,必然蕴含着一定的数量关系,而找寻这样的关系、建立起数学模型对于人们认识世界、改造世界是极其重要的.

5.1.1　数学模型与数学建模的概念

人们在认识研究现实世界里的客观对象时,由于客观对象的复杂性,往往不能直接面对那些对象的原型,因此常常需要设计、构造出它们的模型,如玩具模型、展览厅里各种各样的模型、化学上的分子结构模型等.这些都是人们为了一定的目的,对客观事物和现象的某一部分进行简化、抽象、提炼出来的原形替代物,集中反映了原形中人们需要的那一部分特征,因而有利于帮助人们认识客观对象.这类模型我们称之为具体模型.

什么是数学模型呢? 对此,现在虽然还没有一个统一的、准确的定义,但一般可描述为:数学模型是关于部分现实世界和为一种特殊目的而做的一个抽象的、简化的结构.具体来说,数学模型是人们在解决实际问题的时候,忽略一些次要因素,抓住主要的因素,做一些必要的简化,将抽象所得的问题,用数学语言对其进行近似的刻画,用字母、数学及其他数学符号建立起来的等式或不等式以及图表、图像、框图等描述客观事物的特征及其内在联系的数学结构表达式,以便于人们更深刻地认识所研究的对象.

应该说,数学模型是我们每个人都十分熟悉的,在学习初等代数时我们就已经用建立数学模型的方法来解决实际问题了.例如,我们一定解决过例5.1这样的问题.

例5.1　一个人步行从A地到B地，两地相距13.2千米，同时又有一个人骑自行车由B地到A地.44分钟后两人相遇，而骑车人到达A地比行人到达B地的时间早1小时45分钟，求行人和骑车人的速度.

解　设行人和骑车人的速度分别为x米/分、y米/分，则由题意可得：

$$\begin{cases}\dfrac{13\,200}{x+y}=44 & (5.1)\\[2ex] \dfrac{13\,200}{x}-\dfrac{13\,200}{y}=105 & (5.2)\end{cases}$$

由式(5.1)得：

$$x+y=300, y=300-x \tag{5.3}$$

由式(5.2)得：

$$880(y-x)=7xy \tag{5.4}$$

将式(5.3)代入式(5.4)得：

$$880(300-2x)=7x(300-x)$$

解得：

$$x_1=\frac{3\,300}{7}, x_2=80$$

由于$x_1=\dfrac{3\,300}{7}>300$，代入式(5.3)将使$y<0$，显然不合题意，舍去.因此有：

$$x=80, y=220$$

所以，行人和骑车人的速度分别是80米/分和220米/分.

实际上，这里列出的方程组，就是解决上述这个实际问题的数学模型，而数学模型(在这里就是建立的方程组)的建立，将原问题转化成了一个纯粹的数学问题，方程组的解$x=80$(米/分)，$y=220$(米/分)最终给出了问题的答案.

对于生产实际中的问题，其数学模型比例5.1要复杂得多，但数学模型的基本内容已经包含在求解这个代数应用题的过程中了，那就是，根据建立数学模型的目的和问题的背景做出必要的简化假设(行人和骑车人的速度为常数)，用字母表示待求的未知量(x、y分别表示行人和骑车人的速度)，利用相应的物理或其他规律(匀速运动的距离等于速度乘以时间等)，列出式子(二元方程组)，建立数学模型.这种建立数学模型的过程就称为数学建模.

求出数学上的解答($x=80, y=220$)，用这个答案解释原问题(行人和骑车人的速度分别是80米/分和220米/分)，最后，还要根据实际现象来验证上述结果.

5.1.2　数学模型的类型

由于实际问题总是复杂多样，建立起来的数学模型也是千差万别，因此，了解数学模型的类型对于建立数学模型是非常重要的.数学模型可以按照不同的方式进行分类，常见的有以下几种：

(1) 按照模型的应用领域(或所属学科)可分为：人口模型、环境模型、交通模型、水资源模型、生态模型、城镇规划模型、资源再生模型、污染模型等.

(2) 按照建立模型所应用的数学方法(或所属数学分支)可分为:初等模型、几何模型、微分方程模型、差分方程模型、概率统计模型、线性规划模型、图论模型、马氏链模型等.

(3) 按照模型中的变量特点有以下几种分法:

第一,确定性模型和随机性模型.这种分法取决于是否考虑随机因素的影响.近年来,随着数学的发展,又有了突变性模型和模糊性模型.

第二,连续模型和离散模型.这是指模型中的变量(主要是时间变量)是取为离散的还是连续的.

第三,线性模型和非线性模型.这取决于模型的基本关系,如方程是否为线性的.

第四,静态模型与动态模型.这取决于是否考虑时间因素引起的变化.

虽然从本质上讲大多数实际问题都是随机性的、动态的、非线性的,但由于确定性、静态、线性模型容易处理,并且往往可作为初等的近似来解决问题,所以建模时常常先考虑确定性、静态、线性模型.连续性模型便于利用微积分法求解,做理论分析,而离散模型便于用计算机做数值计算,所以用哪种模型要看具体问题而定.在具体的建模过程中将连续模型离散化,或将离散变量视作连续变量,也是常用的方法.

(4) 按照人们对事物发展过程的了解程度可分为:白箱模型、灰箱模型和黑箱模型等.这是把研究对象比喻成箱子里的机关,要通过建模来提示它的奥妙.白箱模型是指那些内部规律比较清楚的模型,如力学、热学、电学及相关的工程技术问题等;灰箱模型是指那些内部规律尚不十分清楚,在建立和改善模型方面都还不同程度地有许多工作要做的问题,如气象学、生态学、经济学等领域的模型;黑箱模型是指一些内部规律还很少为人们所知的现象,如生命科学、社会科学等方面的问题.有些工程技术问题虽然主要基于物理、化学原理,但由于因素众多、关系复杂和观测困难等,也常把它们作为灰箱或黑箱模型处理.白、灰、黑之间并没有明显的界线,而且随着科学技术的发展,箱子的“颜色”也将逐渐由暗变亮.

(5) 按照建模的目的可分为:描述模型、分析模型、预测模型、优化模型、决策模型、控制模型和预报模型等.

§5.2 数学建模的基本方法和步骤

5.2.1 数学建模的基本方法

数学建模面临的问题是多种多样的,在问题中所给出的已知信息也各不相同,有的是一组实测的数据或模拟数据,有的是对问题的定性描述.不同的信息用不同的方法去处理,会得到不同的模型,而即使面对相同的已知信息,由于建模的目的、分析的方法、采用的数学工具等的不同,得到的模型也会不同,因此,数学建模的方法及数学模型的分类都只能是从一般意义上进行区分.

5.2.1.1 机理分析方法

这种方法是根据对客观事物特性的认识,分析其因果关系,通过推理分析找出反映事物内部机理的数量规律.利用这种方法建立的模型常常有明确的物理或现实意义,如万有引力定律、能量转换定律.

5.2.1.2　测试分析方法

这种方法也叫系统辨识法,是指对客观事物的特性不能准确认识,看不清其内部机理,从而通过对系统的输入、输出数据的测量和统计分析,按照一定的准则找出与数据拟合得最好的模型,如天气预报问题、疾病诊断问题等模型.测试分析方法有一套完整的数学方法,最小二乘法、回归分析等就属于这类方法.

在这两类方法中,又可根据所应用的数学方法的不同而分为许多具体的方法,如机理分析方法中有微分方程方法、最优化方法等,测试分析方法中有回归分析方法、方差分析方法等.而且在实际建模中往往是两类方法的综合运用,即用机理分析方法确定数学模型的结构,再用测试分析方法确定模型中的参数,如人口预测模型就是这样的.

5.2.2　数学建模的基本步骤

由于数学模型涉及的范围很广,有很大的灵活性,不可能有现存的定理和公式去建立每一个模型,因此,建模的步骤就显得十分重要.做好建模的每一个步骤是建立一个好的数学模型的基本保证.尽管数学建模的方法多种多样,但是针对实际问题,建立数学模型的基本过程大体相同,一般有如下步骤:

5.2.2.1　模型准备

数学建模是一项创新活动,其第一步是对问题所给条件和数据进行分析,明确要解决的问题,通过对问题的分析,明确问题中所给出的信息与哪些学科有关(属于哪一个领域),判断可能用到的知识和方法,最好能确定解决问题的重点和关键所在.另外,还要了解问题的实际背景,收集建模必要的相关数据和参考资料.

5.2.2.2　模型假设

这是数学建模过程中最关键的一个步骤,是根据所研究对象的特征及建模目的,抓住问题的本质,忽略次要因素,对问题做出合理、简化的假设.假设的合理性主要是指假设要基本符合实际情况.假设的简化性主要是为了能够用数学的语言描述问题,同时方便入手,使解题方向更加明确.做出合理、简化的假设,取决于对问题的了解是否准确、深入,还取决于是否具有直观的判断力、丰富的想象力,以及是否具有足够多的知识储备,在实际建模过程中还要对已做的假设进行不断的补充和修改.

5.2.2.3　模型建立

建立数学模型除了要具备应用数学方面的知识外,还需要具备一些相关学科的专门知识.在建立模型之前,一是要明确建模的目的,二是要善于发挥想象力,注意使用类比法,分析所研究的对象与熟悉的其他对象的共性,借用已有的模型,并在此基础上加以修改和推广以便适用于所研究的问题.建立模型时还要根据所做的假设和有关数据建立起问题中相关变量或因素之间的数学规律——数学表达式、图形、表格、算法等;根据所做出的假设,用数学语言、符号描述出研究对象的内在规律,并建立包含常量、变量等的数学模型,可以是函数表达式、数学方程、算法或图形等.构建的模型过于简单或者过于复杂都不好.建立模型的原则是要尽量用简单的数学工具,因为建立的模型总是希望能有更多的人了解和使用,而不是只供少数专家欣赏.另外也不要一味追求简单,忽略了某些重要因素,从而使结果大相径庭.

5.2.2.4　模型求解

采用各种计算方法对所建立的数学模型进行求解,可能是求函数的极值,求方程的解、算法或图形的实现等各种传统的和近代的数学方法,特别是计算机技术.掌握一两个数学工具软件(如 MATLAB、SPSS 等),对于求解是非常重要的,也将带来极大的方便.

5.2.2.5　模型分析

对求解结果进行数学上的分析,如结果的误差分析(误差是否在允许的范围内)、统计分析(结果是否符合特定的统计规律)、模型对数据的灵敏度分析(模型的结果是否会因数据的微小改变而发生大的变化)等.通过分析,如果发现结果不符合要求,就修改或检查前几步是否有问题,特别是要修改模型的假设条件,重新建模,直到符合要求;通过分析,如果结果符合要求,则还可以对模型进行进一步的评价、优化.

5.2.2.6　模型检验

将求解结果和分析结果放到实际问题之中,与实际现象、实际数据进行比较,检验其是否与实际吻合.如果吻合较好,则模型及其结果可以应用于实际问题;如果吻合不好,则需对模型进行修正.此时问题常常出在模型假设上,所以应对模型假设进行修正或补充,然后重新建模.一个好的模型有时需要反复修正几次才能得到.

5.2.2.7　模型应用

当所建立的模型经过检验已成为一个具有合理性和实用性的模型后,就可以用来解决实际问题了.

以上所归纳的是建立数学模型的常规步骤,实际上,有时各步骤之间的界限并不分明,比如一个算法的建立与求解过程往往是紧密联系在一起的,因而建模时也要灵活处理各步骤之间的关系.

数学建模的流程如图 5 - 1 所示.

数学模型的建立过程告诉我们,数学模型是对客观对象进行归纳和抽象化的产物,它源于客观实际,又高于客观实际.数学建模的过程就是"实践 → 理论 → 再实践"的过程,因此,与其说数学建模是一门技术,不如说数学建模是一门艺术.它需要熟练的数学技巧、丰富的想象力、敏锐的洞察力,需要大量阅读、思考别人所做的模型,尤其要自己动手,亲身体验.

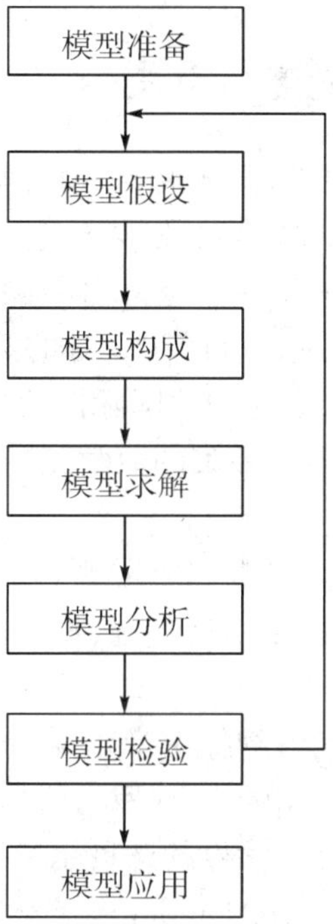

图 5 - 1

§5.3　全国大学生数学建模竞赛简介

中国大学生数学建模竞赛,通称全国大学生数学建模竞赛.

英文名称:China Undergraduate Mathematical Contest in Modeling.

英文简称:CUMCM.

主办机构:中国工业与应用数学学会(CSIAM).图 5 - 2 为全国大学生数学建模竞赛自 2007 年开始使用的新徽标,图案寓意三名大学生的合作竞赛.

竞赛宗旨:创新意识、团队精神、重在参与、公平竞争.

图 5 - 2

5.3.1 大学生数学建模竞赛的由来

大学生数学建模竞赛诞生于美国,其源起与普特南数学竞赛有关.

在 1985 年以前美国只有一种大学生数学竞赛, 即普特南数学竞赛(The William Lowell Putnam mathematical Competition).这是由美国数学协会(MAA,即 Mathematical Association of America 的缩写) 主持,于每年 12 月的第一个星期六分两试进行,每年一次,在国际上有很大的影响力,现已成为一项国际性的大学生赛事.由于赛题相当难,因此该竞赛被美国《时代》杂志称为世界上最难的数学竞赛.因此,也有人把该竞赛译为"普特难数学竞赛".

很多普特南数学竞赛的优胜者,后来都成了著名的科学家、数学家和企业家,如理查德·费曼(Richard Feynman)、肯尼斯·威尔逊(Kenneth G. Wilson)、史蒂文·温伯格(Steven Weinberg) 和默里·盖尔曼(Murray Gell - Mann) 获得诺贝尔物理学奖;约翰·纳什(John Nash) 获得诺贝尔经济学奖;约翰·米尔诺(John Milnor)、大卫·曼福德(David Mumford)、丹尼尔·奎伦(Daniel Quillen)、保罗·科恩(Paul Cohen)、约翰·格里格斯·汤普森(John G. Thompson) 等获得数学界的诺贝尔奖、菲尔兹奖.此外, 人类基因组计划的主要负责人之一艾瑞克·兰德(Eric Lander),著名的计算机科学家唐纳德·克努特(Donald Knuth) 等人都曾参加过普特南数学竞赛并获得优胜奖励.微软公司的创始人比尔·盖茨也参加过普特南数学竞赛.但这项赛事有其不足之处:第一,由于这项赛事的题目非常难,很多基础较差,特别是没有优秀的指导教师和高质量培训的参赛学生考分极低,在一定程度上打击了他们的积极性;第二,普特南数学竞赛很少有实际应用题,更不容许使用计算器或计算机,不能满足对数学的实际应用有兴趣的学生的要求.

由于上面提到的普特南数学竞赛的缺陷,特别是由于计算机、计算技术以及网络技术的迅速发展,数学的应用范围日益扩大,越来越多的人认识到数学特别是数学建模的重要性,要求数学教育(包括数学竞赛) 做出相应的改变.1985 年在美国出现了一种大学生数学建模竞赛,1987 年全称为 Mathematical Competition in Modeling,1988 年改全称为 Mathematical Contest in Modeling(MCM).

我国在 1989 年首次选派队伍参加这一竞赛,而后历届均取得优异成绩.数年参加美国大学生数学建模竞赛的成就表明,中国大学生在数学建模方面是有竞争力和创新联想能力的.

1992 年,由教育部高教司和中国工业与应用数学学会联合,我国开始举办一年一度的中国大学生数学建模竞赛,这项赛事也称作全国大学生数学建模竞赛(简称 CUMCM).这项赛事自举办以来,规模发展非常迅速,一是由赛事之初的竞赛只在本科院校中开展,发展到在各个层次的高校中开展(1999 年,专科院校开始加入这项赛事中);二是赛事举办初期只有 10 省(市)79 所院校的 314 队、1 000 多人,而到 2017 年,中国 34 个省级行政区包括香港、澳门和台湾) 及新加坡和澳大利亚的 1 418 所院校、36 375 个队(其中本科组 33 062 队、专科组 3 313 队) 的 11 万多名大学生报名参赛.目前,中国大学生数学建模竞赛是全国高校规模最大的课外科技活动之一.

5.3.2　竞赛的内容

数学模型竞赛与通常的数学竞赛不同,竞赛题目一般来源于工程技术和管理科学等领域的经过适当简化加工的实际问题,不要求参赛者预先掌握深入的数学知识,只要学过高等院校的数学课程就能参赛,并且题目有较大的灵活性以供参赛者发挥其创造能力.参赛者应根据题目要求,完成一篇包括模型的假设、建立和求解、计算方法的设计和计算机实现、结果的分析和检验、模型的改进等方面内容的论文(即答卷).

参赛队完成的答卷(论文)是竞赛成绩评判的唯一依据,而评判是以假设的合理性、建模的创造性、结果的正确性和文字表述的清晰程度为主要标准的.

5.3.3　竞赛的形式和规则

全国大学生数学建模竞赛每年举办一次,刚开始是在9月上、中旬的某个星期五至下一周的星期一(共3天,72小时)举行.而从2017年开始,竞赛时间调整为从周四晚上8点至周日晚上12点(共76小时).竞赛题目全国统一,采取通信竞赛方式,以相对集中的形式进行;竞赛面向全国大专院校的学生,大学生以队为单位参赛,每队3人(须属于同一所学校),专业不限.竞赛分本科、专科两组进行,本科生参加本科组竞赛,专科生参加专科组竞赛(也可参加本科组竞赛).每队可设一名指导教师(或教师组),从事赛前辅导和参赛的组织工作,但指导教师在竞赛期间必须回避参赛队员,不得进行指导或参与讨论,否则按违反纪律处理.竞赛期间参赛队员可以使用各种图书资料、计算机和软件,在国际互联网上浏览,但不得与队外任何人(包括在网上)讨论.竞赛开始后,赛题将公布在指定的网址供参赛队下载,参赛队在规定时间内完成答卷,并准时交卷.

竞赛由全国大学生数学建模竞赛组织委员会(以下简称全国组委会)主持,负责每年发动报名、拟定赛题、组织全国优秀答卷的复审和评奖、印制获奖证书、举办全国颁奖仪式等.

竞赛分赛区组织进行,原则上一个省(自治区、直辖市)为一个赛区,每个赛区应至少有6所院校的20个队参加.邻近的省可以合并成立一个赛区.每个赛区建立组织委员会(以下简称赛区组委会),负责本赛区的宣传发动及报名、监督竞赛纪律和组织评阅答卷等工作.未成立赛区的各省院校的参赛队可直接向全国组委会报名参赛.

各赛区组委会聘请专家组成评阅委员会,评选本赛区的一等、二等奖(也可增设三等奖),获奖比例一般不超过三分之一,其余凡完成合格答卷者可获得成功参赛证书.

各赛区组委会按全国组委会规定的数量将本赛区的优秀答卷送至全国组委会.全国组委会聘请专家组成全国评阅委员会,按统一标准从各赛区送交的优秀答卷中评选出全国一等、二等奖,并颁发获奖证书.

5.3.4　数学建模论文的写作

由于全国大学生数学建模竞赛的答卷是一篇包括模型的假设、建立和求解、计算方法的设计和计算机实现、结果的分析和检验、模型的改进等方面内容的论文,而这篇论文是对参赛队的竞赛成绩进行评判的唯一依据,因此撰写数学建模论文是完成竞赛非常重要的环节.

数学建模论文的基本内容和格式大致分为三大部分:标题、摘要部分,正文部分,附录部分.

5.3.4.1 标题、摘要部分

(1) 标题或题目.

写出较确切的题目(不能只写A题、B题、C题或D题).论文标题或题目应该简短精练、高度概括、准确得体、恰如其分,在整篇论文中起到画龙点睛的作用,让人一看就能明白所表达的意思.

(2) 摘要.

摘要在数学建模论文中显得尤其重要,现行格式要求作为一整页放在正文前面,以便于阅读和评分.一篇论文一般为10页甚至更长,评委们不可能有很长的时间去细细阅读,但会很认真地阅读摘要,因此摘要应起到总结和导向的作用.

摘要的要求是:用精练的语言概括说明使用什么方法、解决什么问题、得到什么结论.如果论文中有独特巧妙的建模方法或值得说明的杰出工作,也应该在摘要中体现出来.一般要求科技论文的摘要不列举例证,不出现图表和公式,不自我评价,但对数学建模竞赛摘要的要求是不超过一页,因此字数可适当多一些.有关结果如果能用一个表清楚列出的话也是可以的,但建议不要出现数学公式,因为数学公式中的符号所代表的意思在一开始往往是不知道的.

由于是竞赛论文,因此作者姓名只在参加竞赛承诺那一页出现,答卷只有编号,不会出现作者姓名.竞赛论文通常要列出3 ~ 5个关键词,这些词一般与论文的主要内容有关.由于标题起到了画龙点睛的作用,因此关键词也常与论文标题有关.

5.3.4.2 正文部分(中心部分)

一篇论文的主要部分就是正文,整个建模过程包括模型假设、模型的建立与求解及有关结果都将写在正文中.正文一般分为若干部分(或称为逻辑段),每个部分都应有恰当的标题.这些部分通常与建模的步骤和方法有关.

(1) 问题重述.

数学建模竞赛要求对给定的问题找到解决的办法,所以参赛者在论文中应根据题目将要解决的问题叙述清楚.撰写这部分内容时,不要照抄原题,而要在这一部分说明自己的队伍研究的是什么问题,要达到什么目的.

(2) 模型假设与符号说明.

由题目中给出的条件建立数学模型还不够,还应补充一些假设.模型假设是建立数学模型中非常关键的一步,关系到模型的成败和优劣.所以,参赛者应该细致地分析实际问题,从大量的变量中筛选出最能表现问题本质的变量,并简化它们的关系.由于假设一般不是由实际问题直接提供的,而是因人而异的,所以在撰写这部分内容时要注意以下三点:

第一,论文中的假设要以严格、确切的数学语言来表达,不要使读者产生任何曲解.

第二,论文所提出的假设确实是建立数学模型所必需的,与建立模型无关的假设只

会扰乱读者的思考.

第三,假设应验证其合理性.假设的合理性可以从分析问题的过程中得出,如从问题的性质出发做出合乎常识的假设,或者由观察所给数据的图像,得到变量的函数形式,也可以参考其他资料由类推得到(应指出参考文献的相关内容).

做出模型假设后,一般是符号和概念说明部分.对于建模中出现的主要数学符号和关键概念,在论文中要加以说明,否则,模型中出现的符号表示的意义就会不清楚.符号使用要简洁、通用.

(3) 模型建立.

根据前面做出的假设和引进的代表实际意义的符号,在论文中抽象而确切地表达出它们的关系,并通过一定的数学方法,建立数学模型.论文的模型建立部分要有问题分析、公式推导、基本模型、最终或简化模型等.基本模型要有数学公式、方案等,它要求完整、正确、简明,让读者能够清楚地了解模型建立的过程.在逻辑推理过程中上下文之间切忌跨度过大,影响论文的说服力.简化模型要说明简化思想和依据.在问题分析推导过程中,要做到分析合乎逻辑,术语专业,依据正确,表述简明,且关键步骤要列出,需要推理和论证的地方,应有推导的过程,而且应力求严谨;引用现成定理时,要先验证满足定理的条件.模型要实用有效,以能解决问题为最终原则,不要追求数学上的高(级)、深(刻)、难(度大).建立数学模型时,能用初等方法解决的,就不用高级方法;能用简单方法解决的,就不用复杂方法;能用能被更多人看懂、理解的方法,就不用只有少数人能看懂、理解的方法.建模创新很重要,但要切合实际,不要因标新立异而离题.

总之,要把得到数学模型的过程表达清楚,使读者获得判断模型科学性的依据.

(4) 模型求解.

在论文的模型求解部分,需要说明计算方法或给出算法的原理、思想、依据、步骤等.若采用现有软件求解,要说明采用此软件的理由和软件名称.在计算过程中,中间结果可要可不要的,不要列出,通常将这些中间结果与有关的计算程序一起放在后面的附录中.要设法算出合理的数值结果,但不要在模型一开始就代入数值(开始时通常应该用符号来表示).可用计算机软件绘制曲线和曲面示意图,以便形象地表达数值计算结果.

(5) 模型的检验改进与结果表示.

模型检验就是把模型在数学上分析的结果(数值结果或模拟结果)与研究的实际问题做比较,以检验模型的正确性、合理性.模型检验对建模的成败是很重要的,对于检验中出现结果不正确、不合理或误差大等与实际情况不相符合的,应该分析其原因,对算法、计算方法进行修正,甚至修改补充假设或改换其他数学方法重新做模型构成.通常,一个模型要经过如此多次反复修改才能得到满意的结果.

在论文中,如何将有关的结果表示出来,也是个不容忽视的问题.论文的结果表示应做到:

一是题目中要求回答的问题,数值结果、结论须一一列出;

二是结果表示要集中,一目了然,直观,便于比较分析;

三是数值结果表示要注意精心设计表格,可能的话,用图形、图表的形式来表示.

(6) 模型评价与讨论推广.

在论文中,参赛者应该对自己的模型进行分析评价,同时应对将模型运用到实际问题中可能碰到的问题进行分析,应根据实际问题大致分析自己解出的结果的正确性与合理性，应该对所建立模型的优缺点加以讨论比较，并实事求是地指出模型的使用范围，并为模型的进一步改革提出建议或方案.在正文引用处和参考文献中均要按照规定的参考文献的表述方式.

(7) 参考文献.

参考文献部分是论文正文的最后一个部分，也是论文不可缺少的内容.在这部分要写清楚自己在建模过程中所引用的别人的成果或其他公开的资料(包括网上查到的资料).

5.3.4.3　附录部分

附录部分包括:建模过程中的计算程序、框图，各种求解演算过程、计算中间结果，各种图形、表格，等等.这些内容是论文的一个组成部分，但由于它们往往会占据较大的篇幅，一般不在正文中出现，而是通过附录的方式一一列出.要注意的是，主要的结果数据应在正文中列出.

【数学史话】

历史上的三次数学危机

一、第一次数学危机

(一) 第一次数学危机的简介

从某种意义上来讲，现代意义下的数学(也就是作为演绎系统的纯粹数学)来源于古希腊的毕达哥拉斯学派.这个学派兴旺的时期为公元前500年左右，是一个唯心主义流派.他们重视对自然及社会中不变因素的研究，把几何、算术、天文学、音乐称为“四艺”，并在其中追求宇宙的和谐及规律性.他们认为“万物皆数”，认为数学的知识是可靠的、准确的，而且可以应用于现实的世界.他们还认为数学知识是从纯粹的思维中获得的，并不需要观察、直觉及日常经验.

毕达哥拉斯数是指整数.毕达哥拉斯学派在数学上的一项重大发现是证明了勾股定理.他们知道满足直角三角形三边长的一般公式，由此发现了一些直角三角形的三边比不能用整数来表达，也就是勾长或股长与弦长是不可通约的.然而这样一来，他们就否定了毕达哥拉斯学派的信条:宇宙间的一切现象都能归结为整数或整数之比.

不可通约性的发现引起了第一次数学危机.有人说，这种性质是希帕索斯在约公元前400年发现的，为此，他的同伴把他抛进大海.不过更有可能是毕达哥拉斯已经知道这种事实，而希帕索斯因泄密而被处死.不管怎样，这个发现对古希腊的数学观点有极大的冲击.这表明，几何学的某些真理与算术无关，几何量不能完全由整数及其比来表示，反之数却可以由几何量表示出来.整数的尊崇地位受到挑战，于是几何学开始在希腊数学中占有特殊地位.

同时这也反映出，直觉和经验不一定靠得住，而推理证明才是可靠的.从此希腊人开始由“自明的”公理出发，不断进行演绎推理，并由此建立几何学体系.这是数学思想上的一次巨大的革命，也是第一次数学危机的自然产物.

回顾以前的各种数学，无非都是“算”，也就是提供算法.即使在古希腊，数学也是从实际出发，应用到实际问题中去的，如泰勒斯预测日食，利用影子距离计算金字塔高度，测量船只离岸距离等，都是属于计算技术范围的.至于埃及、中国、印度等国的数学，并没有经历过这样的危机和革命，所以也就一直停留在“算学”阶段.而希腊数学则走向了完全不同的道路，形成了欧几里得《几何原本》的公理体系与亚里士多德的逻辑体系.

但是，自此以后希腊人把几何看成了全部数学的基础，把数的研究隶属于形的研究，割裂了它们之间的密切关系.这样做的最大不幸是放弃了对无理数本身的研究，使算术和代数的发展受到很大的限制，基本理论十分薄溺.这种畸形发展的局面在欧洲持续了2 000 多年.

（二）第一次数学危机的诱因

整数是在对于对象的有限整合进行计算的过程中产生的抽象概念.日常生活中，我们不仅要计算单个的对象，还要度量各种量，如长度、重量和时间.为了满足这些简单的度量需要，就要用到分数.于是，如果定义有理数为两个整数的商，那么由于有理数系包括了所有的整数和分数，所以用有理数进行实际量度是足够的.

有理数有一种简单的几何解释.在一条水平直线上，标出一段线段作为单位长，如果令它的定端点和右端点分别表示数 0 和 1，则可用这条直线上的间隔为单位长的点的集合来表示整数，正整数在 0 的右边，负整数在 0 的左边.以 q 为分母的分数，可以用每一单位间隔分为 q 等份的点来表示.于是，每一个有理数都对应着直线上的一个点.

古代数学家认为，这样能把直线上所有的点用完.但是，毕氏学派大约在公元前 400 年发现：直线上存在不对应任何有理数的点.特别是，他们证明了：这条直线上存在点 p 不对应于有理数，这里的距离 op 等于边长为单位长的正方形的对角线.于是就必须发明新的数对应这样的点，并且因为这些数不可能是有理数，只好称它们为无理数.无理数的发现，是毕氏学派最伟大的成就之一，也是数学史上的重要里程碑.

无理数的发现，引起了第一次数学危机.一是对于全部依靠整数的毕氏哲学，这是一次致命的打击.二是无理数似乎与常识相矛盾.其在几何上的对应情况同样也是令人惊讶的，因为与直观相反，它存在不可通约的线段，即没有公共的量度单位的线段.由于毕氏学派关于比例的定义假定了任何两个同类量都是可通约的，所以毕氏学派比例理论中的所有命题都局限在可通约的量上，这样，他们的关于相似形的一般理论也失效了.

“逻辑上的矛盾”是如此之大，以至于有一段时间，他们费了很大的精力将此事保密，不准外传.但是人们很快发现不可通约性并不是罕见的现象.泰奥多勒斯指出，面积等于 3、5、6、…、17 的正方形的边与单位正方形的边也不可通约，并对每一种情况都单独予以了证明.随着时间的推移，无理数的存在逐渐成为人所共知的事实.

诱发第一次数学危机的一个间接因素是之后“芝诺悖论”的出现.它增加了数学家们的担忧：数学作为一门精确的科学是否还有可能？宇宙的和谐性是否还存在？

在大约公元前 370 年，这个矛盾被毕氏学派的欧多克斯通过给比例下新定义的方法解决了.他处理不可通约量的方法，出现在欧几里得《几何原本》第 5 卷中，并且和狄德金于 1872 年提出的无理数的现代解释基本一致.今天中学几何课本中对相似三角形的处理，仍可反映出由不可通约量带来的某些困难和微妙之处.

（三）第一次数学危机的产物——古典逻辑与欧氏几何学

亚里士多德的方法论对于数学方法的影响是巨大的.他指出了正确的定义原理.亚里士多德继承自己老师柏拉图的观念，把定义与存在相区分，认为由某些属性来定义的东西可能未必存在（如正九面体）.另外，定义必须用已存在的定义过的东西来定义，所以必定有些最原始的定义，如点、直线等.而证明存在的方法需要规定和限制.

亚里士多德还指出公理的必要性，因为这是演绎推理的出发点.他区别了公理和公设，认为公理是一切科学所公有的真理，而公设只是某一门学科特有的最基本的原理.他把逻辑规律(矛盾律、排中律等)也列为公理.

亚里士多德对逻辑推理过程进行深入研究，得出三段论法，并把它表达成一个公理系统，这是最早的公理系统.他关于逻辑的研究不仅使逻辑形成一个独立学科，而且对数学证明的发展也有良好的影响.

亚里士多德对于离散与连续的矛盾有一定阐述，并对潜在的无穷(大)和实在的无穷(大)加以区别.他认为正整数是潜在无穷的，因为任何整数加上1以后总能得到一个新的数，但是他认为所谓"无穷集合"是不存在的.他认为空间是潜在无穷的，时间在延长上是潜在无穷的，在细分上也是潜在无穷的.

欧几里得的《几何原本》对数学发展的作用无须在此多谈.不过应该指出，欧几里得的贡献在于他有史以来第一次总结了以往希腊人的数学知识，从而构成了一个标准化的演绎体系.这对数学乃至哲学、自然科学的影响一直延续到19世纪.牛顿的《自然哲学的数学原理》和斯宾诺莎的《伦理学》等都采用了欧几里得《几何原本》的体例.

欧几里得的平面几何学出现在《几何原本》的最初四篇与第六篇.其中有七个原始定义，五个公理和五个公设.他规定了存在的证明依赖于构造.

《几何原本》在西方世界流传较广.它一直是几何学的标准著作.但是它还存在许多缺点并不断受到批评.例如，它对于点、线、面的定义是不严格的："点是没有部分的对象""线是没有宽度的长度(线指曲线)""面是只有长度和宽度的对象".显然，这些定义不能起逻辑推理的作用.特别是其对直线、平面的定义更是从直观上来解释的("直线是同其中各点看齐的线").

另外，欧几里得的公理五是"整体大于部分"，没有涉及无穷量的问题.在他的证明中，原来的公理也不够用，须加上新的公理.特别是平行公设是否可由其他公理、公设推出更是令人瞩目的问题.尽管如此，近代数学的体系特点在其中已经基本形成了.

(四)非欧几何学的诞生过程

欧几里得的《几何原本》是第一次数学危机的产物.尽管它有种种缺点和毛病，但是两千多年来它一直是大家公认的典范.尤其是许多哲学家，把欧几里得几何学摆在绝对几何学的地位.18世纪时，大部分人都认为欧几里得几何是物质空间中图形性质的理想化，特别是康德认为关于空间的原理是先验综合判断的，物质世界必然是欧几里得式的，欧几里得几何是唯一的、必然的、完美的.

既然欧氏几何学是完美的，大家当然希望其公理、公设简单明白、直截了当.其他的公理和公设都满足了这个条件，唯独平行公设不够简明，像是一条定理.

欧几里得的平行公设是：每当一条直线与另外两条直线相交，在它一侧形成的两个同侧内角的和小于两直角和时，这另外两条直线就在同侧内角和小于两直角和的那一侧相交.

在《几何原本》中，证明前28个命题并没有用到这个公设，这很自然引起了人们的思考：这条啰哩啰唆的公设是否可由其他的公理和公设推出，也就是说，平行公设可能是多余的.

之后的两千多年，许多人曾试图证明这点，有些人开始以为成功了，但是经过仔细检查发现：所有的证明都使用了一些其他的假设，而这些假设又可以从平行公设推出来，所以他们只不过得到一些和平行公设等价的命题罢了.

到了 18 世纪，有人开始想用反证法来证明，即假设平行公设不成立，企图由此得出矛盾.他们得出了一些推论，如“有两条线在无穷远点处相交，而在交点处这两条线有公垂线”等.在他们看来，这些结论不合情理，因此不可能是真实的.但是这些推论的含义不清楚，也很难说导出了矛盾，所以不能说由此证明了平行公设.

从旧的欧几里得几何观念到新几何观念的确立，需要在某种程度上解放思想.

第一，要能从两千年来证明平行公设的失败过程中看出这个证明是办不到的事，并且这种不可能性是可以加以证实的；第二，要选取与平行公设相矛盾的其他公设，也能建立逻辑上没有矛盾的几何.这主要是罗巴切夫斯基的开创性工作.

要认识到欧几里得几何不一定是物质空间的几何学，欧几里得几何学只是许多可能的几何学中的一种.而几何学要从由直觉、经验来检验的空间科学变成一门纯粹的数学，也就是说，它的存在性只由无矛盾性来决定.虽说像兰伯特等人已有这种思想苗头，但是真正把几何学变成一门纯粹的数学的是希尔伯特.

这个过程是漫长的，其中最主要的一步是罗巴切夫斯基和波耶分别独立地创立了非欧几何学，尤其是他们所考虑的无矛盾性是历史上的独创.后人把罗氏几何的无矛盾性隐含地变成欧氏几何无矛盾性的问题.这种利用“模型”和证明“相对无矛盾性”的思想一直贯穿在之后对数学基础的研究中.而且这种把非欧几何归结为大家一贯相信的欧氏几何，也对大家接受非欧几何起到了重要的作用.

应该指出，非欧几何为广大数学界人士接受还是经历了一段曲折历程的.首先要证明第五公设的否定并不会导致矛盾，只有这样才能说明新几何学已成立，才能说明第五公设独立于别的公理、公设，这是一个起码的要求.

当时证明的方法是证明“相对无矛盾性”.因为当时大家都承认欧几里得几何学没有矛盾，如果能把非欧几何学用欧几里得几何学来解释而且解释得通，也就变得没有矛盾了.而这就要把非欧几何中的点、直线、平面、角、平行等翻译成欧几里得几何学中相应的东西，公理和定理也可用相应欧几里得几何学的公理和定理来解释，这种解释叫作非欧几何学的欧氏模型.

对于罗巴切夫斯基几何学，最著名的欧氏模型有意大利数学家贝特拉米于 1869 年提出的常负曲率曲面模型，德国数学家克莱因于 1871 年提出的射影平面模型和彭加勒在 1882 年提出的用自守函数解释的单位圆内部模型.这些模型的确证实了非欧几何的相对无矛盾性，而且有的可以推广到更一般的非欧几何，即黎曼创立的椭圆几何学，另外还可以推广到高维空间上.

因此，从 19 世纪 60 年代末到 19 世纪 80 年代初，大部分数学家接受了非欧几何学.尽管有的人还坚持欧几里得几何学的独特性，但是许多人明确指出非欧几何学和欧氏几何学平起平坐的时代已经到来.当然也有少数顽固派，如数理逻辑的缔造者弗雷格，至死不肯承认非欧几何学，不过这已无关大局了.

非欧几何学的创建对数学的影响很大，数学家开始关心几何学的基础问题.从 19 世纪 80 年代起，几何学的公理化成为大家关注的目标，并由此产生了希尔伯特的新公理化运动.

（五）第一次数学危机的意义

第一次数学危机表明，几何学的某些真理与算术无关，几何量不能完全由整数及其比来表示.反之，数却可以由几何量表示出来.整数的地位受到挑战，古希腊的数学观点受到极大的冲击.于是,几何学开始在希腊数学中占有特殊地位.同时也反映出,直觉和经验不一定靠得住,而推理证明才是可靠的.从此希腊人开始从“自明的”公理出发,经过演绎推理,并由此建立了几何学体系.这是数学思想上的一次革命,是第一次数学危机的自然产物.

二、第二次数学危机

17、18世纪关于微积分发生的激烈的争论,被称为第二次数学危机.从历史或逻辑的观点来看,它的发生也带有必然性.

这次危机的萌芽出现在大约公元前450年,芝诺注意到由于对无限性的理解问题而产生的矛盾,提出了关于时空的有限与无限的四个悖论:

“两分法”:向着一个目的地运动的物体,首先必须经过路程的中点,然而要经过这点,又必须先经过路程的1/4点……如此类推以致无穷.结论是:无穷是不可穷尽的过程,运动是不可能的.

“阿基里斯(《荷马史诗》中善跑的英雄)追不上乌龟”:阿基里斯总是首先必须到达乌龟的出发点,因而乌龟必定总是跑在前头.这个论点同两分法悖论一样,所不同的是不必把所需通过的路程一再平分.

“飞矢不动”:意思是箭在运动过程中的任一瞬必在一确定位置上,因而是静止的,所以箭就不能处于运动状态.

“操场或游行队伍”:A、B两件物体以等速向相反方向运动.从静止的C来看,比如说A、B都在1小时内移动了2千米,可是从A看来,则B在1小时内就移动了4千米.运动是矛盾的,所以运动是不可能的.

芝诺揭示的矛盾是深刻而复杂的.前两个悖论诘难了关于时间和空间无限可分,因而运动是连续的观点,后两个悖论诘难了时间和空间不能无限可分,因而运动是间断的观点.芝诺悖论的提出可能有更深刻的背景,不一定是专门针对数学的,但是它们在数学界掀起了一场轩然大波.它们说明了希腊人已经看到“无穷小”与“很小很小”的矛盾,但他们无法解决这些矛盾.其后果是,希腊几何证明中从此就排除了无穷小.

经过许多人多年的努力,终于在17世纪晚期,形成了无穷小演算——微积分这门学科.牛顿和莱布尼茨被公认为是微积分的奠基者,他们的功绩主要在于:把各种有关问题的解法统一成微分法和积分法;有明确的计算步骤;微分法和积分法互为逆运算.由于运算的完整性和应用的广泛性,微积分成为当时解决问题的重要工具.同时,关于微积分基础的问题也越来越深入.关键问题就是无穷小量究竟是不是零?无穷小及其分析是否合理?由此而引起了数学界甚至哲学界长达一个半世纪的争论,造成了第二次数学危机.

无穷小量究竟是不是零?两种答案都会导致矛盾.牛顿曾对它做过三种不同的解释:1669年说它是一种常量;1671年说它是一个趋于零的变量;1676年又说它被两个正在消逝的量的最终比所代替.但是,他始终无法解决上述矛盾.莱布尼茨曾试图用和无穷小量成比例的有限量的差分来代替无穷小量,但是他也没有找到从有限量过渡到无穷小量的桥梁.

英国大主教贝克莱于1734年写文章,攻击流数(导数)是消失了的量的鬼魂……能消化得了二阶、三阶流数的人,是不会因吞食了神学论点就呕吐的.他说,忽略高阶无穷小而消除了原有的错误,是依靠双重的错误得到了虽然不科学却是正确的结果.贝克莱虽然也抓住了当时微积分、无穷小方法中一些不清楚、不合逻辑的问题,但是他是出自对科学的厌恶和对宗教的维护，而不是出自对科学的追求和探索.

当时一些数学家和其他学者，也批判过微积分的一些问题，指出其缺乏必要的逻辑基础.例如，罗尔曾说：微积分是巧妙的谬论的汇集.在那个时期，科学在逻辑上存在这样那样的问题，并不是个别现象.

18世纪的数学思想的确是不严密的、直观的，强调形式的计算而不管基础的可靠性.其中特别是：没有清楚的无穷小概念，从而导数、微分、积分等概念不清楚；无穷大概念不清楚；发散级数求和的任意性；符号的不严格使用；不考虑连续性就进行微分；不考虑导数及积分的存在性以及函数可否展成幂级数；等等.

直到19世纪20年代，一些数学家才比较关注微积分的基础.从波尔查诺、阿贝尔、柯西、狄里赫利等人的工作开始，到威尔斯特拉斯、狄德金和康托尔的工作结束，中间经历了半个多世纪，基本上解决了矛盾，为数学分析奠定了一个严格的基础.

波尔查诺给出了连续性的正确定义；阿贝尔指出要严格限制滥用级数展开及求和.柯西在1821年的《代数分析教程》中从定义变量出发，认识到函数不一定要有解析表达式.他抓住极限的概念，指出无穷小量和无穷大量都不是固定的量而是变量，无穷小量是以零为极限的变量，并且定义了导数和积分.狄里赫利给出了函数的现代定义.在这些工作的基础上，威尔斯特拉斯消除了其中不确切的地方，给出现在通用的极限的定义、连续的定义，并把导数、积分严格地建立在极限的基础上.

19世纪70年代初，威尔斯特拉斯、狄德金、康托尔等人独立地建立了实数理论，而且在实数理论的基础上，建立起极限论的基本定理，从而使数学分析建立在实数理论的严格基础之上.

三、第三次数学危机

19世纪下半叶，康托尔创立了著名的集合论.在集合论刚产生时，他曾遭到许多人的猛烈攻击.但不久这一开创性成果就为广大数学家所接受了，并且获得广泛而高度的赞誉.数学家们发现，从自然数与康托尔集合论出发可建立起整个数学大厦，因而集合论成为现代数学的基石."一切数学成果可建立在集合论基础上"这一发现使数学家们为之陶醉.1900年，国际数学家大会上，法国著名数学家庞加莱兴高采烈地宣称："借助集合论概念，我们可以建造整个数学大厦……今天，我们可以说绝对的严格性已经达到了……"

可是，好景不长.1903年，一个震惊数学界的消息传出：集合论是有漏洞的！这就是英国数学家罗素提出的著名的罗素悖论.

罗素构造了一个集合S：S由一切不是自身元素的集合所组成.然后罗素问：S是否属于S呢？根据排中律，一个元素或者属于某个集合，或者不属于某个集合.因此，对于一个给定的集合，问是否属于它自己是有意义的.但对这个看似合理的问题的回答却会令人陷入两难境地.如果S属于S，根据S的定义，S就不属于S；反之，如果S不属于S，同样根据定义，S就属于S.无论如何都是矛盾的.

其实，在罗素之前就已经有人发现了集合论中的悖论.例如，1897年，布拉利和福尔蒂提出了最大序数悖论；1899年，康托尔自己发现了最大基数悖论.但是，由于这两个悖论都涉及集合中的许多复杂理论，所以只是在数学界掀起了一点小涟漪，未能引起广泛的关注.罗素悖论则不同.它非常浅显易懂，而且所涉及的只是集合论中最基本的东西.所以，罗素悖论一提出就在当时的数学界与逻辑学界内引起了极大震动.如弗雷格在收到罗素介绍这一悖论的信后伤心地说："一个科学家所遇到的最不合心意的事莫过于在他的工作即将结束时,其基础崩溃了.罗素先生的一封信正好把我置于这个境地.”戴德金也因此推迟了他的《什么是数的本质和作用》的再版.可以说,这一悖论就像在平静的数学水面上投下了一块巨石,而它所引起的巨大反响则导致了第三次数学危机的产生.

危机产生后,数学家们纷纷提出自己的解决方案.人们希望能够通过对康托尔的集合论进行改造,通过对集合定义加以限制来排除悖论,而这就需要建立新的原则.“这些原则必须足够狭窄,以保证排除一切矛盾;另一方面又必须充分广阔,使康托尔集合论中一切有价值的内容得以保存下来.”1908 年,策梅罗在自己这一原则的基础上提出第一个公理化集合论体系,后来经其他数学家改进,称为 ZF 系统.这一公理化集合系统在很大程度上弥补了康托尔朴素集合论的缺陷.除 ZF 系统外,集合论的公理系统还有很多种,如诺伊曼等人提出的 NBG 系统等.公理化集合系统的建立,成功排除了集合论中出现的悖论,从而比较圆满地解决了第三次数学危机.但在另一方面,罗素悖论对数学而言有着更为深刻的影响.它使得数学基础问题第一次以如此迫切的姿态摆在数学家面前,从而迫使数学家去研究数学基础问题.而这又极其深刻地影响了整个数学,如围绕着数学基础之争,形成了现代数学史上著名的三大数学流派,而各派的工作又都极大地促进了数学的发展.

以上简单介绍了数学史上由于数学悖论而导致的三次数学危机,从中我们不难看到数学悖论在推动数学发展中的巨大作用.有人说:提出问题就是解决问题的一半,而数学悖论提出的正是让数学家无法回避的问题.正如希尔伯特在《论无限》一文中所指出的那样:“必须承认,在这些悖论面前,我们目前所处的情况是不能长期忍受下去的.人们试想:在数学这个号称可靠性和真理性的模范里,每一个人所学的、教的和应用的那些概念结构和推理方法竟会导致不合理的结果.如果甚至于数学思考也失灵的话,那么应该到哪里去寻找可靠性和真理性呢?”悖论的出现逼迫数学家投入最大的热情去解决它,而在解决悖论的过程中,各种理论应运而生了:第一次数学危机促成了公理几何与逻辑的诞生;第二次数学危机促成了分析基础理论的完善与集合论的创立;第三次数学危机促成了数理逻辑的发展与现代数学的产生.数学由此得到了蓬勃发展,而这或许就是数学悖论重要意义之所在吧.

附录一
希腊字母表

希腊字母(Greek Letter)		英文拼法(English Spelling)	近似汉语读音
大写字母(Capital)	小写字母(Small)		
Α	α	alpha	阿尔法
Β	β	beta	贝塔/毕塔
Γ	γ	gamma	伽马/甘玛
Δ	δ	delta	得尔塔/岱欧塔
Ε	ε	epsilon	埃普西龙
Ζ	ζ	zeta	泽塔
Η	η	eta	伊塔/诶塔
Θ	θ	theta	西塔
Ι	ι	iota	埃欧塔
Κ	κ	kappa	堪帕
Λ	λ	lambda	兰姆达
Μ	μ	mu	谬/穆
Ν	ν	nu	拗/奴
Ξ	ξ	xi	可西/赛
Ο	ο	omicron	欧（阿）米可荣
Π	π	pi	派
Ρ	ρ	rho	柔/若
Σ	σ	sigma	西格玛
Τ	τ	tau	套/驼
Υ	υ	upsilon	宇（阿）普西龙
Φ	φ	phi	弗爱/弗忆
Χ	χ	chi	凯/柯义
Ψ	ψ	psi	普赛/普西
Ω	ω	omega	欧米伽/欧枚嘎

附录二 常用初等数学基本公式

一、乘法公式

(1) $a^2 - b^2 = (a+b)(a-b)$.

(2) $a^3 \pm b^3 = (a \pm b)(a^2 \mp ab + b^2)$.

(3)

$$a^n - b^n = \begin{cases} (a-b)(a^{n-1} + a^{n-2}b + \cdots + b^{n-1})(n\text{ 为正整数}); \\ (a+b)(a^{n-1} + a^{n-2}b - a^{n-3}b^2 + \cdots + ab^{n-2} - b^{n-1})(n\text{ 为正整数}). \end{cases}$$

(4) $a^n + b^n = (a+b)(a^{n-1} - a^{n-2}b + a^{n-3}b^2 - \cdots - ab^{n-2} + b^{n-1})$($n$ 为奇数).

二、不等式

(1) $|a \pm b| \leqslant |a| + |b|$.

(2) $|a - b| \geqslant |a| - |b|$.

(3) $-|a| \leqslant a \leqslant |a|$.

(4) $|a| \leqslant b \Leftrightarrow -b \leqslant a \leqslant b$.

三、一元二次方程 $ax^2 + bx + c = 0$ 的解

(1) $x_{1,2} = \dfrac{-b \pm \sqrt{b^2 - 4ac}}{2a}$.

(2) 根与系数的关系(韦达定理):$x_1 + x_2 = -\dfrac{b}{a}, x_1 \cdot x_2 = \dfrac{c}{a}$.

(3) 判别式 $\Delta = b^2 - 4ac \begin{cases} > 0, & \text{方程有相异二实根;} \\ = 0, & \text{方程有相等二实根;} \\ < 0, & \text{方程有共轭复数根.} \end{cases}$

四、某些数列的前 n 项和

(1) $1+2+\cdots+n=\dfrac{n(n+1)}{2}$.

(2) $1+3+\cdots+(2n-1)=n^2$.

(3) $2+4+\cdots+2n=n(n+1)$.

(4) $1^2+2^2+\cdots+n^2=\dfrac{n(n+1)(2n+1)}{6}$.

(5) $1^2+3^2+\cdots+(2n-1)^2=\dfrac{n(4n^2-1)}{3}$.

(6) $1^3+2^3+\cdots+n^3=\dfrac{n^2(n+1)^2}{4}$.

(7) $1^3+3^3+\cdots+(2n-1)^3=n^2(2n^2-1)$.

(8) $1\cdot 2+2\cdot 3+\cdots+n\cdot(n+1)=\dfrac{n(n+1)(n+2)}{3}$.

五、二项式展开公式

$$(a+b)^n=a^n+na^{n-1}b+\frac{n(n-1)}{2!}a^{n-2}b^2+\cdots+b^n.$$

六、三角函数公式

(一) 两角和公式

(1) $\sin(\alpha\pm\beta)=\sin\alpha\cos\beta\pm\cos\alpha\sin\beta$.

(2) $\cos(\alpha\pm\beta)=\cos\alpha\cos\beta\mp\sin\alpha\sin\beta$.

(3) $\tan(\alpha\pm\beta)=\dfrac{\tan\alpha\pm\tan\beta}{1\mp\tan\alpha\tan\beta}$.

(4) $\cot(\alpha\pm\beta)=\dfrac{\cot\alpha\tan\beta\mp 1}{\cot\beta\pm\cot\alpha}$.

(二) 倍角公式

(1) $\sin 2\alpha=2\sin\alpha\cos\alpha$.

(2) $\cos 2\alpha=\cos^2\alpha-\sin^2\alpha=2\cos^2\alpha-1=1-2\sin^2\alpha$.

(3) $\tan 2\alpha=\dfrac{2\tan\alpha}{1-\tan^2\alpha}$.

(4) $\cot 2\alpha=\dfrac{\cot^2}{\alpha-12\cot\alpha}$.

(三) 半角公式

(1) $\sin\dfrac{\alpha}{2}=\pm\sqrt{\dfrac{1-\cos\alpha}{2}}$.

(2) $\cos\frac{\alpha}{2}=\pm\sqrt{\frac{1+\cos\alpha}{2}}$.

(3) $\tan\frac{\alpha}{2}=\pm\sqrt{\frac{1-\cos\alpha}{1+\cos\alpha}}=\frac{1-\cos\alpha}{\sin\alpha}=\frac{\sin\alpha}{1+\cos\alpha}$.

(4) $\cot\frac{\alpha}{2}=\pm\sqrt{\frac{1+\cos\alpha}{1-\cos\alpha}}=\frac{1+\cos\alpha}{\sin\alpha}=\frac{\sin\alpha}{1-\cos\alpha}$.

（四）积化和差

(1) $2\sin\alpha\cos\beta=\sin(\alpha+\beta)+\sin(\alpha-\beta)$.

(2) $2\cos\alpha\sin\beta=\sin(\alpha+\beta)-\sin(\alpha-\beta)$.

(3) $2\cos\alpha\cos\beta=\cos(\alpha+\beta)+\cos(\alpha-\beta)$.

(4) $-2\sin\alpha\sin\beta=\cos(\alpha+\beta)-\cos(\alpha-\beta)$.

（五）和差化积

(1) $\sin\alpha+\sin\beta=2\sin\frac{\alpha+\beta}{2}\cos\frac{\alpha-\beta}{2}$.

(2) $\sin\alpha-\sin\beta=2\cos\frac{\alpha+\beta}{2}\sin\frac{\alpha-\beta}{2}$.

(3) $\cos\alpha+\cos\beta=2\cos\frac{\alpha+\beta}{2}\cos\frac{\alpha-\beta}{2}$.

(4) $\cos\alpha-\cos\beta=-2\sin\frac{\alpha+\beta}{2}\sin\frac{\alpha-\beta}{2}$.

(5) $\tan\alpha\pm\tan\beta=\frac{\sin(\alpha\pm\beta)}{\cos\alpha\cos\beta}$.

(6) $\cot\alpha\pm\cot\beta=\pm\frac{\sin(\alpha\pm\beta)}{\sin\alpha\sin\beta}$.

参考文献

[1]叶鸣飞,王华.高等数学[M].南京:南京大学出版社,2010.

[2]张声年,叶鸣飞,程冬时.经济应用数学[M].北京:高等教育出版社,2012.

[3]盛光进.实用经济数学[M].北京:高等教育出版社,2012.

[4]曾广洪,张晓霞,吴庆初. 微积分[M].北京:高等教育出版社,2014.

[5]DUNHAM W.微积分的历程——从牛顿到勒贝格[M].李伯民,汪军,张怀勇,译.北京:人民邮电出版社,2010.